拆词写作心法与实战

于虎　著

中国石化出版社
HTTP://WWW.SINOPEC-PRESS.COM

内 容 提 要

本书汇集了作者近几年来拆解词语写作的精华，给出了拆解词语写作的心法及实战文章上百篇，分享了多篇文章、发言、授课提纲的构思及思维导图，让读者在举一反三中理解怎么用好“拆解词语”提升文字归纳、总结、提炼的能力。全书也是作者围绕“领导力提升、如何做人、干事创业、安全管理”等专题深入研究的心得思悟，可以作为党员干部提升党性修养、开阔工作思路的知识读本，也可以作为基层同志写材料、作汇报、讲党课时的参考书。

图书在版编目（CIP）数据

拆词写作心法与实战 / 于虎著 . -- 北京 : 中国石化出版社 , 2024. 10. -- ISBN 978-7-5114-7676-0

Ⅰ. H152.3

中国国家版本馆 CIP 数据核字第 20249MS978 号

中国石化出版社出版发行

地址：北京市东城区安定门外大街 58 号

邮编：100011　电话：（010）57512500

发行部电话：（010）57512575

http://www.sinopec-press.com

E-mail:press@sinopec.com

河北宝昌佳彩印刷有限公司印刷

全国各地新华书店经销

*

710 毫米 ×1000 毫米 16 开本 19 印张 306 千字

2024 年 10 月第 1 版　2024 年 10 月第 1 次印刷

定价：58.00 元

学员推荐序

写作易学实用之宝典

工作以来，我参加过很多次培训，但留下深刻记忆的真不多！尤其具体到一门课程、一位老师，也许一时印象深刻，但过不了几个月，绝大多数会记忆模糊！

但与于虎老师的相遇，颠覆了我曾经的观念。

那是 2023 年 5 月。我参加了在扬州举办的中国石化 2023 年基层思想政治工作培训班（第二期）学习。

于虎老师为我们作了题为《情投意合 明心见性——企业基层思想政治工作方法论》的讲座。于虎老师的课让我们耳目一新，其语言幽默风趣、慷慨激昂，成语、排比句信手拈来，把结构化思维运用得炉火纯青。内容基于“实战”，更多在点拨启智，包括对人性的认知、情与理的平衡、逆境中的成长等。课堂上笑声阵阵，在轻松愉快的氛围中，大家不仅对基层思想政治工作有了全新的认识，更学到了他写作、表达的“套路”。

思政课还能这样讲，文章还可以这样写！太有才了！不仅我被于虎老师成功“圈粉”，那天，我们班学员基本上都被于虎老师“圈粉”了！

加了于虎老师的微信，并关注了他的今日头条账号“今日思悟”。之后，我总是第一时间阅读、转发于虎老师的新文章，偶尔也在微信里和于虎老师互动讨论。很快，我成了于虎老师的“铁粉”！

最近，在朋友圈看到于虎老师为新书征集书名和序，甚为欣喜，第一时间向于虎老师表达了祝贺！同时，也积极为其建言献策。

讨论中，于虎老师提出让我为新书写序的想法。他说：“你是学员，也是我今日头条账号‘铁粉’，最有发言权！之前专著《国有企业基层党建实战思悟（修订版）》就把学员结课发言和网友来信作为序，读者反响非常好！”

我受宠若惊，硬着头皮答应了下来！

于虎老师及时传来了新书稿，我赶紧认认真真阅读起来！

细细咀嚼此书，字里行间才华焕发、文思泉涌，其写作心法显示出过人的勤奋与执着。

“拆解词语写作”的文章，我也见过一些。但如此书这样，作者进行上百篇拆词写作的，绝对凤毛麟角。关键是，这些词经过于虎老师的拆解，马上显得既贴切又生动。如关于做人：于虎老师将“妙趣横生”拆解为“时有奇思妙想、常显风趣幽默、偶尔横眉竖目、天天生龙活虎”；将“胸有成竹”拆解为“展现昂首挺胸的自信、享受有滋有味的生活、精进成人达己的功德、拥有竹清松瘦的体态”；将“特立独行”拆解为“打造特长，立下大志，享受孤独，坚行正道”。其他关于领导力提升、干事创业、安全管理等的词语拆解都是如此。通过对这些文章大批量阅读，读者很容易对“拆解词语写作”产生兴趣，在举一反三中，将“拆解词语写作”的方法变为己有。

书中给出的文章都很“好用”。它们都是结合基层具体工作与基层干部的党性修养提升进行的思悟。一个成语就为基层干部做人行事给出了一条路径，打开了一扇窗户。拿出其中任何一篇文章，都可以结合自身进行反躬自省，都可以进行扩展、转化，变成一次党课、一次工作总结或汇报的提纲。拿第一篇章来说，“见机行事”“抓大放小”“滚石上山”等，无论哪个，在其具体拆解的文字基础上，加上一些案例，均可变成基层党支部的党课材料抑或干部座谈会上的发言稿。这样应用，文章不仅能“纲举目张”“引人入胜”，还好懂、易记、方便运用。

当然，要达到于虎老师这种“拆解词语写作”的境界，绝非一日之功！读完全书，掩卷长思，我更加佩服于虎老师的专注与勤奋，知识积累之深厚！

在快节奏且浮躁的当下，要达到工作与写作之间的平衡，同时处理好现实与理想之间的抉择，是需要异常坚韧且耐得住寂寞的心性作支撑的。

于虎老师说，读书、思考、写作几乎占满了他的业余时间，他的双休日基本上都是独自坐在电脑前度过的。从大学毕业起，他就逼着自己每年阅读几十本书。

时间是最公平的，你付出过多少努力，就会得到多少收获。于虎老师用他的勤奋，坚持笔耕不辍，再次出版专著，值得祝贺，更值得学习！这也说明，做任何工作要想有所成就都离不开专注与付出，越专注越专业，越付出越收获！

于虎老师的这本新书，毫无保留地与读者分享了他的拆解词语写作心法与实战篇章。在教给我们写作方法的同时，也带给读者满满的美感。其中，就有词语古为今用的创新之美，有结构工整对仗的布局之美，有层次环环紧扣的逻辑之美，有文字精练干净的朴素之美，有观念超前脱俗的思想之美，有方法一针见血的务实之美，有做人守本求真的心灵之美。

读好这本书，用以指导我们日常写作表达、做人做事，一定会大有收获。

真心祝愿于虎老师拆词写作之法让越来越多的人受益，粉丝越来越多！真诚期待于虎老师有更多的佳作问世。

中国石化 2023 年基层思想政治工作培训班（第二期）学员
中国石化西南石油局　罗嘉

前言（心法）

没有谁不想出口成章、妙语连珠、侃侃而谈！

表达能力反映的是一个人的逻辑思维能力、知识储备水平、境界格局高度。

怎么能快速地根据应用场景，把自己的观点、想法、思路头头是道地表达出来呢？怎么能让自己的表达给人留下深刻印象？最笨也是最管用的方法就是刻意地去训练自己，找到适合自己的表达套路、逐渐丰富自己的表达储备。

但不论什么套路，都离不了“**提纲挈领**”这四个字！无论是发言还是写文章，最好有直指主题的关键词或标题，有一目了然的提纲，让受众听得懂、记得住，还能反复品味！

如果将一些耳熟能详的词语，作为表达的核心词、题眼、标签，再根据词语的内在逻辑，进行拆词达意，赋予每个字深刻的内涵与具体的内容，就很容易让表达“提纲挈领”“别具一格”，让人“耳目一新”“眼前一亮”。

记得 2022 年 8 月，新冠疫情防控尚未解封。我们学校线下承办了中国石化 2022 年第 9 期青干二班。在开班导学环节，政治辅导员让我代表学校对学员们提点要求。

我是这样说的：

当前，新冠疫情尚处于防控期，集团公司下决心将大家集中起来，线下学习三周，这充分彰显了集团公司党组对青年人才培养工作的高度重视。希望大家倍加珍惜这样难得的学习机会。作为承办单位，遇到在座各位青年才俊，我们倍感荣幸，一定会严格按照培训方案施训，并努力为大家提供优质的服务。大疫当前，如何在这特殊的日子里，能够学有所获、学有所成，我向大家再强调四个字——“**记、得、洗、找**”。

听到这四个字，学员们笑声一片（听音，正常会理解成“记得洗澡”）。等大家安静下来，我开始解释什么是“记、得、洗、找”。

“记”就是要记住责任。这段时间，我们最重要的责任就是学习，学习就要有学习的样子、学习的态度。希望大家果断按下“三个键”，即手头工作的暂停键、往常生活的回放键、素质提升的快进键。

“得”就是要得到收获。希望大家这段时间，能够时间值得、体验难得、大有心得。具体来说就是要：学习开心、脑筋开动、思想开悟。

“洗”就是要清洗身心。希望大家这段时间，能够用知识清洗大脑、用汗水清洗身体。要努力找到“三种感觉”，即饿虎扑食之感、柳暗花明之感、酣畅淋漓之感。

最后是“找”。这个“找”不是洗澡的“澡”，而是找方向的“找”。希望大家通过这三周的学习、反思、感悟，找到今后努力的方向，即找到今后工作的“立足点、着力点、切入点”。

讲话非常简短，结束之后，掌声一片。我想大部分学员会长期记得我讲的这四个字。也许，在今后工作中还会套用这四个字。

这个培训班上有我的课。我讲了许多“四个字”拆解。当培训结业仪式进行完毕，送走领导，我返回教室时，学员们起哄齐呼：“于老师，我们培训结束了，您能不能再送我们四个字啊！”

那天我真的是提前做了准备，拿起话筒就开讲了。

我说：时间过得真的太快了，转眼已满 21 天。作为老师真的舍不得与大家分别。在此唯有祝愿才能表达我的心情。我希望大家今后能“**一冲飞天**”！

“一”就是希望大家在学习上一以贯之、一刻不停；“冲”就是希望大家在工作上冲劲满满、冲锋在前；“飞”就是希望大家在事业上飞越难关、飞快进步；“天”就是希望大家在生活上天天安康、天天快乐。

讲话赢得了热烈的掌声。后来我把即兴讲话整理出来，在学员群里进行了分享。

发言、讲话如此，授课也是如此。老师在讲授一门知识的同时，更应讲清一种思维方式，让学员能够听得懂、记得住，并举一反三、触类旁通、对标提升。

今年的一次培训班学员座谈会上，一位学员说他两年前听过我一次课，其中关于干部如何履职，我讲了“**分调析理、说学斗唱**”8 个字，他到现在都还记得，令我非常感动。

这些年，我一直坚持笔耕不辍，并持续执教于党校讲台。在写作与授课中，我越发喜欢用结构化思维来解析问题，越发专注于词语拆解来发言、授课。日积月累，慢慢形成了我最擅长的表达套路。

我用结构化思维、词语拆解的方式开发的课程“情投意合 明心见性——企业基层思想政治工作方法论”获得 2022 年中国石化思政类课程评比一等奖。2023 年春节后，我开始尝试在今日头条进行写作，一年多粉丝数量超过 8 万人。2024 年，我根据实践撰写的论文《词语拆解法在课程设计与项目开发中的应用与探索》荣获中国石化职工教育研究会第 26 届年会优秀论文一等奖。

越是研究词语拆解，越觉得有意思、有意义。实践、写作、授课形成了良性互动。实践中，偶有心得，想到一个耳熟能详的词语马上记下来，闲下来进行琢磨拆解，把逻辑搞通了，再利用周末时间加工成短文。日积月累，拆解的词语尤其是成语越来越多，把这些文章归类，主要集中在领导力提升、干事创业、做人、安全管理几个方面。一年半时间，竟然有了近 20 万字的积累。

每一篇小文章，都可以做成好的微课。基层领导干部借鉴过去，加上一些案例，完全可以成为一次标题新颖、逻辑严密的党课、讲话、汇报材料。

当然，持之以恒地钻研、积累，我自己收获最大。不断地实践、深入地思考、持续地写作，也在持续更新迭代我授课的内容，让我在课堂上越发游刃有余，讲授的课程也更容易打动学员、给学员以强烈的思想冲击。

2021 年中国石化第 15 期青干二班学员，华东油气分公司的王婧同学在结课时说：“保守统计，于虎老师半天课程中，使用了 30 多个排比句，50 多个成语，让人眼前一亮、耳目一新。我坐在最后一排，目光所及都是同学们求知若渴、赞叹不绝的样子，丝毫没有瞌睡的苗头。于老师的授课魅力溢于言表。”

2023 年中国石化基层思想政治工作培训班第 3 期学员，华北工程的李小红同学课后在微信朋友圈中说：“第一次听于虎书记讲课，成语开场，成语结课，全场妙语连珠。字字有触点，句句有内涵；字字有回味，句句阔思维。在诙谐语言中，让本应枯燥的党建课变得生动有味，有思有悟。”

2024 年中国石化基层思想政治工作培训班第 2 期学员，甘肃石油的化希伟同学课后发来信息：“于老师，我接触思政工作才 3 个月，是个‘小白’。这次来咱们江苏油田党校之前，对党建工作、宣传工作可谓是一头雾水，尤其是写稿件。总觉得稿件这样改那样改都是一个样子，抓不住精髓，听完您的授课，才知道原来文字稿件可以这样写，思想政治工作可以这样搞。我关注了您今日头条的账号，拜读了您的文章和著作，真的是字字珠玑，句句经典，每一篇都让我深陷其中无法自拔，特别感谢您的授课，感谢这次党校之行给我的完美体验！希望有机会再次聆听您授业解惑。”

课堂上的掌声、课后学员的赞扬，让我对深入研究词语拆解信心满怀、动力十足。

那用拆解词语进行表达，有什么窍门吗？当然有！

一、遇问题“想”是关键

例如，党的二十大召开后，我需要开设“谈党员干部如何学习贯彻党的二十大精神”这门专题课，我真的认认真真、一字不落地去读原文、悟原理，不含具体段落精读，完整通读至少 20 遍。

每通读一遍，就寻找一个成语，来概括我这一遍的阅读感悟。拆解这个成语，就形成一篇论文的框架。有时间就将其写成文章。根据思考的框架写成的文章，再加入一些案例，一个成语就成了所授课程的一个篇章。学员很容易记住，把文章框架拿过去稍作加工就可以写成自己的学习体会、转换成自己的微党课。

第一遍读完党的二十大报告后，我就想如此重要的报告，为我们擘画了宏伟的发展蓝图，吹响了向第二个百年奋斗目标进军的集结号，中华儿女最大的愿望是什么？

我在网页搜索栏里输入“表示愿望的成语”，得到了“心满意足、心想事成、遂心满意……”一堆成语，从中挑来挑去、解来解去，最后选中了一个词“**心想事成**”。

我把它拆解为：“心强大、想深入、事不避、成榜样”。为了丰富文章结构，进一步解释成“葆有五颗心、想通五个问题、做好五件事、成为五种人”。最后形成了一篇题为《发力“自我革命” 实现“心想事成”——谈党员干部贯彻落实党的二十大精神》的5200多字的论文。这篇文章，也是我给单位内部讲“谈如何学习贯彻党的二十大精神”党课的主要框架。

第二遍通读党的二十大报告后，再次思考，我这样想：这么好的报告，基层如何贯彻呢？当然得“上接天线、下接地气”。那用成语怎么说呢？于是就想到了“**上天入地**”。进一步拆解这四个字，“上”字提示我们要接得上上级要求、跟得上时代步伐、追得上典型标杆；“天”字提示我们要明白“天道酬勤”“天网恢恢”“天无绝人之路”三个道理；“入”字提示我们要经常深入现场、深入人心、深入业务；“地”字提示我们要能出因地制宜的政策举措、出人杰地灵的品牌形象、出欢天喜地的和谐氛围。

如此这般，在反复阅读中，我又联想：学习党的二十大报告后应该具有什么样的状态？怎么能抓住其精神实质与核心要义？由此找到并成功拆解了“**雄姿英发**”“**秉要执本**”“**真抓实干**”等多个成语。这样当我再讲如何学习贯彻党的二十大精神专题时，内容就越发丰富。这些思悟出来的文章框架，把标题一改，又可用于领导力提升领域，书中就给出了许多这样的例文。

再如，年底我们召开冲刺全年工作的动员大会。我提前思考，这个会上我要讲什么呢？关键字是什么？我想到了“实”字。然后在网页搜索栏里搜“实词语”，找到了一堆以“实”结尾的词语：“扎实、务实、夯实、搞实……”，我把这些词列在纸的一边。然后，把要提醒的工作一一罗列下来，共有十几项，写在纸的另一边。之后进行连线、合并同类项，再提炼归纳，正好凑成了十项，变成具体要求。

即岁末年初工作要在**十“实”在“再”**上下功夫。一是要用铁脚板搞实真情实况，在调查研究上再发力；二是要用众人智谋实前行思路，在群策群力上再发力；三是要用快动作落实工作部署，在抢先一步上再发力；四是要用大培训扎实业务素质，在训技提能上再发力；五是要用数字化夯实基础管理，在提质提效上再发力；六是要用硬措施务实重点工作，在纲举目张上再发力；七是要用严考核抓实履职尽责，在效果导向上再发力；八是要用滚烫心贴实员工群众，在为民服务上再发力；九是要用好产品做实新老市场，在市场营销上再发力；十是要用绣花功结实大安全网，在平安和谐上再发力。

拿着这样的发言提纲，讲起来井井有条。同志们听完后脑中会留下非常深刻的印象，回去也很容易传达落实。

二、见词语就“拆”是基础

找到好拆的词语不容易，“平时不努力，临时抱佛脚”很难。许多学员课后问我，怎么能做到我这样，成语信手拈来，还拆解自如。我只能给出四个字：**勤拆苦练**。

在读书或工作中，遇到耳熟能详的词语，大脑中突然闪过的词语，赶紧记下来。有空就去琢磨，将其与自己关心的领域联系起来，几个字有一个字解得开，就可以搜包含这个字的其他词语，总能找到一个适合拆解的词语。

例如，读书遇到“**头破血流**”“**见机行事**”等词语，我自然想到提升领导力应该怎么做。“头破血流”就是提示我们党员干部要“担当领头、创新突破、满腔热血、从善如流”，“见机行事”就是提醒我们党员干部要“拿得出主见、抓得住机遇、端得正行为、摆得平难事”！这样拆解，通俗易懂。拿来其中任何一个，讲上一堂党课，作为一次发言的提纲，很容易入得听众的耳、抓住听众的心。

熟能生巧！一旦摸到事情的规律，只要勤加练习，就会越发娴熟，见到词语尤其是成语，真的会两眼放光！

例如，见到成语“起承转合”，我首先想到的是衡量一篇大文章的标准。说一篇大文章写得好，当然要做好“起承转合”的安排，做到“起篇有势、承接有序、转折有法、合统有力”，就是文章开头有气势、上下过渡顺畅、情节转换有招法、全文形散神不散！接下来就联想到我们的工作，许多事情动辄强调“要全力以赴做好某某大文章”！那这个词运用起来，范围就太广阔了。再具体一些，就拿企业基层党建工作来说。基层党建工作当然是大文章，它的主题是“生产经营、改革发展稳定”，主线是“发挥好党的领导作用”，中心思想是“把方向、管大局、保落实”，是党组织带领大家集体写就的。那基层党建这篇大文章也应该做好“起承转合”！如何做好呢？进一步拆解“起承转合”，我们就可以得到“五起、五承、五转、五合”。（具体文章思维导图见图 1）

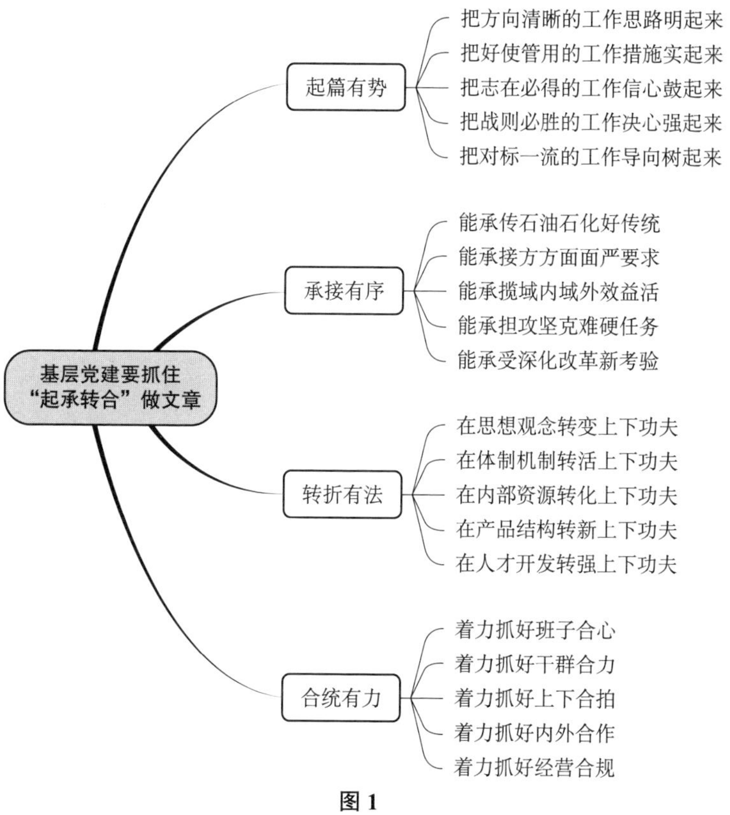

图 1

练习的过程也是积累的过程。如果你是有心人，见词就拆，拆的过程必然伴随深度思考与思维发散。日积月累，你就能养成结构化思考的习惯，并储备越来越多的词语及拆解词语形成的小文章。手有余粮，心中不慌。再遇到写材料、发言的情况就会越发游刃有余！

三、学会“一分为二”看问题，加上词语拆解，表达水平会倍增

单个成语、词语拆解可以写成文章，但通常还是有些单薄。在遇到实际问题时，我们可以考虑，把问题分成两个或几个方面，每一个方面分别概括为一个词语，再拆解这些词语，就可以形成解决这类问题的方法论。

如近几年，我们单位的双文明讲话，我每次都是讲两个词。

2022 年是党的二十大胜利召开之年，是宣告全面建成小康社会之后，向第二个百年奋斗目标迈进的开启之年。全国人民的精神状态当然是“意气风发”。都在干什么呢？当然是在“建功立业”！对党校党建工作来说，在这新的一年里，理所当然也要重点抓好这两个方面：一是人的精神面貌，二是人的具体作为。具体来说就是“保持‘意气风发’，做好‘建功立业’”,“意气风发、建功立业”就是全校全年党建工作的焦点、靶向，8 个字展开来就是具体的工作路径。（讲话思维导图见图 2）

2023 年，新冠疫情封控解除，线下培训将迎来爆发式增长，党校面临的大势是“走大运”，追求的结果应该是“中头彩”。“走大运、中头彩”具体来说每个字又提示我们要各干好三件事。三六一十八，这十八件事落实抓好了，纲举目张，全校全年党建工作必将打开新局面。（讲话思维导图见图 3）

2024 年，党校的党建工作如何干呢？我想到的是既要眼睛向内，苦练内功，加强核心能力建设，也要开拓创新，抢抓机遇，加快发展。具体来说，就是要向下扎根、向上生长。向下扎根就是要做到“垂直聚焦”，向上生长就是要实现“拔节生长”。“垂直聚焦、拔节生长”就是 2024 年党校党建工作总体思路，展开来 8 个字寓意明确，各要做好两件事。二八一十六，这十六件事就是我们全年党建工作的抓手。（讲话思维导图见图 4）

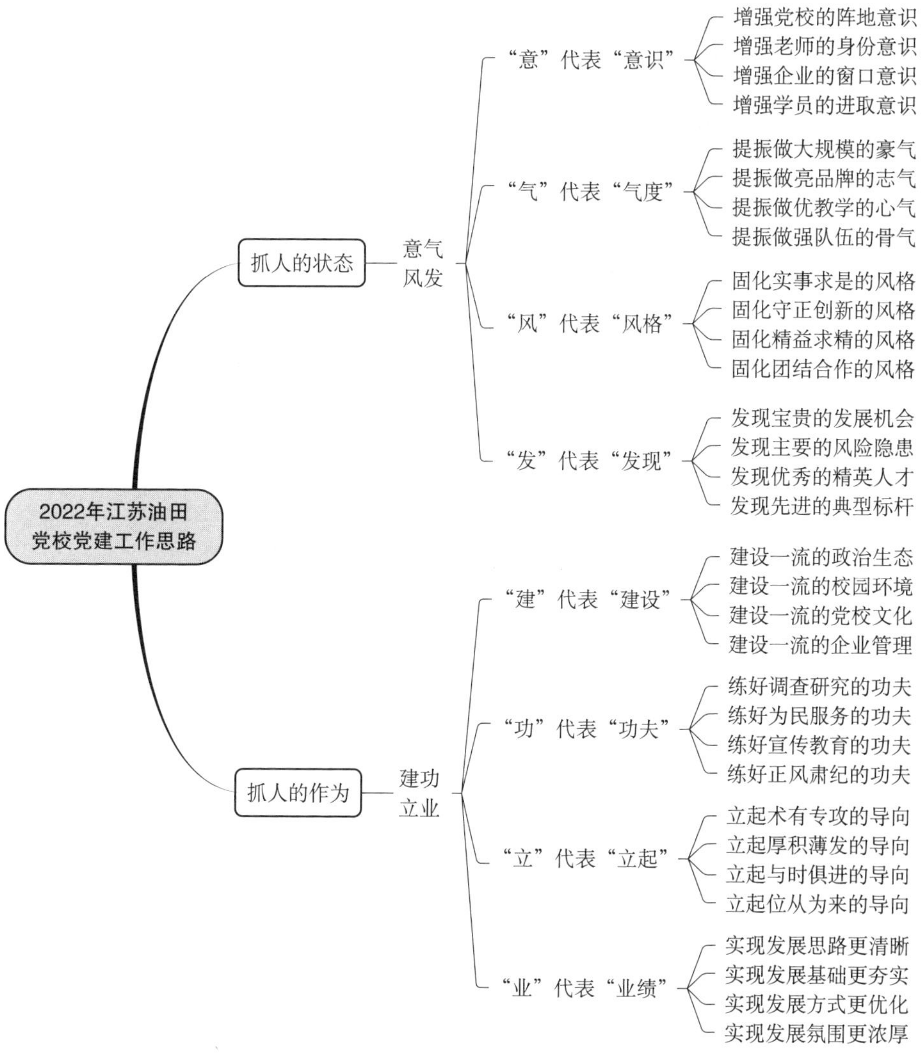
2022年江苏油田
党校党建工作思路
抓人的状态
意气
风发
“意”代表“意识”
增强党校的阵地意识
增强老师的身份意识
增强企业的窗口意识
增强学员的进取意识
“气”代表“气度”
提振做大规模的豪气
提振做亮品牌的志气
提振做优教学的心气
提振做强队伍的骨气
“风”代表“风格”
固化实事求是的风格
固化守正创新的风格
固化精益求精的风格
固化团结合作的风格
“发”代表“发现”
发现宝贵的发展机会
发现主要的风险隐患
发现优秀的精英人才
发现先进的典型标杆
抓人的作为
建功
立业
“建”代表“建设”
建设一流的政治生态
建设一流的校园环境
建设一流的党校文化
建设一流的企业管理
“功”代表“功夫”
练好调查研究的功夫
练好为民服务的功夫
练好宣传教育的功夫
练好正风肃纪的功夫
“立”代表“立起”
立起术有专攻的导向
立起厚积薄发的导向
立起与时俱进的导向
立起位从为来的导向
“业”代表“业绩”
实现发展思路更清晰
实现发展基础更夯实
实现发展方式更优化
实现发展氛围更浓厚

图 2

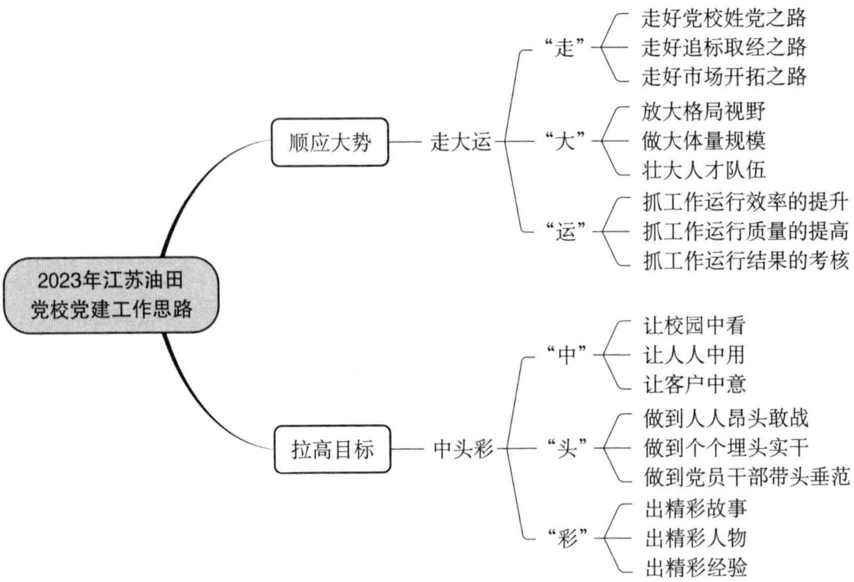

图 3

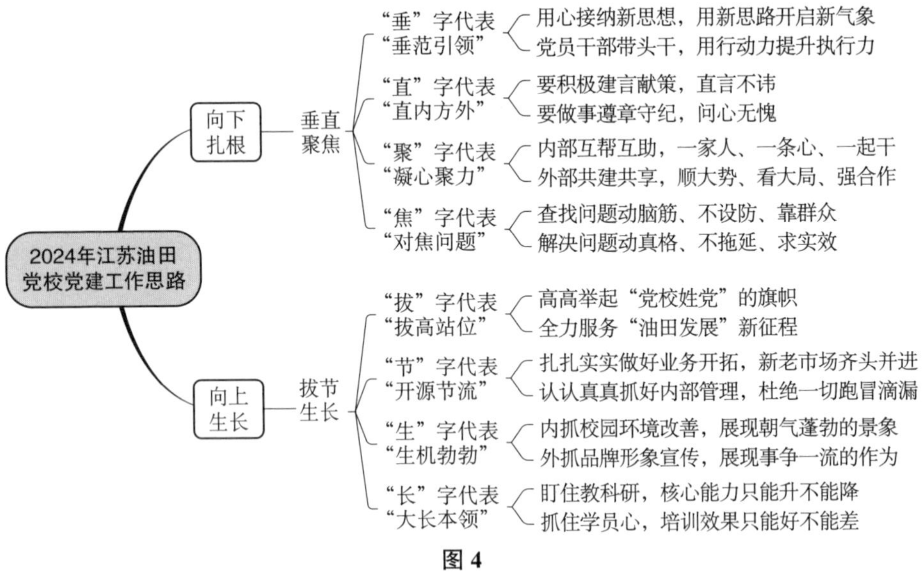

图 4

其他问题解决方式也是如此。

例如，如何做好企业基层思想政治工作？用一分为二的观点来看，无非要做到两条，一是“喜欢”，二是“懂得”。因为“喜欢”是干好工作的前提，兴趣是最好的老师；而“懂得”是干好工作的关键，把握规律性，才能富有创造性。“喜欢”可以用成语“情投意合”来对应，“懂得”可以用成语“明心见性”来表达。“情投意合、明心见性”两个成语直接点出了做好企业基层思想政治工作的关键，逐字拆开来表述，正好提示我们要明白八个道理、做好三十二件事。（文章的思维导图见图5）

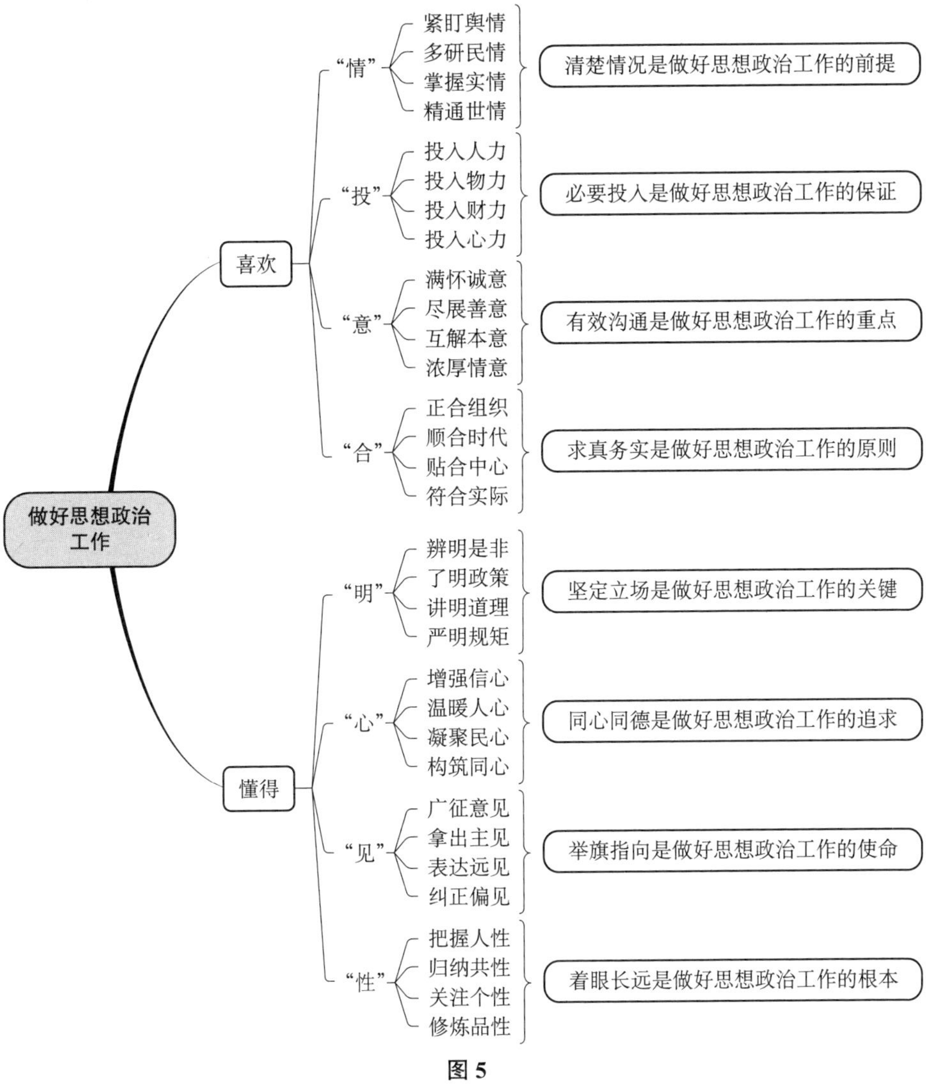

图5

再如，如何提升安全领导力？采用一分为二的观点，无非是“内心怎么看”“外在怎么办”。“内心怎么看”？安全生产是一切工作之首，“道路千万条、安全第一条”“万有一失、一失万无”，抓安全生产当然得“理直气壮”！“外在怎么办”？“严是爱、松是害，不管不问要变坏”，抓安全生产当然得“严管厚爱”！进一步去拆解“理直气壮、严管厚爱”就会得到提升安全领导力的路径指南。围绕安全生产工作，我思悟拆解了一批成语，今年稍加整理，备成了一门新课“安全领导力塑造”，很受欢迎。（具体思维导图见图 6）

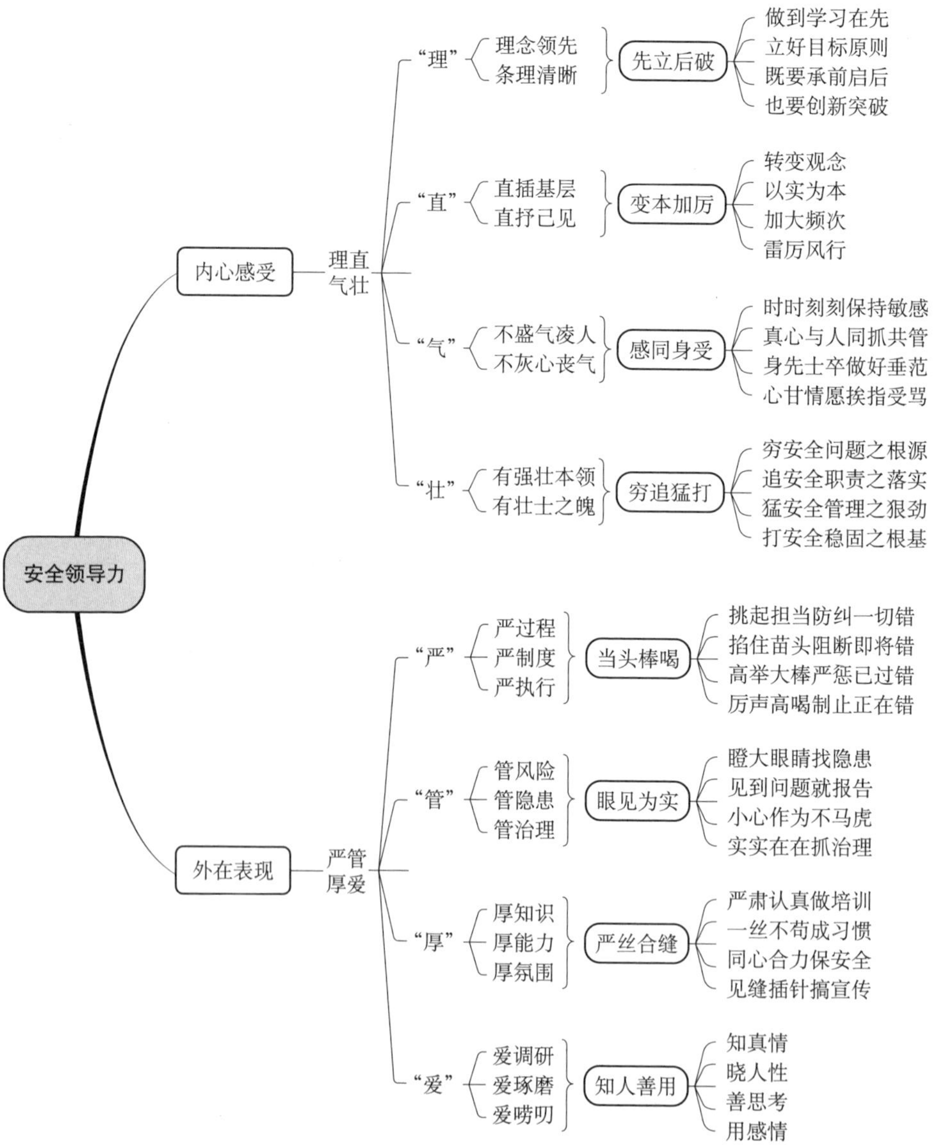

图 6

中华文化博大精深，词语浩如烟海。只要我们用心去琢磨，心中想表达的意思总能对应上相应的词语，词语拆解也总能赋予深刻的表达。

现将我 2023 年以来由词语拆解而得来的思悟文章与大家分享，期盼能对读者撰写文章有所启发。许多文章成文匆匆，并不成熟，有些观点可能还失之偏颇，敬请广大读者批评指正。想进一步学习如何运用词语拆解写作论文的，可以参阅我 2022 年出版的专著《国有企业基层党建实战思悟（修订版）》。

目录

一 领导力提升篇

二 做人篇

三 干事创业篇

四 安全管理篇

五 论文摘选

六 拆词提纲摘选

一

领导力提升篇

1 抓住"长、袖、善、舞"塑造领导力

新时代，知识爆炸，思想多元，领导干部靠什么在领导岗位上"长袖善舞"？"过硬的能力、廉洁的作风、健康的心态、一贯的勤奋"必然是不可或缺的要素。这四个要素也正好蕴含在"长袖善舞"这四个字里，过硬的能力就是要做到长材茂学、廉洁的作风就是要做到两袖清风、健康的心态就是要做到从善如流、一贯的勤奋就是要做到闻鸡起舞。多好的一个词！值得所有领导干部铭记、品味、笃行！

一、要想在领导岗位上"长袖善舞"，就得做到长材茂学有能力

古人云：兵熊熊一个，将熊熊一窝。领导干部作为领兵打仗之人，需要做好计划、组织、指挥、控制、协调等大量工作。若不具备深厚的专业知识和广泛的知识面，没有敏锐的洞察力和判断力，你就会陷入少知而迷、不知而盲、无知而乱的窘境。时间长了，大家就会把你称作"阿斗"，你领导的团队也自然而然缺少凝聚力与战斗力。

领导不好当，当好领导更不容易。作为领导，必须要有本领恐慌意识，要把博闻广知作为人生之追求，让学习思考成为日常生活的常态。通过学习，持续提升自己的知识素养与思想境界、学习能力和工作能力，不断增强工作的科学性、预见性、主动性，具有越来越强驾驭复杂局面、应对风险挑战、抢抓发展机遇、透过现象看本质的能力。

二、要想在领导岗位上"长袖善舞"，就得做到两袖清风不染尘

常言道："政者，正也""公生明，廉生威""其身正，不令而行；其身不正，虽令不从"。清正廉洁始终是领导干部做人之本、从政之基，是需要始终坚守的底线。领导干部作为掌权者，拥有的资源多，接触的人与事也多，身边总有

各式各样的诱惑，总难免被各路利益相关者“围猎”，而且权力越大，诱惑越多，考验越严峻。

“常在河边走，就是不湿脚”真的不容易！贪婪本是人性！保持“两袖清风”是逆人性的，它如一面镜子，可以照出领导干部的内涵、素质和形象，也像一把尺子，可以量出领导干部的思想纯洁度、政治成熟度和对党的忠诚度。所以，要当好领导，自律非常重要、非常关键，必须能时时处处严格控制自己的欲望，否则就会一失足成千古恨！

三、要想在领导岗位上“长袖善舞”，就得做到从善如流度量大

“海纳百川，有容乃大”。齐桓公不计较一箭之仇，任用管仲为相，成就齐国伟业；唐太宗包容直臣魏徵，彰显仁德君主形象。虚怀纳谏自古以来就是我国人民提倡的一种明君之道。纵观历史长河，没有哪个伟人、领袖、大领导、大企业家不是虚怀若谷、胸襟宽广！

作为领导，可能有比别人聪明厉害的地方，但是“三个臭皮匠，赛过诸葛亮”“一根筷子容易断，一把筷子折不断”，个人的智慧、力量毕竟有限，集众智才能无不胜，汇众力才能无不成。当今年代，单打独斗成不了大气候，共建共享才能共赢。我们要干成大事业，就得虚怀若谷、从善如流，能够包容他人，听得进不同的意见，团结一切可以团结的力量。

四、要想在领导岗位上“长袖善舞”，就得做到闻鸡起舞每一天

“勤能补拙，熟能生巧”。幸福都是奋斗出来的！古之成大事者，不惟有超世之才，亦必有坚忍不拔之志。这个年代，无比“内卷”，越是优秀的人越努力，越是努力的人才能越优秀！今年全国“两会”，网上热评雷军的素颜照，雷总憔悴的面容让人心疼，也反映了创业的艰辛。在业界，雷军素有“中关村劳模”之称，没有这样的努力也不可能有今天的小米！

雷军曾说：“在成功的路上，其实只有这一个秘诀：认真拼命地工作。”他曾笑谈：“我比马云还勤奋，为啥不如他！”干事创业没有谁可以随随便便成

功，成功需要时间的积累，需要以量变引起质变，从而实现质的飞跃。作为领导者，你肩负着组织的重托、群众的信任，你的努力关乎一个集体的兴衰、关乎员工的家庭幸福，努力勤奋更是应有的状态！

“长袖善舞”不简单也不容易！但如果你真正做到“长材茂学有能力、两袖清风不染尘、从善如流度量大、闻鸡起舞每一天”，我相信你一定能守得云开见月明，在领导岗位上游刃有余、长袖善舞！

2 当领导就得能“见、机、行、事”

明者因时而变，知者随事而制。事物发展的过程中，总会不断出现各种新情况、新问题。如果我们不能审时度势、因地制宜、与时俱进，而是抱定教条主义、经验主义，一股劲儿地往前冲，必然会撞得头破血流。当领导就得敏于知变、准确识变、善于应变，要能见机行事。“见机行事”既是新形势下对领导干部的要求，逐字拆解后更为领导干部提供了提升领导力的一种标准与一条路径：“拿得出主见、抓得住机遇、端得正行为、摆得平难事”。

一、拿得出主见

“横看成岭侧成峰，远近高低各不同”，从不同的角度看问题，结果会大相径庭。工作中，大家观点不一致、意见不相同，很正常。但作为领导干部，你是把握方向之人，你的头脑绝对不能糊涂。思路不清就会累死三军，糊涂官只能打糊涂仗！在众声喧哗中，我们得有正确的观点与意见，以引导、指导、主导队伍前进。

1. 要拿得出主见，就得做好调查研究。调查研究是掌握实际情况、获得正确认识的重要前提，没有调查就没有发言权。无论资讯多么发达、技术多么先进，都代替不了我们的眼睛看、我们的耳朵听、我们的头脑想。只有深入现场与一线，才能掌握第一手资料。也只有掌握第一手资料才能去有的放矢地研究，透过现象看到本质，“求解”出科学决策。

2. 要拿得出主见，就得充分发扬民主。乘众人之智，则无不任也；用众人之力，则无不胜也。三个臭皮匠，赛过诸葛亮。个人的认识是有限的，再高明的人，也会有疏漏。如陈云同志所说，只有交换、比较、反复，才能博采众长、集思广益，避免主观性、片面性和表面性。作为领导干部，要有听取不同意见的胸怀，更要有群策群力的意识。

3. 要拿得出主见，就得坚守原则立场。多听取别人的意见与建议，并不意味着随波逐流或随意改变立场。领导干部还得坚守自己的原则和价值观，不能让自己的脑袋单纯成为各类意见和材料的“仓库”，而要成为意见和材料的“加工厂”，及时归纳、总结、分析、整合，去粗取精，去伪存真，加工出自己的“主见”来。否则，表达的就是他见而不是主见。

二、抓得住机遇

俗话说，成功是“七分努力、三分机遇”。尤其在这个竞争白热化的时代，发展的机遇更显可贵、更为稀缺。有时一个机遇可以彻底改变一切，错过了就再也没有机会，再努力也没用。作为单位的领头人，要想为单位发展赢得主动权，就得有寻找机遇、发现机遇、抓住机遇的本领。

1. 要抓得住机遇，就得独具慧眼。发现机遇才能抓住机遇。毛泽东说过：“只有当着还没有出现大量的明显的东西的时候，当桅杆顶刚刚露出的时候，就能看出这是要发展成为大量的普遍的东西，并能掌握住它，这才叫领导。”当领导就得练就草摇叶响知鹿过、松风一起知虎来、一叶易色而知天下秋的见微知著的能力，从大局大势、细枝末节中寻找机遇。

2. 要抓得住机遇，就得当断则断。机不可失，时不再来。企业发展与个人成长的道理是一样的，大家不妨看看身边的成功人士。有几个不是抓住了机遇？当机遇来临的时候，当发展的窗口期打开的时候，容不得迟疑、观望、等待。日本的柯达就是错失发展机遇的典型教材。尽管其当年模拟影像产业极其辉煌，但机遇错过就错过了，想把败局扳回来，几乎不可能。

3. 要抓得住机遇，就得本领高强。机会只会留给有准备的人。来了瓷器活，没有金刚钻也揽不成。姜子牙磻溪垂钓数十载才迎来文王，诸葛亮高卧隆中十年方迎来刘玄德。姜子牙、诸葛亮都是在机遇到来之前早已胸中韬略万千，所以当机遇来临时才能抓得住。作为领导干部，在寻找机遇的同时，我们更要时刻不忘提升自身的本领与实力，否则机遇来了也束手无策。

三、端得正行为

“其身正，不令而行；其身不正，虽令不从。”一名领导干部就是一面旗帜，其一言一行、一举一动都是单位发展的“风向标”，下级在学，群众在看。其做出的良好示范带头作用是一个单位最好的执行力。所以，领导干部必须始终慎独慎微，勤于自省，不断“补钙”“充电”，使自己成为德可为师、行可为范的楷模。

1. 要端得正行为，就得正判对错。判断是一切行为的开始，方向错了，失之毫厘谬以千里。什么是对的、好的，什么可以做、不可以做，不同的选择，不同的境遇。领导干部要行得端，就必须树立正确的价值理念、保持清晰的思维，要善于运用辩证唯物主义和历史唯物主义的世界观与方法论分析看待问题，要善于运用科学的工具和群众的智慧解决问题。

2. 要端得正行为，就得小心防错。谨慎能捕千秋蝉，小心驶得万年船。古人云：“畏则不敢肆而德以成，无畏则从其所欲而及于祸。”当领导要时刻保持如临深渊、如履薄冰的谨慎，为自己架上带电的“高压线”，设好抵腐的“防火墙”，经常念一念自律的“紧箍咒”，警醒自己要始终胸怀坦荡、光明磊落，做到心有所畏、言有所戒、行有所止，始终保持正确人生航向。

3. 要端得正行为，就得及时纠错。“人谁无过？过而能改，善莫大焉”“亡羊补牢，为时未晚”。干事难免会出错，但发现错误就要尽快改，越早越快越好，因为此时不管多大的代价都可能是最小的代价。领导干部权力大、事情多，犯错很正常，但犯了错就得承认错误，绝对不能为了所谓的面子心存侥幸，坚持一条路走到黑，那就会一错再错，错上加错，小错变大错。

四、摆得平难事

大事难事看担当，考验面前见精神。当下，中国各领域的改革都进入了深水区，剩下的都是难啃的硬骨头，面临的是百年未有之大变局，重大挑战、重大风险、重大阻力、重大矛盾扑面而来，迫切需要领导干部挺起腰杆，敢于担当、善于担当，把难事摆平，彰显领导干部的关键作用。

1. 要摆得平难事，先得有必胜心。信心堪比黄金贵，办法总比困难多。这困难那困难，有什么困难能比得过毛泽东主席那一代人遇到的困难大、困难多？革命低潮期，依然发出“星星之火，可以燎原”的呐喊；凭借小米加步枪，硬是活生生地战胜了武装到牙齿的美军；在一穷二白的条件下，照样成功研制出原子弹等护国之盾。今天的我们，理所当然没有翻不过的雪山草地。

2. 要摆得平难事，也得有真本事。没有铁肩膀，就挑不起硬担子。在前进道路上我们面临的风险考验只会越来越复杂，甚至会遇到难以想象的惊涛骇浪。魔高一尺，道就得高一丈。党和国家事业越发展，对领导干部的能力要求就越高。领导干部必须要有本领不够的危机感，永不自满、永不懈怠地加强学习、补课充电，以多掌握一些攻坚克难的撒手锏。

3. 要摆得平难事，还得靠众人力。人心齐泰山移！发动群众、依靠群众始终是我们战胜一切困难的法宝。当下这个世界，万物互联，你中有我，我中有你，干事创业更得讲究共建、共享、共赢。我们必须走好新时代的群众路线，做大朋友圈，集中大家的智慧与力量，这样就没有克服不了的艰难险阻，没有战胜不了的风险挑战。

3 展现领导力要抓住“立、竿、见、影”

领导者当然希望自己的要求能得到正确迅速响应，效果立竿见影！“立竿见影”是领导者的期待与追求。细细琢磨这四个字，更包含着“立规矩、树标杆、见未来、扩影响”之意，这不正是展现领导力之关键所在吗？

一、立规矩

“欲知平直，则必准绳；欲知方圆，则必规矩。”规矩能够为组织内的各个成员提供明确的指导，确保大家在工作中遵守相同的标准和要求。这有助于消除不确定性和主观因素，使工作流程更加明确和一致；有助于提高工作效率和生产率，避免浪费时间和资源；有助于建立公正的工作环境，减少偏见和不平等的发生；有助于增强团队凝聚力和身份认同，形成共同的行为准则和共识，等等。试想，一个单位或组织，如果没有统一严格的规矩，各吹各的号、各弹各的调、各干各的事，状如一盘散沙，还谈什么创造力、凝聚力、战斗力？可以说，领导者要想维持一个组织正常运转、高效运转、长期运转，第一件事就是立规矩！

二、树标杆（“杆”通“竿”）

榜样有无穷的力量，典型是最好的教材。确立什么样的典型，就明确什么样的标准；树立什么样的榜样，就体现什么样的导向。把好的典型标杆树起来，大家就学有榜样、干有方向、赶有目标。作为领导者就是要能大力选树那些信念坚定、不怕困难、敢于斗争的典型，让浩然正气得到升腾；大力选树那些扎根基层、默默奉献、任劳任怨的典型，让“老黄牛”发光；大力选树那些工作严谨、精益求精、追求卓越的典型，让高质量成为干部员工工作的标准；大力选树那些学习勤奋、情趣高雅、习惯良好的典型，让高品位生活成为大家的共识；大力选树那些乐于助人、诚信待人、阳光为人的典范，让“家”文化在单位更好地茁壮成长。

三、见未来

“聪者听于无声，明者见于未形。”作为领导者，必须具备预见能力。毛泽东主席在党的七大会议上说：“什么叫领导？领导和预见有什么关系？预见就是预先看到前途趋向。如果没有预见，叫不叫领导？我说不叫领导。”斯大林说：“没有预见就不叫领导，为着领导必须预见。”在这个世界上，人们最担心的就是未来，期待也在审视着领导者能否给他们一个科学精准的预见，使大家能够未雨绸缪，更好地应对未来。如果领导者能够科学判断形势、准确描绘单位未来愿景，并在实践中不断得到证实，领导者的卓越眼光就会得到大家的认可，威望自然就会水涨船高。

四、扩影响

影响不了别人就无法领导别人，所谓领导力，其实就是影响力！领导，就是用自己的权力、思想、观点、决策、形象等去影响和改变他人心理和行为，并力求让大家尊重、理解、认同、支持自己的领导。领导者影响力的大小是权力性影响力和非权力性影响力的综合反映。时下，人们的眼界视野越发宽广、自我意识越发强烈，领导者的“权力性影响力”正逐渐减弱，而“非权力性影响力”正逐渐增强，要想让别人既服从又服气，应该将重点放在扩大自己的“非权力性影响力”上。这也就要求领导者要更加注意自身的言行修养，能够展现出政治上的成熟稳重、能力上的出类拔萃、品德上的高尚纯洁。

展现领导力无处不在，塑造领导力却不是一朝一夕的事。“立竿见影”展现领导力，需要一个持续积累的过程，“立规矩、树标杆、见未来、扩影响”就是其中的一部分。希望各位领导从现在开始、从点滴做起，积跬步至千里，终成优秀与卓越。

4 领导干部要有“尚、方、宝、剑”

“尚方宝剑”指的是过去皇帝御用的宝剑，本为斩马剑，非常锋利，可以断马，由于藏在尚方，故名为“尚方宝剑”。“尚方宝剑”既是利器，又象征着至高无上的权力！在政治开明、充分竞争、依法治国的当下，是否有现代版的“尚方宝剑”？当然有！那就是“高尚的情操、科学的方法、宝贵的人才、亮剑的精神”，它们可以让领导干部辟邪镇鬼、克难制胜、行稳致远、一往无前！

一、“高尚的情操”就是领导干部“辟邪镇鬼”的尚方宝剑

不凡的精神品质感染心灵，伟大的人格力量无远弗届。当今社会物欲横流，处处充满诱惑和陷阱，高尚的情操成为我们抵御各种侵蚀的“护身符”，树立崇高威望的“压舱石”，保持奋发进取状态的“动力源”。

俗话说，苍蝇不叮无缝的蛋。从党的十八大以来查处的腐败分子来看，不乏工作的强手、业务的骨干、学术的翘楚，但他们终因定力不够，操守失度，在金钱、美女、豪宅、名利面前栽了跟头。如果他们能坚持原则、坚守底线、坚定信仰，那些投机钻营者一定会知难而退、无趣而返，安安心心、专心致志干事业的氛围环境就会自然形成。

北宋包拯六十大寿时，在其好友张奎送来的寿礼上写道：“我们本是知音人，肝胆相照心相印。寿日薄酒促膝谈，胜似送礼染俗尘。”包拯高尚的情操跃然纸上，张奎只好携礼而去。清代名臣张伯行出任江苏巡抚时，写下“一丝一粒，我之名节；一厘一毫，民之脂膏。宽一分，民受赐不止一分；取一文，我为人不值一文”。严正杜绝贿赂，清正官场风气。正是坚持把“一丝一粒”看成关乎名节的大事，始终洁身自好、清正廉洁，张伯行才能在清代官场“出淤泥而不染”，赢得“天下清官第一”的美誉。

作为领导干部，其一言一行、一举一动都是行为规范的风向标，关乎单位的政治生态与个人威望。其身正，不令而行；其身不正，虽令不从。领导干部要像珍惜生命一样珍惜名节和操守，时刻自重、自省、自警、自励，做到慎独、慎初、慎微、慎友，扎扎实实改造主观世界，始终保持高尚情操，才能乱云飞渡仍从容，心无旁骛干事业。

二、“科学的方法”就是领导干部“克难制胜”的尚方宝剑

方法不对，努力白费；方法用对，事半功倍。同样的问题，不同的解决方法，结果会大相径庭。当下，处处充满着竞争，解决问题的效率、效果、效应直接决定着竞争与事业的成败，会干事才能干成事！

明者因时而变，智者随事而治。问题在变，解题的思路必须跟着变。当下

正处于百年未有之大变局，形势瞬息万变，新技术、新工具、新模式层出不穷。今天管用的方法明天不一定管用，这里管用的方法换个地方不一定管用，新问题老方法不一定不管用，老问题新方法不一定不好用。方法关键是科学、有效！从 A 地到 B 地，乘高铁不一定比乘飞机到得晚。

《吕氏春秋》中讲述的众所周知的“循表夜涉”“刻舟求剑”“引婴投江”的故事，就是方法不对的典型案例。在这三个故事中，不管是渡江作战的楚国战士，还是剑掉进江里的船客，抑或是欲把善游者的孩子扔到江中的人，都凭着惯性思维办事，忽视了客观规律的变化，犯了经验主义错误。

领导干部作为“带兵打仗”之人，其解决问题的方法直接影响着大局走向，必须切实增强科学干事的自觉性、主动性、创造性，及时跟上形势的发展，既要实事求是，更要解放思想、与时俱进，切实掌握、用活、用足科学方法和科学思维方式，努力找到问题的最优解，争取用最少的资源、最快的速度取得最好的效果。

三、“宝贵的人才”就是领导干部“行稳致远”的尚方宝剑

拥有人才，就拥有希望；赢得人才，就赢得明天。人才始终是推动一个单位、一个集体，乃至整个国家与社会发展的第一资源！尤其当下，我们身处知识爆炸的时代，谁占有人才，谁就能抢占创新发展的制高点，就会成为“通吃”的赢家。

华为公司为什么在美国全方位打压之下依然能够持续创新突破？根本原因就是华为拥有大量的各方面的顶尖级人才。创始人任正非自己就是顶级的思想家，他又特别注重华为的人才队伍建设。他说：“30 年来我创办华为也没有做什么事情，就修了两座大坝：一座是人力资源的大坝，一座是财经的大坝。”为了吸引人才，他能给“天才少年”直接开出百万以上年薪。

《汉书 · 高帝纪下》中记载，刘邦称帝后，在庆功宴上说：“夫运筹帷幄之中，决胜千里之外，吾不如子房（张良，字子房）；镇国家，抚百姓，给饷馈（供给军饷），不绝粮道，吾不如萧何；连百万之众，战必胜，攻必取，吾不如韩信。三者皆人杰，吾能用之，此吾所以取天下者也。项羽有一范增而不能

用，此所以为我所禽也。”从古至今，人才的作用都是至关重要！

千秋基业，人才为本。懂人才是大学问，聚人才是大本事。作为领导干部，其必须树立强烈的人才意识，真正做到寻觅人才求贤若渴，发现人才如获至宝，举荐人才不拘一格，使用人才各尽其能。只有让自己的地盘成为人才汇聚之地、辈出之地、向往之地，单位才能成为真正的创新高地、发展高地、事业高地。

四、“亮剑的精神”就是领导干部“一往无前”的尚方宝剑

艰难困苦，玉汝于成。伟大的事业，从不会轻轻松松、敲锣打鼓就能实现。困难，恰是我们踏向成功的基石，困难越多，我们站得越高，离成功越近。关键是，面对困难，我们要有亮剑精神，敢于同困难“决战”“拼刺刀”，全力以赴战胜困难！

只要精神不滑坡，办法总比困难多！只要你有勇于克服困难的精神，勇敢挑战，勇敢突破，一定可以想到解决的办法！当年大庆石油会战，是多么的困难，天气极寒，没有吊车等装卸装备。铁人王进喜带领大家人拉肩扛，照样将巍峨的钻塔竖立起来。他喊出的“石油工人干劲大，天大困难也不怕！”“有条件要上，没有条件创造条件也要上！”等豪言壮语激励着一代代石油人一往无前，不断开创着中国石油工业的崭新篇章！

新时代，世界正经历百年未有之大变局，形势瞬息万变，最大的确定性就是“不确定”。前进道路上，既有许多“雪山”“草地”需要跨越，还有许多“娄山关”“腊子口”需要征服，更有一些“黑天鹅”“灰犀牛”在等着我们。我们面对的许多困难与挑战将是闻所未闻、前所未有的，未来完全可能是“惊涛骇浪”“险象环生”！

“为有牺牲多壮志，敢教日月换新天。”历史只会眷顾坚定者、奋进者、搏击者。领导干部作为干事创业的先锋官、主心骨当直面风险挑战时，就得主动亮剑，勇于担当负责，积极主动作为，越是艰险越向前。当然，敢于亮剑更要善于亮剑、经常磨剑！赢得胜利不仅要靠勇气，也要有智慧与实力。领导干部必须高度重视自身素质本领的养成，高度重视处理问题的方式方法，这样才能

真正剑锋所指，所向披靡，一往无前！

过去的“尚方宝剑”是皇权所授，如今靠的是自己铸就！“高尚的情操、科学的方法、宝贵的人才、亮剑的精神”都是我们披荆斩棘的“尚方宝剑”！“尚、方、宝、剑”这四个字就是我们的铸剑秘诀！

5 白、手、起、家：领导者四项硬核能力

为了成功应对各种挑战和问题，领导者需要具备一系列关键能力，其中“清清白白的廉洁自律能力、手到擒来的问题解决能力、起早抢先的勤奋敬业能力、和睦持家的安定团结能力”至关重要，它是领导者挺直腰杆的底气所在。

1. 清清白白的廉洁自律能力。古语曰：“吏不畏吾严，而畏吾廉；民不服吾能。而服吾公。公则民不敢慢，廉则吏不敢欺。公生明，廉生威！”路遥知马力，日久见人心，员工群众的眼睛是雪亮的。一个领导如果不能清清白白、干干净净、堂堂正正，那么他就没有资格、没有威信去当领导、管别人，他也不可能全心全意做好自己的本职工作，实实在在代表员工群众的根本利益。所以，领导干部要长期取信于民，赢得大家的敬重与爱戴，就必须能够坚持廉洁自律，做到不仁之事不为、不义之财不取、不正之风不染、不法之行不干，自觉摒弃一切腐败和不正当行为。

2. 手到擒来的问题解决能力。问题无处不在、无时不有，改革发展的过程，就是解决一个个问题的过程。伴随时代的发展、社会的进步、改革的深入，我们遇到的问题复杂性、隐蔽性、尖锐性、艰巨性都在不断攀升，解决问题的能力直接反映了一名领导干部有没有真水平、适不适合当领导。作为领导干部，必须高度重视提升自己解决问题的能力。要善于搞好调查研究，成为知悉方方面面情况的“活字典”；善于学习和掌握最新的理论、工具、方法，拥有“干瓷器活的金刚钻”；善于用好众人智慧和力量，聚合形成攻坚克难的“一股劲”。若当问题来了，你总能手到擒来，那大家能不服气吗？

3. 起早抢先的勤奋敬业能力。一万年太久，只争朝夕。历史只会眷顾坚定者、奋进者、搏击者，而不会等待犹豫者、懈怠者、畏难者。新时代，充满竞争，发展机遇稍纵即逝，谁抢得发展先机，谁就赢得发展主动权。与此同时，幸福也都是干出来的，没有什么事业轻轻松松、敲锣打鼓就能实现，一分耕耘一分收获、一份付出一份回报。作为领导干部，就得争分夺秒，起早抢先，争当第一个吃螃蟹的人，努力取得发展的先发优势；就得始终保持勤奋敬业的态度，不怕苦不嫌累，为工作真心实意地付出时间和精力、投入智慧和感情，真正苦干加实干，如此才能多多造福一方。

4. 和睦持家的安定团结能力。家和万事兴。稳定是一个单位发展进步的根本保证。没有和谐稳定的工作环境，一切改革发展都无从谈起，再好的规划和方案都难以实现，已经取得的成果也会失去。领导干部既要把自己的小家经营好，也要把单位这个大家搞得平平安安、和和美美、蒸蒸日上。首先就是平安。道路千万条，安全第一条。安全生产与依法合规经营，一刻也不能放松，万有一失，一失万无！其次就是团结，兄弟齐心其利断金，单打独斗成不了大事业，唯有团结才有力量。领导必须想方设法把大家的心拢在一起，使大家心往一处想、劲往一处使。众志成城就没有干不成的事、克服不了的困难。

白手起家不难，关键是领导者要有“白、手、起、家”这四项能力！

6 塑造领导力要抓住“旗、开、得、胜”做文章

工作“旗开得胜”是所有领导干部的期盼！但千里之行始于足下，要想“旗开得胜”，就得全力以赴把奋进的大旗举起来、崭新的局面打开来、得人心工作做起来、必胜的气势造出来，这正好对应着“旗、开、得、胜”四个字。可以说“旗开得胜”四个字合在一起是领导干部的美好愿望、应有追求，分开来就是领导干部塑造领导力的行动指南。所以，领导干部应该做好“旗、开、得、胜”这四篇文章！

一、做好“举旗帜”这篇文章

毛泽东同志曾经指出：“旗子立起了，大家才有所指望，才知所趋赴。”有了旗帜，就会有思想统一，就会有万众一心，就会有目标汇合。领导干部作为单位发展的领头羊，当然要把单位发展“目标愿景、价值主张、评价标准”的旗帜举得高高的，因为这是大家共同奔赴、遵守、效仿的约定。

1. 描绘美好愿景目标。心中有梦想，未来有方向，脚下有力量。优秀集体成长的背后，总有一股经久不衰的推动力，那就是单位的美好愿景和伟大目标。大家可以想一想，在一个单位工作，大家最期盼什么？当然是前程似锦，日子越过越美好！大家最担心什么？当然是没有未来、没有希望。我们要激发大家工作的原动力，首先要给大家信心与希望，要给大家画一个大大的“饼”！让员工真真切切感受到未来很美好、使命很光荣、前程可期待，自然就会产生“不用扬鞭自奋蹄、自会铆足干劲往前奔”的效果。

2. 明确统一价值理念。价值观是一个组织的核心与灵魂。畅销书《基业长青》一书中直截了当地指出，真正让企业长盛不衰的是深深植根于员工心中的核心价值观。一个单位如果没有统一的价值观，那大家的行为就是乱的，不可能齐心协力干事情，没有凝聚力，哪来战斗力？在统一价值观方面，中国共产党、阿里巴巴公司、华为公司等都是成功的范例。马云说，“阿里历史上所有重大的决定，都跟钱无关，都跟价值观有关。”阿里巴巴公司绩效考核的最大特点就是：有价值观考核。我们应该向他们学习，统一大家的价值观，让大家志相同道相合。

3. 树好正面典型标杆。榜样有无穷的力量，典型是最好的教材。学习具体的典型榜样，往往比接受抽象的原则方法要方便得多，特别是榜样如果就在身边的话，你会不知不觉地受到影响，这样由一到十、由点到面，相互感染、竞相仿效，最终的结果自然是先进典型的普及化。在员工思想越来越多元、多样、多变的当下，壮大主流思想、凝聚集体力量的任务比以往任何时候都更为艰巨。领导干部更要唱响主旋律，把好的典型树起来、先进标杆立起来，把优秀品质人格化、具体化、形象化，把先进作风转化为可触摸、可感知、可学习的鲜活样本。

二、做好“开新局”这篇文章

“苟日新，日日新，又日新。”世事如潮，变化万千，新情况新问题层出不穷，只有因时而变、随事而制，不断开新局，才能争取主动地位，赢得发展空间。作为领导干部，更要能够立足新发展阶段、贯彻新发展理念、构建新发展格局，与时俱进拿出新思路、采取新举措、斩获新成效。

1. 拿出新思路。毛泽东同志曾说：“领导者的责任归结起来，一是出主意，二是用干部。”“出主意”就是出思路。不同的思路，效果会有天壤之别。好的思路能够产生提质增效、事半功倍的效果。当然，新思路绝不是凭空得来的。大多是长期学习积累后的火花爆发，是深入思考后的恍然大悟，是集思广益中的刹那闪念，是现场调研中的豁然开朗，是参观学习中的瞬间灵感。作为领导干部，就得保持如饥似渴的求知劲头，与时俱进更新知识结构，完善理论框架，经常走出去考察、沉到一线去调研、静下心思考，敢于打破传统，持续迭代自己的思维。

2. 采取新举措。思路再新，不落地都是镜中花水中月。要落地，就得有载体、有抓手、有行动，也就是得有新举措。如，加油站为适应市场，纷纷提出向综合加能站转型发展的新思路。但这个思路能不能变成现实？那就需要不断采取新举措加以推进。例如，扩展加电功能方向，要做哪些事，用多长时间建多少充电桩、是自建还是合作，等等；扩展加氢功能方向，要做哪些事，怎么保证氢的来源、如何运输、如何拓展用户，等等；易捷超市这一块通过什么办法做大做强，等等。只有形成与新思路配套的系列具体举措，新的思路才能一步一步落地见效。

3. 斩获新成效。工作成效是思路对不对、举措好不好的直接体现，是开新局的意义所在、目的所在。工作中，当我们有了新思路、新措施以后，关键还要抓落实，要能把效果显露出来，让大家看到、体会到。效果好，大家就会越干越有信心，可以乘胜追击，扩大战果，新思路得到更多的认同；效果不好，就得马上调整思路和措施，避免无用功和负面效应。当然，成绩都是干出来的，事在人为！思路对、措施对，也得人努力！领导干部必须坚持干字当头、干字当先、干字当家，发扬钉钉子精神，努力让新思路与新措施效果最大化。

三、做好“得人心”这篇文章

管理学上将领导的本质定义为：通过人与人之间的相互作用，使被领导者能义无反顾地追随他前进。简单地理解，领导的本质就是领导“人心”。事实也是如此，得人心者得天下，人心齐、泰山移。领导干部只有把人心聚起来，使集体信任你、支持你，才能更好地推动工作、成就事业。

1. 真诚为民服务。人心都是肉长的。你对我怎么样，我就会对你怎么样。一个干部的作风务实不务实，一个最基本的因素，就是看他心里有没有老百姓，一天到晚为老百姓想了多少，做了多少，一年到头为老百姓办了几件实事、好事，老百姓得到了哪些实惠，享受到了多少好处。真情换真心。党的百年奋斗史表明，中国共产党之所以能够取得事业的成功，中华人民共和国之所以能够日臻强盛，重要一条就是始终保持党同人民群众的血肉联系。作为领导干部，要赢得大家的信赖与支持，必须深怀爱民之心，恪守为民之责，善谋富民之策，多办利民之事。

2. 公平公正办事。“政者，正也。”公道正派是一种政治品质、一种思想作风、一种人格力量，是执政者取信于民的根本法宝。公道正派也是一个人人品、素质的综合体现，是做人的道德理念，更是对领导干部的一种特殊要求，也是领导干部职业道德价值观念的核心要求。如果管理者偏心，员工就会寒心。员工能谅解管理者因经验不足而出现的失误，却无法容忍管理者的不公正之风。如果管理者戴“有色眼镜”看人，“看人下菜”，亲一派、疏一派，厚一伙、薄一伙，“一个锅里做出两样饭”，势必导致单位内部怨气丛生，人心涣散。

3. 诚实守信做人。孔子云：“人而无信，不知其可也。大车无輗，小车无軏，其何以行之哉？”意思是说：人若无信用，那是万万不行的。就像牛车、马车没有木销子，还怎么行走呢？车无销，不可行驰于路；人无信，不可行走于世间。孔子把个人信用看作为人立世的基础，没有信誉的支撑，就没有人格的树立。领导干部一言一行具有示范效应，是否一诺千金、表里如一直接关系其人格形象，其说话办事都应当诚心诚意、老老实实、光明磊落，讲真话，办实事，言行一致，说了就要去做，许诺了就要兑现，该承担的责任绝不推诿逃避。

四、做好“造胜势”这篇文章

《孙子兵法》上说：“激水之疾，至于漂石者，势也。”湍急的流水，飞快地奔流，以致能冲走巨石，这就是势的力量。对单位发展而言，“势”就是企业的外部环境、内部氛围，是当下的情势、态势、气势，是一种无形的影响力、控制力、支配力。“善战者，求之于势”，领导干部引领企业发展，既要顺势而为、借势而上，也要造势而起。

1. 夯实高效发展的前进基础。基础不牢地动山摇。手有余粮心中不慌。领导干部带领单位实现高质量发展，就如同参加一场车赛，那些开豪车的人肯定更有信心。同样逛市场，口袋里钱多钱少，心境完全不一样。所以，引领推动单位高质量发展，领导干部必须高度重视基础工作、重视家底的建设。对人、财、物、产、供、销六个环节，逐一采取强化的措施。尤其要强化制度、信息化建设，优化流程，打通堵点，让管理变得越发科学高效；要强化软硬件设施的建设，改善工作条件与环境，提升办公的效率与效果；要强化朋友圈建设，赢得更多发展助力。

2. 打造群英荟萃的人才队伍。“多士成大业，群贤济弘绩。”人才始终是单位发展的第一资源。作为领导干部必须要以求贤若渴、唯才是举的博大胸怀，在聚集人才、激励人才、服务人才上下足功夫。要吹响优秀人才的“集结号”，以爱才的诚意、用才的智慧、聚才的良方，把众多优秀人才凝聚起来，打造一支规模匹配、素质优良、梯次合理、作用突出的人才队伍；用好激励人才的“指挥棒”，打通人才流动、使用、发挥作用中的体制机制障碍，积极为人才松绑，持续调动人才的工作积极性；当好帮扶人才的“服务员”，营造“最贴心”的工作环境，让人才进得来、留得下。

3. 营造众志成城的团结氛围。兄弟同心，其利断金。事成于和睦，力生于团结。团结，历来是我们事业胜利的重要保证。党的二十大报告鲜明提出："团结就是力量，团结才能胜利。"面对百年未有之大变局，领导干部更要懂团结、会团结，营造众志成城的氛围。当然，团结不是无原则的你好我好大家好，不是拉帮结派、人身依附、狼狈为奸、貌合神离。而是大家建立在理想信念一致基础上的思想和谐，有着实现单位高质量发展的共同目标。这样的团结，大家才会以大局为重，才会心往一处想、劲往一处使，真正汇成推动事业正向进步的磅礴之力。

7 领导干部就应该"笑、傲、江、湖"

社会是江湖、人生也是江湖，干事创业就是行走江湖！领导干部，众望所归，应该成为干部员工心中的"英雄"。"英雄"，那是要有风度、有本事、有傲骨、有格局的。作为新时代的领导干部，如果能"笑对困难与挑战、坚硬做人之傲骨、江山如画在心中、五湖四海用人才"，就能"笑傲江湖"！

一、笑对困难与挑战

事在人为，人在精神。良好的精神状态，是做好一切工作的前提，是事业成败的基础。狄更斯说："一个健全的心态，比一百种智慧都更有力量。""人生不如意十之八九"，没有谁的人生是一帆风顺的，没有什么事业可以一蹴而就，总是存在各种各样的困难和挑战。"路不险则无以知马之良，任不重则无以知人之德。"越是困难大、挑战艰巨，越是能磨炼和考验人。面对接踵而至的困难与挑战，领导干部行不行？组织与群众拭目以待！兵熊熊一个，将熊熊一窝。领导干部作为干事创业的主心骨与领头羊，在困难与挑战面前，应该也必须挺起脊梁，保持革命乐观主义精神，呈现出昂扬的斗志、饱满的热情、旺盛的干劲！以此来激励自己、感染别人。信心堪比黄金贵，办法总比困难多！只要我们不怕困难，万众一心，就没有克服不了的困难！

二、坚硬做人之傲骨

山无脊梁要塌方，人无脊梁难立身。大到国家、民族，小到个人，没有精神脊梁不行。国家有了精神脊梁，才能昂然屹立；民族有了精神脊梁，才能繁荣昌盛；个人有了精神脊梁，才能昂首阔步。领导干部，守一方责任，系一方安危，领一方发展，锻造一身刚骨，是其安身立命、做人做事的基本要求，也是“打铁还需自身硬”的内在要求。有无骨气、骨气如何，直接关系领导干部的影响力、凝聚力和号召力，直接影响其管理下属和团队的领导力，直接影响党风、政风、民风、社风，影响着单位政治生态的构建。古人云，“富贵不能淫，贫贱不能移，威武不能屈，此之谓大丈夫”。领导干部在名利、权势、利益等面前就得能不弯腰、不屈服、不低头，始终坚持原则、洁身自好、守住底线，在任何时候任何情况下都保持独立人格、崇高品德和高尚风范。

三、江山如画在心中

“胸中有丘壑，立马振山河”“不谋万世者，不足谋一时；不谋全局者，不足谋一域”“预见未来才能遇见未来”。领导干部胸怀大局、成竹在胸，才能决胜于千里之外。其应始终站在历史的高度、全局的高度想问题、看问题、解决问题。胸中要有“江山”，必须胸怀“国之大者”，眼观六路，耳听八方，通晓古今，对那些事关干部员工根本利益、事关事业兴衰成败、事关未来市场格局的大事要事、大势趋势要了然于胸；脑中要有“愿景”，能够把握事物发展的规律，清楚单位未来将是什么样子，发展的具体路径是什么，并能够为大家进行描述，让大家对未来充满信心、充满期待；心中要有“美好”，能够换位思考，将心比心，用正面、阳光、美好的心态面对这个社会、这个世界，容人容事，顺境时不张狂，逆境时不失落。境随心转，好的心态会产生好的状态。

四、五湖四海用人才

事业兴衰，唯在用人；用人之要，重在导向。选人用人是一根无形的“指挥棒”，是一个单位政治生态的“风向标”和“晴雨表”。领导干部推荐什么样的人，提拔什么样的干部，直接影响着广大干部员工的奋斗方向。只有保持公正无私之心，坚持实事求是原则，把理想信念最坚定、干事创业最优秀、群众认可度最高的人才选出来，用起来，才能赢得公信，让实干苦拼的风气愈加浓厚。所以，领导干部在选人用人上应该秉持“五湖四海”之心，一切以事业为重、从大局出发，事业需要什么样的人就选什么样的人，岗位缺什么样的人就配什么样的人，不分地域，不论亲疏，不凭感情，不搞宗派，一视同仁，只看德才。这样才能团结一切可以团结的力量，最大限度调动各方面的积极性主动性创造性，动员全体干部员工为着共同的目标而努力奋斗。

8 当领导就得“抓、大、放、小”

“将军赶路，不追小兔。”领导的主要职责是把方向、抓大事、谋全局，必须善于“抓大放小”。

首先，领导要有“抓”的能力。“抓”就是行动，是主动去掌握机会、解决问题的能力。身处竞争白热化的当下，一步跟不上、步步跟不上，机遇稍纵即逝。领导应该有“今天再晚也是早，明天再早也是晚”的效率意识，“纸上得来终觉浅，绝知此事要躬行”的实践认知，始终保持“起而行之”的姿态，以高效、务实、勤奋的行动，办实事、解难题、开新局。

其次，领导要有“大”的能力。“大”就是要有全局观，要能把握主要矛盾和关键问题。俗话说：“不谋万世者，不足谋一时；不谋全局者，不足谋一域。”领导者需要对自己所面临的局势和环境有清晰而准确的把握，理解各种因素之间的关系和影响。只有把握住大局大势，才能更好地制定战略，做出明智的决策。否则，只会导致目标的偏离和无法实现。

再次，领导要有“放”的能力。“放”就是激发团队的活力和创造力，赋予员工更多的自主权和发展空间。领导者应该着力培养出一支高效协作的团队，把该给下级的权力都给下级，让下级大胆去闯、去试、去探索，真正做到疑人不用、用人不疑，放手让团队成员自主决策和负责，以充分发挥他们的能力和才华，调动团队的积极性、主动性、创造性。

最后，领导要有“小”的能力。“小”就是科学管理的能力，关注细节和员工个体的需求。天下大事，必作于细，细节决定成败。领导者既要“想一万”，又要“想万一”。要关注细节，关注小事，努力把工作考虑得更周到些，措施制定得更详细些，以 120% 的努力，去防范 1% 的风险，要用务实、求实、扎实的行动将一件又一件事干实、干好、干成。

领导要善于“抓、大、放、小”，精准把握工作和管理。只有具备这种能力，领导者才能够在日益复杂的工作环境中准确把握机会，发现主要矛盾，激发团队活力，使组织达到更高的效率和成就。

9 领导干部要能“画、地、为、牢”

领导干部，主要任务就是“领”与“导”，重点就是为大家画饼、画圈、画钩；带领大家脚踏实地干、攻城略地闯、留有余地拼；精进为学、公正为事、干净为人；把牢前进方向盘、打牢发展硬地基、筑牢安全防护墙。概括来讲就是四个字：“画、地、为、牢”。这四个字既告诉了我们领导干部应该干什么，也为领导干部提升领导力指明了一条路径。

一、抓住“画”字下功夫，着力做好画饼、画圈、画钩工作

1. 画饼。伟大事业始于伟大梦想。梦想能为人们树立目标，带来希望，激发动力。作为领导干部，要想把大家的积极性充分激发出来，就得能给单位、给属下画饼，向大家描绘美好的未来画卷，告诉大家我们努力了会怎么样、不努力会怎么样，让大家能够“望梅止渴”，想想未来都激动，从而不用扬鞭自奋蹄、自觉铆足干劲往前奔。当然，“画饼”不能太脱离实际，必须科学、准确、可行，既前途光明又高而可攀、大而可成、远而可达，让员工真真切切感受到未来很美好、使命很光荣、前程可期待。当“饼”做成了，更要及时兑现

许诺，让大家实实在在吃到“饼”。

2. 画圈。没有规矩不成方圆。要确保组织运行有序，领导干部不仅需要确立使命愿景、制定战略和决策，还需要给工作定边界、定规则、定标准，即明确团队职责与分工，谁负责，赋予什么权利；制定团队的规则，怎么做，提倡什么，反对什么；设定团队工作标准，有什么要求，做到什么程度，有哪些成果。通过明确边界，将组织的资源和精力集中在最重要的领域，确保资源的高效分配；通过明确规则，确立工作流程、决策程序、沟通渠道等，有助于建立一个高效、透明和可持续的组织文化，以减少混乱和冲突，提高工作效率；通过明确标准，为员工提供明确的目标和期望，为组织提供公平公正考核奖惩的依据。

3. 画钩。领导干部有主见才能主导、才能主事。作为员工群众的主心骨，领导干部面对纷乱如麻的形势、纷繁复杂的路线、纷纷扰扰的意见，在充分发挥民主、群策群力、集思广益的基础上，必须能够做好判断题与选择题，通过独立的观察研究，分析判断，去粗取精，去伪存真，加工出自己的“主见”来。这个主见就是要能够“画钩”，能够抓住主要矛盾与矛盾的主要方面，科学处理个人利益与集体利益、局部利益和整体利益、当前利益和长远利益之间的关系，因地制宜，根据事物发展变化，具体问题具体分析，审时度势，从是是非非中选择是、从大路小路中选择一条最便捷最安全的路，为员工群众提供问题的正确答案。

二、抓住“地”字下功夫，带领大家脚踏实地干、攻城略地闯、留有余地拼

1. 脚踏实地干。“道虽迩，不行不至，事虽小，不为不成。”再好的蓝图，再美的梦想，只是夸夸其谈、坐而论道，而不是脚踏实地、一点一滴去干，到头来只会一事无成。邓小平同志常讲：“世界上的事情都是干出来的，不干，半点马克思主义都没有。”抓发展，没有捷径可走，唯有求真务实、真抓实干。领导干部要立身为范、行为示范、率先垂范，从我做起，从小事做起，从现在做起，大力弘扬求真务实精神、大兴求真务实之风，不好大喜功、不做表面文

章、不搞花架子，尊重实际、注重实干、讲求实效，始终发扬钉钉子的精神，咬定青山不放松，不达目的不罢休，切实把本职工作做实做细做成做到位。

2. 攻城略地闯。夫战，勇气也。早在改革开放之初，邓小平同志就说过，“没有一点闯的精神，没有一点‘冒’的精神，没有一股子气呀、劲呀，就走不出一条好路，走不出一条新路，就干不出新的事业”。当下世界各领域竞争均已经进入白热化阶段，赢者通吃、强者恒强，大家围绕发展资源、市场份额、内政外交等，都在比拼攻城略地的本事。领导干部作为干事创业的“领头羊”，更要振奋“杀出一条血路来”的担当精神，冲锋在前，勇闯难关，啃“硬骨头”、接“烫手山芋”、做“第一个吃螃蟹的人”，干常人未曾干过的事、干别人不愿干的事、干别人干不好、干不了的事，闯出发展新天地，打开发展新空间，壮大自身硬实力。

3. 留有余地拼。古人讲，“水满则溢，月满则亏，弓满易折”。凡事给自己留一点余地，给他人留一点余地，不把事情做绝，方为人生之道。干事创业是一场马拉松，是一场持久战，我们不能一下子把劲使完了，把子弹打光了，把所有对手都逼入绝路。华为公司就是这方面最好的案例，它充分尊重对手、容纳对手，不打价格战是为了不挤压其他竞争对手在市场的生存空间，而竞争对手的存在又保证华为始终具备生存发展的危机感。美国则是反面典型，它对华为公司赶尽杀绝，还非法拘禁孟晚舟（华为公司副董事长）。如今，华为逆风翻盘，Mate60 横空出世，不再使用美国芯片，美国悔之晚矣。

三、抓住“为”字下功夫，做到精进为学、公正为事、干净为人

1. 精进为学。“勤学如春起之苗，不见其增，日有所长；辍学如磨刀之石，不见其损，日有所亏。”现代社会是知识社会，信息爆炸式增长，新事物新知识新技能层出不穷，知识更新迭代速度越来越快，各类知识体量呈指数级增长，整个社会的生产方式、生活方式和人们的价值观念、行为方式都在持续发生深刻的变化。如果仍旧采用过去的老眼光老经验办事，就会脱离实际，贻误工作和学习。领导干部只有精进为学，不断学习新知识，开阔新视野，研究新情况，才能把自己从狭隘经验中解放出来，不陷入少知而迷、不知而盲、无知

而乱的认知困境，才能跟上时代脚步，与时俱进解决新问题。

2. 公正为事。古语有云："其身正，不令则行；其身不正，虽令不从。"领导干部要想赢得群众的信任与信赖，公正处事、公道为人是其人格标准和基本职业操守，这也直接关系到一个单位政治生态的好坏。尤其在岗位调整、薪酬分配、职称评聘等涉及干部员工切身利益问题上，一旦领导干部没有秉持公心，可能会让人寒心甚至记恨一辈子。所以，领导干部要能自觉将法规政策内化为心中的戒尺，力避人情的干扰、物欲的诱惑、私心的作祟，不在工作中掺杂个人的好恶，不戴有色眼镜看人，不感情用事，一切都按制度来、按程序走、按规矩办，努力把一碗水端平。领导公正，上行下效，单位依规办事风气自然就会形成。

3. 干净为人。"吃人嘴软、拿人手短"，干净是领导干部干好工作最大的底气。领导干部拥有支配资源的权力，一旦思想不"干净"，往往会心理失衡、道德失范、行为失守。古往今来，多少落马官员，皆由一念之贪，愈演愈烈，最终酿成大错，追悔莫及。做官一阵子，做人一辈子，良田千顷不过一日三餐，广厦万间只睡卧榻三尺。做人就要做"一个高尚的人，一个纯粹的人，一个有道德的人，一个脱离了低级趣味的人，一个有益于人民的人"。作为领导干部，是大家学习模仿的对象，更要看高责任、看淡得失、看清诱惑，干净为人，不拿不该拿的一分一厘，不占不该占的一针一线，守住廉洁自律的底线。

四、抓住"牢"字下功夫，用心把牢前进方向盘、打牢发展厚地基、筑牢安全防护墙

1. 把牢前进方向盘。方向涉及根本、关系全局、决定长远。方向错了，失之毫厘、谬以千里。方向错了，停下来都是进步。单位要发展首先要保证前进方向正确。领导干部作为单位掌舵领航之人，更要把牢前进方向盘，确保单位始终沿着正确的航向前进。要把握正确的方向，就要加强政治理论武装和业务知识学习，着力提升政治理论水平和业务能力，练就辨别发现正确前行目标的慧眼，始终保持坚如磐石的意志、始终当好率先垂范的榜样；要提升导航能力，在众多可以前行的道路中，带领大家选择一条最便捷、最安全的路快速

走、安全走，并持续发挥好监督、纠偏、清障、赋能作用，以确保整个队伍有能力有条件向前走。

2. 打牢发展厚地基。九层之台，起于累土，千里之行，始于足下！基础不牢，地动山摇。事业发展成功不成功，全看基本功。事业发展要有广阔天地，如果根基打不好，大楼建得越高危险越大。当下发展处在“快”时代，越是大部分人心浮气躁的时候，领导干部越要稳住神、沉住气，大抓基础工作，认认真真把规章制度完善好、把人才工作做扎实、把基础数据搞准确、把技术装备的底子搞厚实、把干事创业的氛围营造好。这样，我们要制定战略，就有大量的数据和分析做支撑；我们要扩张业务，就有相应的人才、技术、装备、资金做支撑；我们要规范高效运转，就有成套有效的规章制度做支撑，等等，事业发展就有了底气。

3. 筑牢安全防护墙。道路千万条，安全第一条。在安全生产上，很多时候万有一失、一失万无；在依法合规经营上，也是如此。一个漏洞可能毁掉一个企业。放大到国家层面，同样如此。所以，当下国家对安全工作高度重视。党的二十大报告中就对“推进国家安全体系和能力现代化，坚决维护国家安全和社会稳定”作出专章论述和战略部署，鲜明提出“以新安全格局保障新发展格局”的重大要求。作为领导干部，应该坚决响应党中央要求，切实树立“大安全”理念，扎实抓好安全生产、依法合规经营、党风廉政建设、意识形态等方方面面工作，全方位织密单位发展安全网，牢牢守住安全发展这条底线，确保单位发展行稳致远。

当然，此“画、地、为、牢”非彼“画地为牢”，我们不能把经念歪了、路走错了！

10 党员干部要葆有“滚、石、上、山”四颗心

当下，我国经济社会发展已经步入改革的攻坚期、社会的转型期和矛盾的凸显期，发展的机遇前所未有，前进的阻碍也空前巨大，就如同“滚石上山”，

稍有不慎就有可能前功尽弃。“滚石上山”是现实也是考验，考验着党员干部们的能力素养、持久耐力。做事先修心，心之所向、身之所往、终至所归。我们的党员干部要想成功“滚石上山”，显然得拥有“为民服务的滚烫心、对党忠诚的铁石心、奋发作为的上进心、久久为功的移山心”。这四颗心也正好可以用“滚、石、上、山”来代表。

一、要葆有“为民服务的滚烫心”

人民是决定党和国家前途命运的根本力量，人心向背是决定一个政党、一个政权盛衰的根本因素。中国共产党一路走来之所以能够战胜各种艰难险阻并取得胜利，主要是因为党的根本宗旨是全心全意为人民服务，能够得到广大人民的支持和拥护。历史充分证明，人心向背关系党的生死存亡，赢得人民信任，得到人民支持，党就能够克服任何困难，就能够无往而不胜。所以，在任何情况下，党员干部与群众同呼吸、共命运的立场不能变，全心全意为人民服务的宗旨不能忘，亲民意识不能丢，必须始终把人民群众高不高兴、满不满意作为检验工作成效的标准，始终用一颗滚烫的心，热情并尽心尽力为群众服务。只有把群众放在心上、把群众的事办好、把群众组织起来，我们的事业才能拥有前行的磅礴力量。

二、要葆有“对党忠诚的铁石心”

“天下至德，莫大乎忠。”对党忠诚是共产党人的首要政治品质。党的二十大报告指出，“全面建设社会主义现代化国家、全面推进中华民族伟大复兴，关键在党。”我们党始终是中国特色社会主义事业的坚强领导核心。置身新时代，奋进新征程，面对百年未有之大变局，坚持党的全面领导更是事关党和国家事业前途命运的重大问题，是中国特色社会主义事业取得成功的根本政治保证。作为党员干部，必须将党的事业置于至高无上的地位，始终保持对党的绝对忠诚，增强“四个意识”、坚定“四个自信”、做到“两个维护”，在大是大非问题上始终站稳立场，在急难险重面前敢于挺身而出，在失意委屈之时能够坚守初心，在工作生活之中做到表里如一，始终以正确的政治方向引领自己，在党的事业中尽忠尽职。

三、要葆有“奋发作为的上进心”

新时代，科学技术和经济迅速发展，信息技术日新月异，知识更新异常迅速，发展机遇稍纵即逝，事业不进则退、慢进也是退。我们的党不奋进不行，我们的人民不努力不行，历史不会等待犹豫者、懈怠者、畏难者。作为一名党员干部，就是要干字当头、上紧发条、铆足干劲，同强的比、跟快的赛、向高的攀，奋发作为；要勤于学习、善于学习，不仅向书本学，还要向群众学，注重在干中学，在学中干，不断提高思想政治水平和业务工作能力；要敢于直面矛盾，永葆工作热情，不等待、不懈怠地推进改革与创新，敢于接“烫手山芋”、做“热锅上的蚂蚁”，敢于成为“第一个吃螃蟹的人”；要能够端正自我，保持勤俭节约、清正廉洁的品质，始终自重、自警、自省、自励，清清白白做官，堂堂正正为人。

四、要葆有“久久为功的移山心”

“古之立大事者，不惟有超世之才，亦必有坚忍不拔之志。”韧者笃行，韧则行远。事业发展不可能一蹴而就，是一个积累的过程，是水滴石穿的过程。党员干部一定要树立愚公移山的精神，紧盯目标、坚持不懈，沉下心来、扑下身来，一个节点一个节点抓，一年接着一年干，不能轻易受到外界的干扰，也不能工作紧一阵松一阵、热一阵冷一阵，要始终保持韧劲，做到不达目的绝不撒手、不获全胜绝不收兵；要干一行、爱一行、精一行，努力成为业务能手、业务骨干、业务精英；当遇到困难挫折时要撑得住，关键时刻要顶得住，越是艰险越向前，咬紧牙关拿下一只只“拦路虎”，只有扛得了重活，打得了硬仗，经得住磨难，才能在大浪淘沙中尽显真金本色，通过顽强斗争不断打开事业发展新天地。

11 领导干部要能“固、执、己、见”

列宁说，真理往往掌握在少数人手中。领导干部因为身处领导位置，接收来自方方面面的信息，看到与经历的事情多，思考问题也更为全面、系统、深入，对待问题的意见与建议正确与可行的概率通常比普通人会大一些。所以，领导干部在亮明观点、广泛征求大家意见时，也要对自己看准和认定的观点“固执已见”！“固执己见”这四个字展开来，也为领导干部如何提升领导力指明了一条路径。

一、要能抓住“固”字下功夫，固守住原则与底线

俗话说，“细微苟不慎，堤溃自蚁穴。”原则与底线不仅是衡量领导干部个人道德品质、法纪观念的“标尺”，更是实现人生“不出事”的警戒线。没有一个干部是带着所谓的“原罪”而注定要成为贪官的，诸多违法犯罪的问题最初都是源于底线的失守、纪律的突破，从收受第一个“红包”、第一次无原则决策开始，跌破修身、用权、律己的底线，慢慢堕落腐化的。作为领导干部，必须知敬畏、存戒惧、讲原则、守规矩，有秉公办事、铁面无私的精神，能够自觉抵御各种腐朽思想的侵袭，讲原则不讲面子、讲党性不徇私情，能够严格按政策办事、按规章制度办事、按组织程序办事，在原则问题上决不搞例外、在底线问题上决不开“暗门”，切实以身作则讲原则守底线才能打造出单位风清气正的政治生态。

二、要能抓住“执”字下功夫，执着于求真与较真

毛泽东主席曾说：“世界上怕就怕‘认真’二字，共产党就最讲认真。”实践告诉我们，“认真”是我们干好事业不可或缺的重要原则。什么叫“认真”？认真就是执着于求真与较真，就是寻求客观规律之真，使主观尽可能符合客观，从而为解决问题创造前提条件；就是对目标全情投入，严肃对待，不苟

且，不敷衍，细致再细致、严格再严格，确保工作质量过得硬。领导干部是单位改革发展的中坚力量，是重大决策部署的贯彻者、执行者和推动者，倘若做事本着“差不多”“大概行”的态度“得过且过”，拖拖拉拉，只求“做了没”、不求“做得如何”，只求“过得去”、不求“过得硬”，看似与世无争、实则懒政怠政，看似无功无过、实则贻害无穷，长此以往，单位的愿景目标就会变成“水中月”“镜中花”，自己也会成为单位发展的罪人。

三、要能抓住“己”字下功夫，坚持好律己与克己

严以律己是领导干部立身之本，更是为政之基。古语云：“其身正，不令而行；其身不正，虽令不从。”领导干部只有自身腰板硬，政治上立场坚定、经济上不贪不占、处事上公平公正、工作上率先垂范、能力上出类拔萃，说话才能显正气，干事才能有底气，群众才能真服气，说的话才能有人听，做的事才能有人信，才能真正发挥好带头、带领、带动作用。领导干部应该对自己要求高一些、多一点，当“吾日三省吾身”，时刻用纯洁性来对照自己、检点自己、修正自己，拧紧理想信念的“总开关”；要在大是大非面前坚持正确立场，自觉维护党和群众的利益；要对法纪始终心存敬畏，恪守法律底线，不取不义之财、不沾不正之风、不干不法之事，努力成为克己奉公、勤奋敬业的榜样。

四、要能抓住“见”字下功夫，能提出高见与远见

凡事预则立，不预则废。千古名篇《隆中对》大家耳熟能详。诸葛亮纵论天下，正是其向刘备提出先取荆州为家，再取益州成鼎足之势的伟大战略构想，才有刘备后来的雄霸一方。可以说，一位卓越的领导干部，必然是一名高瞻远瞩的战略家，不囿于局部和一时，不一叶障目而不见泰山，不急功近利而失去未来。面对纷繁复杂多变的世界，总是能够头脑清醒、思路清晰、目标清楚，能够世事洞明，提出真知灼见、远识高见。具体来说，就是要能够站在新时代与讲政治的高度观察形势、分析问题，始终把握并遵循事物发展的科学规

律；能够在瞬息万变、错综复杂的形势下，以全局和长远的视角来观察、思考和处理问题；能够运用战略思维，以全新的观念、全新的思维、全新的举措，扬长避短，总揽全局、顾全大局、谋篇布局。

12 “石、破、天、惊”：领导力提升的密码

当今世界正经历百年未有之大变局，我们既面对着前所未有的挑战，也有着无比广阔的创新创造空间！一个团队能否干出“石破天惊”的成绩，关键取决于领导者，取决于领导者的领导力！其中，尤其要看其能否让自己理想信念坚如磐石、知识能力破圈跨界、行为做事顶天立地、内心状态宠辱不惊，概括来讲也就是“石、破、天、惊”四个字！“石、破、天、惊”四个字，每个字都值得我们细细品味感悟，使之成为我们提升领导力的秘诀！

一、抓住“石”字，努力让理想信念坚如磐石

为了理想信念，方志敏在狱中写道：“敌人只能砍下我们的头颅，决不能动摇我们的信仰！”伍若兰面对各种酷刑讲出“若要我低头，除非日头从西方出，赣江水倒流！”夏明翰写下就义诗：“砍头不要紧，只要主义真……”一百多年来，我们党能够历经挫折而不断奋起，历尽苦难而淬火成钢，关键在于千千万万中国共产党人心中的远大理想和革命信念，始终坚定执着，始终闪耀着火热的光芒。

心中有信仰、脚下有力量。新时代，物质不再贫乏，灯红酒绿中却处处裹挟着糖衣炮弹，有那么一批人忘了初心、丢了理想、失去了信念，中枪落马，使事业追求中途夭折。面对改革发展步入深水区，船到中流水更急，各种“黑天鹅”“灰犀牛”事件随时可能发生，“躺平”没出路，“躺赢”不可能，唯有咬定青山不放松，坚持坚持再坚持，方能守得云开见月明。

要坚定理想信念，就要不断进行理论武装与自我反思，补足精神之钙，掸去思想灰尘；就要强化纪律规矩意识，绷紧红线底线之弦，始终保持敬畏之

心、保持头脑清醒，真正做到自重、自省、自警、自励；就要不断提升道德定力、夯实道德基础、陶冶道德情操、锤炼道德品格、提高道德境界。

二、抓住“破”字，努力让知识能力破圈跨界

这是一个信息爆炸的时代，这是一个强调共建共享共赢的时代，这也是一个融合创新的时代。一个人、一个单位、一个企业的发展必须跳出自己的一亩三分地，才能拥有广阔天地。瑞幸咖啡携手茅台酒，来了个“美酒加咖啡，就爱这一杯”跨界营销火出圈。让瑞幸与茅台实现了双赢。“跨界”事件频频上演，这是一种时代大势，作为领导者必须跟得上！

俞敏洪只会搞教育吗？依托新东方的底蕴，他进入直播带货领域，成就了“东方甄选”。我们不要说我是干什么的，把自己困于一隅。而是要大胆地去接触各种新鲜事物，接受新的知识与理念，尝试不同工作方法与路径，创新的火花、发展的机遇往往就存在于跨界的碰撞之中。

为了破圈跨界，我们需要不断学习和探索新的领域。我们可以通过参加培训班、读书、上网等方式，获取新的知识和信息，了解不同学科的相互关联，拓宽自己的视野，不断打破自己的思维定式和固有观念。同时，我们还要注重实践和总结，不断将学到的知识应用到实际工作中，将不同领域的经验、智慧、资源结合起来，以找到解决问题的新途径和新思路。

三、抓住“天”字，努力让行为做事顶天立地

喊破嗓子不如做出样子，领导干部一言一行、一举一动都是风向标，无形中在营造一种风气，引导一种方向，对党风政风民风具有示范作用。一个冷脸，一副官腔，一次推诿，一回浪费，看似小节，却关大体，都会伤害组织的凝聚力、向心力，伤害自己在群众中的威望。正所谓“其身正，不令而行；其身不正，虽令不从”，领导力发挥关键在自身正！

“桃李不言，下自成蹊。”毛泽东主席为什么深受中国甚至是世界人民爱戴？他的光辉思想、高尚人格和伟大风范，让人敬仰，让人心悦诚服，敬佩之

至，五体投地。任正非为什么在华为能一呼百应？靠股份？其股份占比已经不足 1%。靠技术？他自己也说他不懂。重要原因还是他行为做事顶天立地！要成为一名好领导，我们应该向这些优秀人物学习，学习他们顶天立地的人格魅力。

怎么做到行为做事顶天立地、光明磊落？关键是领导干部要少点私心杂念。“居官守职以公正为先，公则不为私所惑，正则不为邪所媚。”公私分明始终是基本操守，公而忘私是崇高境界。领导干部也只有时时用公与私这把尺子考量自己，事事捧出一颗公心为官从政，才能坦荡做人、谨慎用权，光明正大、堂堂正正。

四、抓住“惊”字，努力让内心状态宠辱不惊

人生难免酸甜苦辣，官场避免不了进退留转。由来功名输勋烈，心底无私天地宽。当官做领导只是一阵子的事，人生无常，生命起起伏伏，有顺境也有逆境，塞翁失马焉知非福。当一名领导必备的素质之一就是心理平衡力，要能调整和控制好个人的情绪，避免感情大幅波动。领导干部只有看开得失、看轻官位，保持豁达心态，才能保持“自如”的心境，让自己“脑壳不昏、耳根不软、心眼不小、屁股不歪”。

曾国藩官至两江总督时，不居功自傲，主动裁撤湘军，整饬两江，恢复经济；在处理天津教案时，被骂为卖国贼，坦然接受，不计较，不辩解。

古往今来，成功者，不经一番寒彻骨，怎得梅花扑鼻香？人生潮起潮落，顺境逆境往往在一瞬间，祸福相依，惊涛骇浪也好，风平浪静也罢，今天再大的事，到了明天就是小事，今年再大的事，到了明年就是故事。真正成熟的领导一定是遇到大事难事时，有担当；遇到逆境顺境时，有襟度；遇到临斗临怒时，有涵养；遇到群行群止时，有识见。

13 领导干部应能“杀、伐、决、断”

“杀伐决断”一词源于古代军事术语，最早见于《论军》，意为迅速断然地

采取行动，实现战胜敌人的目标。当今世界充满竞争，机遇稍纵即逝，形势瞬息万变，领导干部“杀伐决断”的能力至为关键。“杀、伐、决、断”这四个字展开来看也进一步提醒领导干部要能“杀支强干”“伐谋为上”“决策科学”“行动果断”。

一、杀支强干

所谓“杀支强干”，就是“去枝强干”，也就是抓主要矛盾。我们都说“工作千条线，领导就是万能针”，但领导的精力、能力、资源等总是有限的，要抓的事情很多，什么都亲力亲为，既抓不过来，也管不好。要想当好领导，就要锚定关键目标，摆正当前与长远的关系，不能在次要目标上浪费过多的资源与精力，必须集中精力抓好主业，确保工作大方向不能跑偏；要抓住重点任务，牵牛要牵牛鼻子、好钢要用在刀刃上、工作要做到点子上，切实以点带面、以重点工作为载体解决整体问题；要摒弃不必要的事物，去掉种种内耗与繁文缛节，精兵简政，推进信息化建设，大幅提升方方面面工作的效率与效果。

二、伐谋为上

《孙子兵法·谋攻篇》讲：“上兵伐谋”，指用兵的最高境界是用谋略战胜敌人。领导干部的主要工作是运筹帷幄，而不是冲锋陷阵，当然要把精力重点用在“谋”上。要能“谋势”，就是指能审时度势、控局驭势，运用科学的观点认识和思考问题，以主观能动性的发挥形成对当前工作格局有利的态势，争取完成各项工作最大的主动权。要能“谋事”，就是指能主动作为，创造性地抓好各项工作的具体落实，把不可能转化为可能、把常规转化为超常规，乃至把似乎已成定局的失败转化为奇迹般的成功。要能“谋时”，就是指能科学运筹管理时间，抓住时间窗口，靶向发力，在正确的时间做正确的事。

三、决策科学

决策是生死之地、存亡之道。好的决策是单位、地方乃至国家之福，坏的决策是单位、地方乃至国家之祸。做决策是领导干部的主要职责与重要工作。决策权也是所有权力的核心。所以，领导干部必须把提升决策水平和能力作为终生必修课。要做好调查研究。调查研究是谋事之基、成事之道。没有调查，就没有发言权，更没有决策权。要做好群策群力。“兼听则明，偏信则暗”“三个臭皮匠，赛过诸葛亮”。群策群力，可以更好发挥干部、群众的合力，让决策更加民主、科学。要做好遵章守纪。企业不是领导个人的，所有决策都是有程序的。领导干部要注重科学决策、民主决策、依法决策，按章办事。

四、行动果断

天下武功，唯快不破。没有行动，再好的蓝图也是镜花水月。领导做事绝对不可以拖拖拉拉、磨磨叽叽，否则上行下效，队伍整体战斗力必然大打折扣。要让思想、谋略、决策落地，领导干部就得行动果断。要从我做起。领导干部身体力行是最有效的示范，以上率下是最有力的引导，其行动就是无声的命令，就是最好的执行力。要落实责任。如果责任不落实到具体对象上，所谓的负责就是一句空话。工作任务必须分解落实，明确具体责任人、质量标准与时间节点。要奖罚分明。只有保证“干与不干不一样、干多干少不一样、干好干坏不一样”，才能从源头上激发员工工作的积极性、主动性、创造性。

14 抓住“上、天、入、地”修炼领导力

新时代，发展日新月异，我们正在迈向“无人区”，没有先例可循、没有经验可借、没有标准可依。作为领导干部，带领大家干开天辟地的事业，就得“上天”，以高远的格局与战略的思维观察思考；就得“入地”，以扎实的作风与钻研的精神创新创造。唯有“上天入地”，才能干好“开天辟地”的事业，才能拥有“广阔天地”，才能叫响“顶天立地”。

一、抓住“上”字下功夫

“龙头怎么摆，龙尾怎么甩。”领导干部引领发展必须把准发展之舵，对准正确的航向，以一流的速度前进，才能保证带领的队伍行稳致远、先行先进。这也要求领导干部必须接得上上级要求、跟得上时代步伐、追得上典型标杆。

1. 必须接得上上级要求。“失之毫厘，谬以千里。”每一级干部都是上级组织意图的宣贯者与执行者。作为基层带队伍的同志，最怕把队伍带歪了。上级叫你往东、你往西，上级叫你撵狗、你抓鸡。那上级还要你干什么？我们必须摆正自己的位置，认真听取和准确理解上级的指示和要求，及时向上级汇报工作进展和问题，积极寻求上级的支持和指导，确保自己的工作符合上级的标准和要求。

2. 必须跟得上时代步伐。时代潮流浩浩荡荡。海尔创始人张瑞敏说：“没有成功的企业，只有时代的企业；所谓的成功，只不过是踏准了时代发展的节拍。”小米首席执行官雷军说：“站在风口上，猪都可以飞起来。”在当下的时代，我们每个人都必须具备较高的时代敏感性和时代洞察力，把握时代发展趋势和特点，不断学习新知识、掌握新技能，及时调整工作思路和工作方式，以适应时代变化。

3. 必须追得上典型标杆。榜样有无穷的力量，典型是最好的教材。古人云：“取法乎上，仅得其中；取法乎中，仅得其下。”对标先进，学习标杆，反思自己，可以及时发现自己的短板和不足，借鉴先进的经验与做法，更为快速地提高自己的工作水平和能力，改善工作绩效。工作中，我们应该时时事事处处瞄准典型标杆，奋起直追，干就干好，干一流的事，干成一流的业绩。

二、抓住“天”字下功夫

举头三尺有神明，人在做天在看，世间最大的道就是“天道”。敬天，就是敬畏“天道”，就是警诫自己，所做的一切有一双无形的眼睛在注视着，在监督着，在记录着，自古都是：“天道酬勤”“天网恢恢，疏而不漏”“天无绝人之路”。

1. 知道“天道酬勤”，保持努力不懈怠。“幸福都是奋斗出来的！”把蓝图变为现实，将改革进行到底，需要坚持不驰于空想、不骛于虚声的奋斗精神，需要一步一个脚印踏踏实实干好工作。在这个千帆竞发、百舸争流的时代，我们绝不能有半点骄傲自满、故步自封，也绝不能有丝毫犹豫不决、徘徊彷徨，必须统揽伟大斗争、伟大工程、伟大事业、伟大梦想，勇立潮头、奋勇搏击。

2. 知道“天网恢恢”，保持律己不放松。要想人不知，除非己莫为。党的十八大以来，党中央拿出壮士断腕的决心打虎拍蝇猎狐、正风肃纪、反腐惩恶，反腐败的天罗地网越收越紧。人生难得，自由最为宝贵。与其提心吊胆、终日惶惶，不如洁身自好，坦坦荡荡，时刻从严律己。始终做到心有所畏、言有所戒、行有所止，既在大是大非面前站稳立场，又能把住小节、守住底线，永葆自身的廉洁本色。

3. 知道“天不绝人”，保持信心不悲观。问题是带人走出困境的最好向导，危机是教人进行创造的最好老师。回首历史，我们应该学习毛泽东主席，在革命最困难的时候，依然保持革命乐观主义精神，叫响“星星之火，可以燎原”。只要精神不滑坡，办法总比困难多。当下，这困难那困难，有几个困难比毛主席他们革命时还困难？只要我们怀抱正义，始终保持艰苦卓绝的努力，胜利一定属于我们。

三、抓住“入”字下功夫

没有金刚钻，别揽瓷器活。干部要想驾驭得了日益复杂的局面，扛得起凝心聚力的使命，对付得了日新月异的业务，就得懂情况、懂业务、懂人心，就得经常“深入现场”，成为百科全书；“深入人心”，成为群众知己；“深入业务”，成为行家里手。

1. 经常“深入现场”，成为百科全书。“耳听为虚，眼见不一定为实。”基层情况千奇百怪，超乎想象，没有调查就没有发言权。因此，“让听到炮声的人呼唤炮火”成为华为制胜的一个重要法宝。时移世易，基层的情况总在不断地变化，清楚情况始终是我们干好工作的前提。作为干部，我们只有深入现场实地，通过观察、询问、聆听，摸透情况，掌握第一手材料，做决策才能心中有谱。

2. 努力“深入人心”，成为群众知己。民心是最大的政治。党的二十大报告再次强调，“江山就是人民，人民就是江山”。任何时候，我们都要坚持以人民为中心的发展思想，坚持一切为了人民、一切依靠人民，始终把人民放在心中最高位置，把人民对美好生活的向往作为奋斗目标。任何时候，我们都要与人民站在一起、想在一起、干在一起，如此才能凝聚群众力量，创造新的历史伟业。

3. 扎实“深入业务”，成为行家里手。绳短不能汲深井，水浅难以负大舟。没有铁肩膀，就挑不起硬担子。在基层，干部不仅是“指挥员”更是“战斗员”，很多时候，对于具体的业务工作，你要能独当一面，这样才能有权威指导下属。所以，深入业务是我们每一名干部的必修课，只有干一行爱一行，钻一行精一行，管一行像一行，勤学苦干、多思善悟，才能取得领导工作的主动权。

四、抓住“地”字下功夫

脚踏实地才能仰望星空。干部、干部，关键在干。怎么干？要实事求是，多一些因地制宜的政策举措；要有品牌意识，让自己的一亩三分地成为人杰地灵的风水宝地；要有和谐意识，创造欢天喜地的氛围。

1. 出因地制宜的政策举措。橘生淮南则为橘，生于淮北则为枳。同样的道理，政策措施的土壤也不是千篇一律的，有的适合种“麦子”，有的适合种“水稻”，有的则适合种“蔬菜”。干部在执行上级指示和政策时，要认清自身特点，了解自身优势，总结以往成败得失，学习借鉴先进经验，充分利用好独特的资源禀赋，因地制宜谋划发展道路，培育和激发最优发展动能，避免千篇一律。

2. 出人杰地灵的品牌形象。为官一任，造福一方。在高度竞争的今天，打造卓越品牌也是提高竞争力的一个重要途径。2023 年，淄博烧烤“火出圈”，“五一”假期创造了“四百万人口接待了五百万游客”的奇迹，产生了巨大的经济效益，擦亮了淄博品牌。随着正面宣传的集聚，淄博开始进入高质量发展的快车道。我们做企业、做干部也是如此，应该向淄博学习，打造人杰地灵的品牌形象。

3. 出欢天喜地的和谐氛围。俗话说:“家和万事兴。”一个令人愉快的工作氛围可以促进高效率工作,提高员工工作积极性。我们在管理中,一定要注意氛围的营造,要多看到员工积极阳光的一面,多鼓励、多表扬、多关爱他人,及时分享员工的快乐与进步,及时消除员工之间、领导之间的误解,努力形成一家人、一条心、一盘棋、一起干的工作氛围。

15 抓住“雄、姿、英、发”修炼领导力

精神状态决定事业成败。良好的精神状态,是做好一切工作的重要前提,是人们战胜困难、成就事业不可缺少的重要因素。领导干部作为“领兵打仗”之人,“兵熊熊一个,将熊熊一窝”,应该也必须“雄姿英发”。细品“雄、姿、英、发”这四个字,每个字都寓意深刻,为我们修炼领导力提供了路径指南。

一、用心理解“雄”字

“雄”象征着力量与勇气,是领导干部应当具备的首要素质。身处百年未有之大变局,群雄逐鹿,百舸争流,发展不进则退,没有一股敢于“啃最硬骨头”、勇于“挑最重担子”、乐于“接最烫山芋”的气力,就走不出一条好路,走不出一条新路,就干不出新的事业。

1. 激起“雄心”想干事。“树无根不长,人无志不立。”一个人立足于世,不管是成功还是失败,都是自己志向作用的直接结果。古往今来,不管是英雄豪杰还是名士伟人,无一不是心存鸿鹄之志。毛泽东年轻时就写下慷慨激昂的诗句:“孩儿立志出乡关,学不成名誓不还。”马云成立阿里巴巴时就提出了宏伟目标:“让天下没有难做的生意。”吉格勒定理告诉人们“气魄大方可成大,起点高才能至高”。作为新时代的领导干部,欲成为某个领域的精英或者成功者,就得先把自己远大的志向立起来,点燃“时不我待,只争朝夕”的干事创业激情。

2. 拥有“雄才”能干事。“绳短不能汲深井，水浅难以负大舟。”能力本领始终是领导干部履职尽责、干事创业的必备要件和重要支撑。时代在发展，信息在爆炸，知识正在以前所未有的速度更新迭代，我们面对的竞争越发激烈，没有金刚钻真的揽不了瓷器活！领导干部必须要有强烈的“本领恐慌”意识，要把学习当作终身追求，持续消除知识空白、弥补能力弱项，努力让自己成为业务领域的行家里手；更要主动投身火热的实践实战之中，在战场上学战争、在深海里学游泳，靠实践实战练就“独当一面”“胜人一筹”的真本领、硬功夫。

3. 绘起“雄图”干大事。“不谋万世者，不足谋一时；不谋全局者，不足谋一域。”我们党治国理政一条非常成功的经验就是用五年规划和长期部署引领经济社会发展。从 1953 年新中国开始实行第一个“五年计划”，一个又一个五年，全国人民挂图作战，风雨兼程、砥砺奋进。党的二十大报告更是明确了到 2035 年和 21 世纪中叶我国发展的总体目标，擘画了第二个百年奋斗目标的美好蓝图。单位发展也应如此，领导干部要能给单位绘就一张宏伟的发展蓝图，并制定好科学的施工图，用美好愿景把人心凝聚起来、把士气鼓舞起来。

4. 拿出“雄勇”干成事。发展的道路不会一帆风顺，事业的征途总是充满艰险。作为领导干部就得时刻准备应对重大挑战、重大风险、重大阻力和重大矛盾。狭路相逢勇者胜、勇者相对智者胜。面对矛盾与问题、困难与挑战，群众和组织都在看着领导干部，“兵熊熊一个，将熊熊一窝”，领导干部作为干事创业的“领头羊”，绝不能惊慌失措、自乱阵脚，必须拿出“雄勇”，迎难而上并克敌制胜。当然，“雄勇”是有胆有识的勇，不是强闯、蛮干！这样的领导始终以干成事为导向，能动脑筋用好思路、好措施向难关发起冲锋，以成功登顶最为关键。

二、用心理解“姿”字

“姿”代表着姿态和形象，是领导干部外在表现的重要方面。孔子曰：“政者，正也；子帅以正，孰敢不正？”凡事都是上行下效，上率下行，上有所好、下必甚焉。领导干部的一言一行、一举一动，都必须高标准、严要求，为干部员工作示范、立标杆、带好头。

1. 摆好爱岗敬业的“坐姿”。领导干部的岗位承载着组织的信任、群众的期盼，爱岗敬业是履职尽责的基础，也是发挥表率示范作用的必然要求。领导干部要履行好岗位职责，就得视事业如泰山，发自内心热爱自己的工作，并用严肃的态度对待自己的工作，真正干一行、爱一行，钻一行、精一行，始终勤勤恳恳，兢兢业业，在职称职，在任胜任。要能围绕单位发展心甘情愿奉献自己的时间和精力，始终守住初心、耐得寂寞，持之以恒、专心致志敬其业，在奉献中展示担当，在担当中成就作为，在作为中体现自身价值。

2. 摆好腰板挺直的“站姿”。“其身正，不令而行；其身不正，虽令不从。”领导干部自身行为正派就是无声的命令，就是最好的执行力！领导干部必须时刻把公道正派作为立身之本、处事之要、正气之源，说老实话，干老实事，做老实人。在大是大非面前始终头脑清醒、旗帜鲜明，在风浪考验面前始终刚正不阿、无所畏惧，在各种诱惑面前始终立场坚定、守牢底线，切实做到坚持必须坚持的，反对必须反对的。古往今来，中国人最看重腰杆。男儿膝下有黄金，腰杆挺直顶天地。领导干部作为事业的中流砥柱，腰杆不硬绝对不行。

3. 摆好深入基层的“蹲姿”。“知屋漏者在宇下，知政失者在草野。”政策措施对不对，发展方向偏不偏，群众感受最直接、最真切，也最有发言权。对于许多问题，不深入基层，不到现场，不倾听群众呼声，就不能了解真情实况，就找不到问题的症结所在。领导干部深入基层是开展调查研究、进行科学决策的基本方法，基层也是向广大群众学习、提高服务能力的好课堂，更是磨炼作风、提高素质的大考场。如果你下基层不扎扎实实，而是走马观花、蜻蜓点水，不但不会听到什么真话、取不到多少真经，反而会败坏你的形象，失去群众的信任。

4. 摆好雷厉风行的“走姿”。没有等出来的精彩，只有干出来的辉煌。身处发展“快”时代，发展时不我待，机遇稍纵即逝，一步跟不上、步步跟不上！成功者必是立即行动者。只有立即行动才能挤出比别人更多的时间，比别人提前抓住机遇。对领导干部来说，就得惜时如金，牢固树立“今日再晚也是早，明日再早也是晚”的争先意识，事情要快定，定了就要快干，言必信，行必果。勤则世上无难事，拖则易事也难成。许多事情一旦迈出第一步，后面的事也许并不像你想象的那么难。前怕狼，后怕虎，磨磨蹭蹭，反而会让事情复杂化！

三、用心理解“英”字

“英”意味着智慧与品质，是领导干部应当追求的精神境界。领导，就是要带领、引导群体或组织朝着一个共同的目标努力，实现既定的任务，不仅自己要表现好，还要设法让别人也表现好，不仅自己要干好，还要带领大家干好，必须是能人和强人。

1. 增强“英明果断”的决策力。形势瞬息万变，决策后果影响巨大。慢了不行，错了更不行。鸿门宴上项羽行妇人之仁放走刘邦，结果让刘邦翻盘赢得天下，自己落得乌江自刎的结局。诸葛亮在守军不足情况下，急中生智摆出空城计，成功吓退司马懿十几万大军！可以说，决策力是领导力的灵魂，会决策，做什么成什么，不会决策，到手的鸭子也能飞走！当然，决策力并非与生俱来，它需要在实践中不断磨炼。只有持续加强各种知识的学习与积累，持续改善自身的知识结构、心理素质、思维方式，遇事决策才能越发英明果断！

2. 增强“英博广知”的见识力。《你本该成为领导者》一书作者雷洛伊·艾姆斯曾经说过：“领导者就是看得比别人多、看得比别人远、在别人看到之前看到的人。”领导干部要处理的问题多而复杂，只有“读万卷书”与“行万里路”，做到博闻多知，既懂政治理论，也懂业务知识、经济管理、人文历史、现代科技等，并对过去、当下、未来有深远的认识和思考，方能在遇到困难和问题时，思接千载、视通万里，见怪不惊、一叶知秋、见微知著、未雨绸缪、成竹在胸。倘若闭目塞听，孤陋寡闻，对很多东西茫然无知，谈何有效应对风险与挑战？

3. 增强“英风亮节”的感召力。感召能力是领导者核心素质之一，是有效领导的重要基础。古人云：“以力服人者，非心服也，力不赡也；以德服人者，中心悦而诚服也。”领导者最重要的职责就是通过发挥自己的人格魅力，去正面地影响每一个人，而不是死板地去管理他们。作为领导干部，必须时刻想到自己的身份，注意自己的操守，珍惜个人的名誉，有失身份的话不要说，有损形象的事不要做，始终做到自重、自省、自警、自励，始终向外传递朝气蓬勃、锐气昂扬、正气浩然的正能量，如此才能树立真正的威信。

4. 增强“英贤频出”的造就力。美国管理咨询大师拉姆·查兰说：“最成功的领导者将一半时间花在培养人才上。”日本经营之圣稻盛和夫说：“像孙悟空那样，如果拔毛一吹，就能变出与我能力相同、模样相同的人，那该多好啊！”人才始终是一个国家、一个地区、一个单位发展的源头活水，事业兴旺发达的根本保证。领导干部必须把培养造就各类人才摆在工作优先位置，想方设法让各类人才如鱼得水、千方百计让优秀人才浮出水面、全力以赴让精英人才越过龙门，努力把单位打造成人才聚集之地、人才辈出之地、人才向往之地。

四、用心理解“发”字

“发”代表着行动与创新，是领导干部推动发展的关键动作。世异则事异，事异则备变。在这急剧变化的时代，机遇与风险并存、挑战与发展同在，领导干部既要眼睛向“外”察变化、找机遇，也要眼睛向“内”找问题、挖潜力，这是创造性干好工作的立足点与切入点。

1. 在“发现内部问题”上下功夫。“堡垒最容易从内部攻破”“物必先腐，而后虫生”。在事物发展过程中，外因是变化的条件，内因才是变化的根本。《孟子》云：“行有不得，反求诸己。”我们凡事都应该反躬自省，从自身找原因。这个世界上，没有打不败的敌人，只有不够强大的自己！自身强大了，百毒不侵。做领导引领企业发展，无外乎“固内争外”，固内始终是前提，也是争外的基础。及时发现和解决内部问题，让自己越发强大，你会发现真的是“花若盛开，蝴蝶自来”，身边的一切会变得越来越好。

2. 在“发觉外界变化”上下功夫。“明者因时而变，知者随事而制。”当下，社会发展日新月异，新生事物层出不穷，企业发展外部环境瞬息万变，不可控因素大幅增多。“站在风口上，猪都可以飞起来。”“时代抛弃你的时候，连一句招呼都不会打。”柯达曾是胶卷时代的霸主，但不顺应数码时代，终究被淘汰；诺基亚曾是手机界的霸主，不顺应移动互联网的进步，最后只能被迫卖掉工厂。领导干部要想把握发展的主动权，就得敏锐感知外界的变化，在历史前进的逻辑中前进，在时代发展的潮流中发展，准确识变、科学应变、主动求变。

3. 在“发扬优良作风”上下功夫。今天是昨天的继续，现实是历史的延伸。我们干事创业中，一代又一代人用智慧、汗水，甚至是用生命形成和总结出来的优良传统和作风，始终是激励我们不畏艰难、勇往直前的精神财富，是指导我们正确做人、理智做事、明智处世的“制胜宝典”。领导干部作为事业的接续者，以先辈先烈和历史为镜，认真做光荣传统和优良作风的忠实传人，接过奋发进取的接力棒，让光荣传统和优良作风在自己手中得到进一步升华，义不容辞！也唯有如此，才能创造出无愧于组织、无愧于员工、无愧于时代的业绩！

4. 在“发掘资源潜力”上下功夫。领导就是资源的整合者和链接者。一个领导者，链接的点越多，整合的资源越广，能发挥的作用就越大。当下社会，专业化分工越来越细、竞争性资源越来越紧缺，单位发展更讲协同协作、共建共享，实现资源的最大化利用和价值提升。领导干部必须顺应这一时代潮流，树立“你的就是我的，我的也是你的，不用就是浪费！”的理念，以全局观处理好内部与外部、当前与长远、速度与质量等关系，既可以就地取材，深挖潜力，也可以与外界联手，借鸡下蛋、释放潜力，从而实现更好更快的高质量发展。

有什么样的精神状态就会产生什么样的效应。领导干部塑造领导力，就得“雄、姿、英、发”！

16 修炼领导力要抓住“精、气、神”下功夫

“兵熊熊一个、将熊熊一窝。”领导干部乃是“领兵打仗”之人，重任在肩，更需要有那么“一股子劲、一股子气”，压倒一切困难而不被困难所压倒。提升“精气神”就是提升领导力！拆解“精、气、神”三个字更是内涵深刻，

为修炼领导力提供了一把“金钥匙”。

一、修炼领导力就得抓住“精”字下功夫

精者，精诚专一，精进不已之谓也。《说文》里讲：“精，择也。”本义：挑选过的好米，引申为最好之意。领导干部本就是百里挑一、千里挑一之人，做人做事更要有“精诚专一”的精神，凡事都要做到最好。

1. 自我精准定位。领导干部是单位发展的掌舵人、领头人、守护人，成就单位发展就是成就自己发展。在充分竞争的当下，必须具备统领、带领、率领队伍勇往直前的“领航”能力，在诸多选项中引导、指导、主导队伍正确前行的“导航”能力，在种种考验时守护、巡护、养护队伍顺利前行的“护航”能力。必须下大气力苦练总揽全局、掌控全局、引领发展的本领，持续提升立身为旗、立行为范的素质修养，要求别人不做的，自己首先不做，要求别人做到的，自己首先做到，事事走在前、干在先，成为大家行为做事的榜样！

2. 与人精诚团结。“兄弟同心，其利断金”“人心齐，泰山移”。一个单位就是一个命运共同体，团结才能出凝聚力、出战斗力、出创造力。对于领导干部而言，懂团结是真聪明，会团结是真本领，要善于协调各方面关系，唱好“将相和”，演好“群英会”。不能把“一把手”变成“一霸手”，要善于倾听他人的意见，能从不同角度思考问题，用人之长、容人之短，充分发挥集体的智慧和力量，群策群力解决难题；要主动担当担责，遇到困难多承担责任，出现问题多从自身剖析原因，不讲不利于团结的话、不做不利于团结的事。

3. 凡事精益求精。“精精益求精，万万无一失。”领导工作无小事，一件事做完美是应该的，出一点差错，影响甚大！任何事物都有从量变到质变的过程。如果追求“差不多”，最终就会“差很多”。关于安全生产大家都知道海恩法则：每一起严重事故的背后，必然有 29 次轻微事故和 300 起未遂先兆以及 1000 起事故隐患。领导工作也是如此！抱着“差不多”心态做事，结果难免会与初衷“差很多”。领导干部只有凡事反复推敲、追求尽善尽美，才能把难事办妥、急事办稳、小事办好，最终创造出经得起历史和群众检验的成绩。

4. 日用精打细算。俗话说，“精打细算，才能油盐不断；粮收万石，也要

粗茶淡饭。”艰苦奋斗、勤俭节约是中华民族的传统美德，也是我们党的传家宝。领导干部作为人们行为做事的“风向标”，一旦习惯了大手大脚、铺张浪费，肯定会上行下效，造成享乐之风、奢靡之风蔓延。成家立业不容易，但败起家来，那可快得很呀！历史上和身边这样的案例比比皆是、多如牛毛！领导干部必须警醒！当然，精打细算，不是让大家过“苦日子”，而是通过习惯过“紧日子”，始终把钱花在实现更高质量发展的刀刃上，让“好日子”越来越好。

二、修炼领导力就得抓住“气”字下功夫

“人活一口气，树活一层皮！”气乃人之根本也。葆有强大的正“气”，人才能蓬勃向上、摧不垮、压不倒，始终拥有往前闯、向前冲的力量！领导干部走好新时代的长征路，更要长志气、硬骨气、蓄底气、增豪气！

1. 长志气。志不立，天下无可成之事。志气涵养着理想，塑造着人生，是支撑一个人克服困难与挫折，进而奔向成功的重要精神力量。俗话说：“求其上者得其中，求其中者得其下，求其下者无所得。”领导干部作为党和人民事业的中坚力量，要心怀“国之大者”，挺膺担当，无论是做人还是做事，都以“最好”的标准来要求自己，以“行则将至”的决心和“做则必成”的信心，“咬定青山不放松”“不破楼兰终不还”“敢教日月换新天”，矢志不渝追求更有高度、更有境界、更有品位的人生，充分彰显新时代好干部的形象和担当。

2. 硬骨气。人无刚骨，安身不牢。人有了骨气，人品才有高度、人格才有硬度，才可能成为一个顶天立地大写的人。晏子使楚，不从“狗门”入，决不受辱；渑池之会，蔺相如迫秦王击缶，不辱使命；屈原为报国爱民，即使沉江自溺也在所不辞；闻一多拍案而起，横眉怒对敌人的手枪，宁可倒下也不屈服。他们的骨气让人敬畏敬仰、敬重敬佩，光华穿越历史。领导干部要受人尊敬就得有骨气，要能在名利、权势、利益等面前不弯腰、不屈服、不低头，始终坚持原则、洁身自好、守住底线，这也是带队伍“打铁还需自身硬”的必然要求。

3. 蓄底气。底气足，说话做事才能硬气。底气来自底蕴，还取决于你有没

有底数，有没有掌握底细，是否具备底功。当下，发展节奏快，员工群众思想多元化，遇到的矛盾与困难多而复杂，工作生活中充满了各种各样的风险与挑战。一堆“瓷器活”面前，领导干部只有手握“金刚钻”，才能不犯怵、有把握。“金刚钻”从哪儿来？当然离不开“学思践悟”的积累，离不开持之以恒的为民、有为、廉洁、务实和担当，领导干部也只有在学中干、干中学，经风雨、见世面，当先锋、打硬仗，强作风、树形象，自身的底气才能越来越足。

4. 增豪气。天地英雄气，千秋尚凛然。豪气，指豪迈之气。对领导干部来说，豪气就是指为人豁达、为官坦荡，能积极主动地去审视、把握、适应新形势、新要求，敢于走前人没走过的路，敢为天下先。如今，百年未有之大变局加速演进，新一轮科技革命和产业变革对生产方式和生活方式将产生颠覆性的影响。大势大战大考面前，人们更加期待领导干部担当领头、挥斥方遒、指点江山，表现出自信、勇敢、坚定、正义、慷慨、大度的气度和风范，以舍我其谁的豪气，带领大家毅然决然投身火热的实践。

三、修炼领导力就得抓住“神”字下功夫

“神”，是指人的心理、精神状态，是身体的操作系统，是一切生命活动的最高统帅。作为领导干部，要机变如神应对困难与挑战，抢抓发展机遇，更要按住神、养足神、提起神，凝神聚气，展现出奕奕神采，照耀他人也照亮自己！

1. 旷心怡神成就好心态。“非淡泊无以明志，非宁静无以致远”，心态决定状态。在这个快节奏的世界里，各种问题与挑战扑面而来，处处又充满着诱惑与陷阱，人容易心浮气躁，时常感到压力和疲惫。但“重为轻根，静为躁君”，越是外界变化大、诱惑多，人越是要稳住心态，旷其心怡其神，保证身心的健康。生活不仅有工作，还有诗和远方。在巨大的压力面前，领导干部必须要学会调节自己，抽出时间，无论是走进大自然，还是沉浸到艺术中，抑或是通过运动出出汗，适当的放松会让自己重新焕发活力，提高工作效率。

2. 炯炯有神看到真问题。问题作为一种客观存在，有的显而易见，有的深藏于复杂的表象之中，有的则通过其他形式反映出来，只有看到真问题，才能

真解决问题。在基层，一些人为了自己的利益，有时故意弄虚作假、故意夸大其词、故意隐瞒不报。作为领导干部，是要通过解决问题推动工作、促进发展的，最怕的就是发现不了问题，或者发现的都是假问题小问题。领导干部不能只听一面之词，只在办公室听，而必须深入基层一线，把眼睛瞪得大大的、擦得亮亮的，才能找到问题，并鉴别真伪、分别利害、判别对错，拿出对症之策。

3. 抖擞精神迎接新挑战。古人云："天下事有难易乎？为之，则难者亦易矣；不为，则易者亦难矣。"新时代的赶考路上，我们除了会遇到各种艰难险阻甚至惊涛骇浪，还面临着众多的历史发展机遇。气不振必未战先怯，气如虹则无坚不摧，唯有打起"十二分精神"全力以赴，才能避开风险，抓住机遇，用奋勇拼搏取得更多实绩。"将帅主气，先之以身，后之以人，则士无不勇矣！"挑战面前，领导干部更要精神抖擞、身先士卒、站在前排、迎难而上、勇闯敢为，如此才能感染并有效激发广大员工群众见贤思齐、共克时艰。

4. 聚精会神实干出业绩。"不一则不专，不专则不能。"聚精会神始终是干事创业的保证；精力分散历来是加快发展的大敌。专注是顶级的自律，本质是屏蔽外界纷扰，淬炼平和心性，不被躁气吞噬、不被琐碎打扰而分心，从而沉淀心性，专心思考、专注做事。当下这个世界纷纷扰扰，眉毛胡子一把抓只能按下葫芦浮起瓢。我们要干出不一般的成绩，就得静下心、沉下身，抓主要矛盾和矛盾的主要方面，力出一孔，集中精力一张蓝图绘到底。绳锯木断、水滴石穿，只要专心专注专业功夫到了，成效成绩成功都是水到渠成。

星光不问赶路人，时光不负奋斗者。领导干部有了昂扬向上的"精气神"，就有了一股劲，有了这股劲，就敢去探索、去创新；有了这股劲，就不怕苦、不畏艰；有了这股劲，就能始终充满激情、敢争第一、勇创唯一，领导力也必将持续提升！

17 领导干部的"火、眼、金、睛"

火眼金睛，原指《西游记》中孙悟空能识别妖魔鬼怪的眼睛，后用以形容人的眼光锐利，能够识别真伪。当下，正处于百年未有之大变局，形势变化云谲波诡、风险挑战交织叠加，领导干部要掌好舵领好航，当然得有“火眼金睛”。“火眼金睛”这四个字展开来，更提示领导干部要能奋发有为就得热情永驻，激情似火；抢抓机遇，手疾眼快；统筹资源，点石成金；咬住目标，目不转睛。

一、“火”代表着：热情永驻，激情似火

热情、激情始终是我们做好工作、成就事业的内在动力。焦裕禄为了党和人民的事业鞠躬尽瘁；牛玉儒“工作一分钟、创业六十秒”；杨善洲六十年如一日坚守共产党人的精神家园……这些都源自他们对事业充满激情。当下，改革发展进入了攻坚期和深水区，面对的困难更具挑战性。领导干部要有“狭路相逢勇者胜”的胆识和魄力，以火热的状态传递、感染、激发整个团队，第一个“吃螃蟹”、啃“硬骨头”、接“烫手山芋”，矢志不渝闯，意气风发干。

二、“眼”代表着：抢抓机遇，手疾眼快

“机不可失，时不再来。”英国诗人乔叟说得好：“每人都有一个好运降临的时候，只看他能不能领受；但他若不及时注意，或竟顽强地抛开机遇，那就并非机缘或命运在作弄他，其实唯有归咎于他自己的疏懒和荒唐；我想这样的人只好抱怨自己。”当下，市场充分竞争，机遇稍纵即逝，若抓住你可能抢占先机、乘势而起，若失之交臂只能后悔莫及。领导干部必须要有机遇意识，努力去发现机遇，有了好机遇，就要及时抓住它，用好它。

三、“金”代表着：统筹资源，点石成金

领导干部既是各路资源的管理者、调配者，也是内外资源的链接者。其重要职责之一就是统筹方方面面的资源为我所用，争创最大最好的效果。什么叫“争创最大最好的效果？”就是好上加好，坏的变好、无效变有效、有效变高效。人才在你这里能人尽其才、才尽其用；垃圾废品在你这里能变废为宝。新时代，也是共享的时代，你的就是我的，不用就是浪费。领导干部既要能把自

己拥有的资源能效发挥到极致，点石成金，也要能学会借鸡下蛋，无中生有。

四、“睛”代表着：咬住目标，目不转睛

“事业常成于坚忍，毁于急躁。”干事情最忌虎头蛇尾，只有三分钟热度，东一榔头西一棒槌，最终什么事情都干不好。有人问任正非华为成功的秘诀，他说：“华为就是一只大乌龟，二十多年来，只知道爬呀爬，全然没看见路两旁的鲜花。”正是因为力出一孔、利出一孔，对准一个城墙垛口冲锋，才有了今天的华为。熬得三冬寒才有梅花香，做领导干部就得有专注力、有工匠精神，对定下的目标要能咬住不放，全力以赴把它干好了，才能厚积薄发。

18 当领导就得会“权、衡、利、弊”

一个领导“权衡利弊”的水平很大程度上决定了其领导力水平。“权衡利弊”四个字拆解开来，更提示领导者要提升领导力就得懂得科学授“权”、综合平“衡”、行惠施“利”、补偏救“弊”。

一、科学授“权”

科学授“权”是培养领导力的基础。任何一位领导者，都不可能有三头六臂、分身无数、精力无限，因此必须学会“授权”，依靠团队的力量共同把事情做好。但是“授权”是一门大学问，授什么权、授给谁、授多少、如何牵制与激励，等等，都关系到授权的成效。只有按照科学方法进行授权，才能既最大限度解放自己，又最大限度发挥他人的积极性。

二、综合平“衡”

综合平“衡”是提升领导力的关键。在领导团队时，我们需要平衡各方的利益和需求。一个领导者应该能够站在整个团队的角度思考问题，了解每个成员的需求，合理调配资源，并在冲突出现时做出公正的裁决。通过平衡各种因素，我们可以建立一个和谐、稳定的工作环境，从而激发团队成员的积极性和创造力。

三、行惠施“利”

行惠施“利”是发展领导力的重要手段。作为领导者，我们需要理解和满足团队成员的利益和需求。我们应该关注他们的职业发展，提供培训和发展机会，帮助他们实现个人目标。同时，我们还应该赋予他们合理的回报和奖励，激励他们更好地工作。通过关心员工的利益，我们可以建立起有效的团队合作和信任，提高整个团队的绩效。

四、补偏救“弊”

补偏救“弊”是修炼领导力的必备技巧。在领导和管理的过程中，难免会出现各种问题和挑战。作为领导者，我们要能够及时发现和解决这些问题，防止其对团队造成不利影响。弊端可能出现在团队的组织架构、沟通方式、工作流程等方方面面。通过及时调整和改进，我们能够补偏救弊，提高整个团队的效率和执行力。

科学授“权”能够提高团队的凝聚力和执行力；综合平“衡”能够建立和谐的工作环境；行惠施“利”能够激发团队成员的积极性和创造力；补偏救“弊”能够解决问题，提升团队的执行效率。要成为一位优秀的领导者，“权、衡、利、弊”这四个字我们一定要抓住。

19 “意、义、重、大”抓落实

抓落实既是认识论又是方法论。近来，各单位纷纷召开一年一度的职代会、双文明表彰会。全面总结过去一年的工作，表彰先进，安排新的一年的工作。毋庸置疑，年初此类会议意义重大，接下来关键在于抓好落实。抓好落实更加意义重大。怎么落实？方法上还得抓住“意、义、重、大”这四个字：

一、抓住“意”字，做到自信满满、意气风发、从零开始

“人无精神则不立，国无精神则不强”“人是要有一点精神的”。良好的精神状态，能极大地激发人的智慧和潜能，产生巨大的力量，从而克难制胜，成就事业。走过2023年，我们应该感受到世界风景这边独好，应该认知了中国式现代化的意义与部署，应该看到国家从上到下推动高质量发展的信心与决心，应该分享到了单位发展的成果。站在新的起点上，展望2024年，会议报告中均给出了明确的目标任务、提出了针对性举措，只要我们落实好，新的一年我们必然可以百尺竿头更进一步。所以，我们必须充满自信、充满激情。当然，成绩代表过去，我们还应该敢于“归零”，勇于“归零”，以空杯心态去拼搏奋斗。

二、抓住“义”字，做到勇攀高峰、义无反顾、不畏艰难

“人无压力轻飘飘，井无压力不出油。”当大家拿到今年的经营指标的时候，无疑都“压力山大”。但发展就是滚石上山的过程，越向上走，难度越大，挑战越大。大家要明白之所以指标年年加码，是因为，我们身处在发展日新月异的时代、身处在充满竞争的时代，发展不进则退、慢进则亡。再大的公司也可能在市场竞争面前轰然倒塌，迅速销声匿迹。这方面的案例不胜枚举。所以，这年头谁也别想着躺在功劳簿上睡大觉。而成功呢，恰恰都是被逼出来的。现在，目标任务已经敲定，已经没有讨价还价的可能，唯有想方设法去完成。当然，山再高，往上攀，总能登顶；路再长，走下去，定有终点。

三、抓住“重”字，做到问题导向、重拳出击、靶向发力

世界是矛盾的集合体，也是问题的集合体。推动事业发展的过程，就是

解决一个又一个实际问题的过程。我们党的历史就是一部认识问题、面对问题、回答问题、解决问题的历史。实践证明：问题不可怕，发现问题是好事，解决问题是大事，回避问题是蠢事，没有问题才是坏事。面对发展中存在的种种问题，我们没必要大惊小怪，更不能粉饰、掩盖、回避、拖延，而要将其看成改进工作、推动发展的突破口，勇敢地去发现它面对它解决它。只要我们能够始终坚持有什么问题就解决什么问题，什么问题难就重点解决什么问题，什么问题突出就着力攻克什么问题，加快发展也就不是什么大问题。

四、抓住“大”字，做到聚智汇力、大搞团结、众志成城

众力并则万钧举，人心齐则泰山移。我们的事业是集体的事业、大家的事业，唯有团结才有力量，唯有团结才能胜利，任何时候都要把凝心聚力作为工作的重中之重。当下，各项目标任务已经确定，要把大家都发动起来，一起划桨开动事业大帆船。我们要扎扎实实做好会议精神的宣传贯彻，用最新的精神要求统一干群的思想，凝聚发展的共识；要认认真真搞好调查研究，用心聆听基层一线的声音，切实解决基层的困难，凝聚民心并汲取群众的智慧；要敞开大门办企业，想方设法扩大朋友圈，做强生态链，在互惠互利、共建共享中，最大限度挖掘发展的潜力。总之，要团结一切可以团结的力量。

一分部署，九分落实。不注重抓落实，不认真抓好落实，再好的规划和部署也是空中楼阁。抓落实真的“意义重大”！要抓好落实就必须把“重、大、意、义”这四个字抓住了！

20 塑造领导力可抓住“牵、线、搭、桥”做文章

领导干部是一个单位的主心骨与领头羊，工作承上启下，处处“牵线搭桥”。“牵、线、搭、桥”四个字既蕴含着领导责任、干部担当，也考验着领导

干部的能力与水平。塑造领导力，我们完全可以抓住“牵、线、搭、桥”四个字做文章。

首先，抓住“牵”字做文章。火车跑得快，全靠车头带。牵头负责始终是领导干部的核心职责之一。工作中，领导干部应该主动把领导职责担起来，发挥好主导作用，确定相应的工作计划，领导团队有序推进各项工作。牵头负责只是担起责任，领导干部还要在牵引发展方面下足功夫。要以敏锐的眼光捕捉发展机遇，树立好先进的典型标杆，使队伍保持昂扬的斗志、迈向正确的方向，推动企业良性发展。在牵引队伍前行中，我们还需要牵制权力，坚持用制度管权、按制度办事、靠制度管人，授权不能一授了之，用权不能任性妄为，努力使权力结构能互相牵制，求得平衡，不能让任何一方权力膨胀。

其次，抓住“线”字做文章。虽说条条大路通罗马，但有些是捷径，有些却是弯路。作为领导干部，引领队伍前进必须用心规划发展路线，带领队伍走大路、抄近路、闯新路，保证企业顺利发展、高速发展、安全发展。路再好，还是得有交规才行。否则，就会有翻车、撞车的危险。我们还得明确原则底线和守牢纪律红线，明确哪些钱即使挣得容易、挣得多，也一分不能要；哪些事即使再便捷、再有诱惑力，也绝对不能干。行为做事，也必须讲规矩、守纪律，不去违规违纪违法违背道德良心。

再次，抓住“搭”字做文章。清楚情况是干好工作的前提，拥有资源是干好工作的关键，拥有并用好人才更是干好工作的重要一环，领导干部需要善于搭脉问诊情况，及时了解企业内外环境变化，掌握市场需求和竞争情况，从而为企业的战略定位和发展提供科学依据。在搭接各方资源方面，领导干部要充分发挥自身沟通协调能力、资源整合能力，吸纳多方资源支持企业的发展和创新。此外，在搭起人才舞台方面，领导干部要敢于创新突破，建立完善科学的人才培养、选拔、使用和激励机制，使全体员工能够在良好的环境中工作，实现人尽其才、才尽其用。

最后，抓住“桥”字做文章。集众智才能登高望远，合群力方可聚沙成塔。当下的社会，你中有我、我中有你，企业发展更讲协同协作、共享分享、共生互生。领导干部要有大和谐、大合作的意识。要大力建设内部的连心桥，舒人心、暖人心、聚人心，推动形成一家人、一条心、一盘棋、一起干的浓厚氛围。要大力建设与客户的友谊桥，领导干部需要主动走进市场，了解情况，做好与客户之间的互动交流，架起双方合作共赢的桥梁。要大力建设与对手的合作桥，主动走出零和博弈，以开放包容的心态看待竞争与合作，善于向对手学习，敢于主动递上橄榄枝，积极寻求互利共赢、合作发展的机会。

21 领导干部必须"正、大、光、明"

政者，正也。"其身正，不令而行；其身不正，虽令不从，不能正其身，如正人何？"领导干部要让人服气、自觉听从，就得"正大光明"，实事求是、坦荡为人，心胸开阔、思路清晰，成为人们眼中的一道光。"正、大、光、明"四个字，每个字也在提示领导干部应如何塑造领导力。

一、"正"字提示领导干部：思想要正

思想是行动的先导。在领导干部的行为中，首要之事是思想的正直。这是当领导的根基与起点，是所有行为的"总开关"。正直的思想应该包含三个核心要素：求真、向善和尚美。

1. 求真是领导干部的基本职责。耳听为虚，眼见不一定为实。纷繁复杂的世界，总是让人眼花缭乱。领导干部作为带队伍做决策之人，必须看清事物的本质，才能作出正确的判断。这就要求"真"字为先，始终能够抱诚守真、较真求真、去伪存真，对事实有清晰、无偏见的理解。这就需要领导干部注重调查研究、能用科学的方法分析问题。

2. 向善是领导干部的道德责任。积善成德，厚德载物。善良是一个人内心最可贵的品质，起心动念皆是善，方能行稳致远。作为领导干部，更要崇德向善、与人为善、惩恶扬善、止于至善，会尊重他人，关心他人，积极为他人着想，带着感情与他人沟通，善于成人之美，始终把群众装在心里，一心为民干实事，带领队伍共同树立良好的道德风尚。

3. 尚美是领导干部的精神追求。美是人类普遍追求和欣赏的一种情感体验，它与人的心灵和情感密切相关。对于领导干部来说，就应该崇尚美、追求美、展示美和创造美。言行举止要规范、礼仪文明，注重语言的优美。工作行为要高效、公正、负责任，尽可能地创造美好的生产和生活环境。要不断增强自身审美素质，学会发现美、欣赏美、赞赏美。

二、“大”字提示领导干部：格局要大

俗话说，心有多大，舞台就有多大。而你的格局有多大，你的心就能有多大。领导干部有大格局才会有大作为，应该眼界开阔、胸怀包容、志向远大。

1. 眼界开阔。“欲穷千里目，更上一层楼。”“不审天下之势，难应天下之务。”身处全球化、信息化时代，万事万物普遍联系。领导干部作为发展的领路人，就必须比一般人看得更远、更广、更深一些。倘若闭目塞听，孤陋寡闻，对很多东西茫然无知，谈何在竞争中脱颖而出？又怎能采取积极有效的措施有效地应对瞬息万变的形势？

2. 胸怀包容。“海纳百川，有容乃大”，没有足够的气量和胸怀，是当不了一个合格的领导者的。领导干部是信息的加工厂、人才的黏合剂，我们的任务就是要倾听从各个地方传来的声音，接纳从各个方面传来的观点，学会多方面、多角度、多维度、多层次看待问题，综合得出最优的观点；包容各类人才个性，把大家团结在一起，形成团队的聚合力。

3. 志向远大。志之所趋，无远弗届，穷山距海，不能限也。志之所向，无坚不入，锐兵精甲，不能御也。贝多芬在双耳失聪情况下，依然创造出了享誉世界的《生命交响曲》；司马迁在遭受宫刑之后，初心不改，忍辱负重完成《史记》，名垂千古。作为领导干部应该树立“鸿鹄之志”，始终胸怀“国之大者”，高分拿下时代答卷，名垂青史。

三、“光”字提示领导干部：眼光要毒

领导干部不同于普通人，应有一双“火眼金睛”，识本质，识变化，识问

题，能够拨开云雾、以小见大、见微知著，从平淡无奇中发现端倪，找出蛛丝马迹，抓住主要矛盾。

1. 洞察先机。机不可失，时不再来。在充满竞争的时代，大家都在拼，“卷”得前所未有。李彦宏、马云、马化腾正是抓住了互联网发展的机遇，成就了今天享誉全球的中国 BAT（Baidu、Alibaba、Tencent）。这两年，比亚迪、长安、蔚来等一批新能源汽车异军突起，也是因为抓住了能源革命的机遇。抢得先机在发展中的作用毋庸置疑，作为领导者洞察先机才能抢得发展先机。

2. 警醒防范。“谨慎能捕千秋蝉，小心驶得万年船。”身处发展“快”时代，诱惑很多，陷阱遍地，风险和问题不以人的意志为转移而客观存在。稍不留心，企业发展就可能陷入万劫不复的境地。防范与化解风险隐患，领导干部责任重大，必须眼观六路，耳听八方，对潜在风险洞若观火、对发展趋势心知肚明、对事态走向了如指掌，胸有应变之策。

3. 知人晓事。曾国藩说：“居高位者，以知人、晓事二者为职。”处于领导地位的人，应该把知人善任和知晓事情、明晓事理这些方面作为自己的职责。“用一贤人，则贤人毕至；用一小人，则小人齐趋”。领导干部身边每天围着一群人，人心隔肚皮，许多话是无中生有，每时每刻都在考验着领导干部的判断力，眼睛不亮就容易上当受骗、错误行事。

四、“明”字提示领导干部：思路要明

“思路决定出路”“思路不清，累死三军”！糊涂官是带不出好队伍、打不出漂亮仗的。领导干部作为单位发展的火车头，不能不知道下一步往哪儿走、怎么走、靠啥走。

1. 目标清晰。目标是凝聚人心、集中团队才智的靶子。有人说管理是从好的目标开始的，好的目标犹如指路明灯，能让上下同欲、齐心协力。没有目标，员工则不知道努力方向，有力无处使。领导干部要有寻找目标、明确目标、高举目标的能力，能够告诉大家我们的前景在哪儿、未来在哪儿、不同阶段的奋斗指标是什么。

2. 步骤有序。俗话说："事有先后，用有缓急。"领导干部每天应对的事情特别的多，忙很正常，但不能打乱仗，必须能够十个指头弹钢琴，讲逻辑、分层次、抓重点、会授权。对每一个确定的目标，要能够进行行动计划的步骤分解、指标分解、任务分解，并给出路线图、时间表和具体责任人，以便团队成员知道自己的职责和期望，大家协同作战。

3. 反馈及时。在这瞬息万变的时代，变是永恒的，没有包治百病的神药。然而，每一次不同的选择，却会带来不同的结果。不反馈或反馈晚了，就会时过境迁，一错再错、错上加错，痛失发展的机遇。领导能力许多时候正是在应对不确定性中分出强弱、高低、大小。领导工作要做好，必须根据及时反馈，对思路作出因时制宜的调整。

22 当领导就得"指、手、画、脚"

指手画脚，通常形容人说话时傲慢、放肆的样子，也常形容不深入实际、不了解情况就妄加指点、批评或轻率地发号施令。但用在领导身上不全是贬义。领导承担指挥协调职责，能不指手画脚吗？如果把"指手画脚"中的"指"理解为了如指掌方方面面情况、"手"理解为得心应手处理大事小事、"画"理解为运筹谋划（画）单位未来发展、"脚"理解为脚踏实地抓好队伍建设，你是不是感到当领导就得"指手画脚"呢？

1. 了如指掌方方面面情况。知己知彼，百战不殆。清楚情况是干好工作的前提。如果不了解方方面面的情况，领导就会瞎指挥、乱决策。作为领导，必须在掌握实情、摸清实底上下功夫。只有对工作内容"烂熟于心"，才能厘清工作思路，明确工作重点，拓展工作范围，开拓工作视野；只有通过做好调查研究，深入"解剖麻雀"，对工作对象"一清二楚"，才能抓住主要矛盾，解决关键问题；只有对工作方法"驾轻就熟"，才能将理论与实践深度结合，总结工作方法，创新工作方式，以最好的状态奋斗新时代。

2. 得心应手处理大事小事。当前，经济社会发展遇到的问题越来越多、越来越复杂。真可谓：上面千条线，下面一根针，这根针得是“万能针”。领导者必须提升担当能力、增强担当本领，学会“十指弹琴”，用实招、真招、硬招、妙招、高招，甚至是“邪招”，把大事小事稳妥处理好。这就要求领导干部要善于学习，善于运用马克思主义的立场、观点和方法来观察事物、分析问题，提高科学思维能力，掌握科学工作方法；要善于用创新的思路谋发展，用创新的精神聚力量，用创新的措施破难题。

3. 运筹谋划（画）单位未来发展。“凡事预则立，不预则废”“不谋全局者，不足谋一域”。干事创业唯有深度思考、全盘规划，充分找准单位的优势、条件，尽可能规避不足，将干什么和怎么干提前思虑清楚，才能把牢行动的定盘星，避免行进过程中因一时的困难而“茫然无措”。要做到科学运筹谋划，就得怀有“前人栽树，后人乘凉”的宽广胸襟，就得正确处理局部与全局、当前与长远、战略与策略之间的关系，识大体、顾大局，多打大算盘、算大账，少打小算盘、算小账，努力做到谋而有心、谋而有方、谋而有策、谋而有效。

4. 脚踏实地抓好队伍建设。“道虽迩，不行不至；事虽小，不为不成。”“空谈误国、实干兴邦”。当领导就得做“实干家”而不是“空想侠”，不做表面文章、不搞花架子、不好高骛远，始终拧紧求真务实“总开关”；认准了的事，就一往无前；部署了的事，就一抓到底；坚持以身作则，发挥示范引领作用，将作风建设体现在工作中岗位上，一级做给一级看、一级带着一级干；始终敢于担当、勇于负责，敢于斗争、善于斗争，不当瓦匠和稀泥，敢当铁匠硬碰硬，把纪律真正严起来，把规矩真正立起来。

23 抓住“清、风、高、节”修炼领导力

“清风高节”，出自唐·牟融《题赵支》诗：“我有清风高节在，知君不负岁寒交。”意思是指人品格纯洁，节操高尚。作为领导干部当然应该努力做到“清风高节”。“清、风、高、节”四个字展开来，每个字都在提示领导干部如

何加强领导力的修炼。

一、抓住“清”字去品悟提升

要始终保持清正。“政者，正也。”一身正气是共产党人的做人之本，领导干部必须自觉处理好公与私的关系，抛开私心，摒弃私欲，撇开私情。要始终保持清醒。当今社会纷乱繁杂、诱惑重重，一旦定力不足，那些“糖衣炮弹”就会将你推下“万丈深渊”。领导干部必须坚定理想信念和政治立场，坚决筑牢拒腐防变的思想防线。要始终保持清廉。当官发财两条道，当官就不要发财，发财就不要当官。领导干部必须常怀律己之心，常思贪欲之害，切实做到清清白白做人，干干净净干事。要始终保持清明。“知人者智，自知者明”，领导干部要经常警示自己、不断反省自己、严格要求自己，要身体力行，做清明政治的倡导者、建设者和守护者。

二、抓住“风”字去品悟提升

要摒弃“空喊”习气，涵养亲力亲为的“实干”之风。空谈误国，实干兴邦。夸夸其谈当不了第一，轻轻松松赶不上先进，舒舒服服创不成大业，领导干部应当脚踏实地、真抓实干。要摒弃“等靠”习气，涵养自立自强的“担当”之风。为官避事平生耻，重任千钧惟担当。当领导干部就要有担当，有多大担当才能干多大事业，尽多大责任才会有多大成就。要摒弃“躺平”习气，涵养敢闯敢为的“拼搏”之风。“幸福都是奋斗出来的”，“躺平”不可能“躺赢”。领导干部必须跳出“舒适圈”，向“躺平”“佛系”说不；向榜样看齐，以“只争朝夕，不负韶华”的奋斗姿态干事创业。

三、抓住“高”字去品悟提升

要凸显思想觉悟“高境界”。志存高远方能登高望远，胸怀天下才可大展宏图。领导干部必须努力站得高一些，搞清什么是大是大非，什么是主，什么是次，始终求真向善尚美。要体现工作能力“高素质”。没有铁肩膀，担不起硬担子。领导干部必须不断提升自己的学习力、执行力和战斗力，增强工作的主动性、创造性、前瞻性。要保持业务规范“高标准”。取法于上，仅得其中；取法乎中，故为其下。领导干部必须以更高的标准要求自己，不能把自己等同于普通群众。要做到统筹协调“高效能”。统筹协调是领导干部的必备本领，效率更是竞争力。机遇稍纵即逝，党员干部必须要能快人一步、先人一步。

四、抓住“节”字去品悟提升

要保持气节。领导干部要发扬“富贵不能淫、贫贱不能移、威武不能屈”的精神，激发出共产党人与生俱来的骨气。要懂得礼节。礼仪是普通人修身养性、持家立业的基础，更是领导干部干好本职工作、管理单位的基础，知礼节、守礼节、以礼待人应该成为对领导干部的基本要求。要过好时节。“廉洁不廉洁，就看咋过节”。越是节假日、越是重要节点，领导干部越要警醒自己，提醒家人和身边的同志，守好关口。要注意细节。“尽小者大，慎微者著”。领导干部要注重工作中的“关键小事”，培养细节意识，用严谨负责的工作态度拒绝“差不多”思想，坚持将每项工作做到位、做扎实。

24 调查研究要“突、出、重、点”

开展好调查研究，方式对路、方法有效至关重要。受制于资源有限、精力有限，调查研究要实现高质量，就得集中精力、集中火力，直奔问题而去，也就是说要“突出重点”。“突、出、重、点”每个字都寓意深刻，为我们做好调查研究指明了方向。

一、突显“四不两直”

近接远送搞不了真调研，层层陪同看不到真问题。调查研究就得把坚持“不发通知、不打招呼、不听汇报、不用陪同接待，直奔基层、直插现场”贯穿调查研究全过程。“四不两直”既是搞好调查研究的工作方式方法，更是纪律要求。在大兴调研之风的今天，我们期待“四不两直”的调研方式蔚然成风。

二、出则轻车简从

调查研究要想取到“真经”，就要回归调研的“本真”。如果把形式搞复杂了，不仅难以看到“真景”、听到真话，还会损害党的形象、招致群众反感。现在有一种不好的现象，有的干部下去调研，前呼后拥，呼呼啦啦一群人，众声喧哗中不仅消耗了基层的精力，还造成了资源的浪费，更难有好的成效。

三、重在发现问题

调查研究不是为调查而调查，而要有的放矢、发现问题。今天，为什么要在全党大兴调查研究之风？就是因为在日新月异的形势变化面前，我们常遭遇“老办法不管用、新办法不会用”的尴尬情境，迫切需要通过调查研究发现决策落实的难点、改革发展的堵点、百姓关注的焦点，找到破解难题的办法和路径。

四、点出前进方向

能发现问题是本事，能解决问题更是本事。衡量调查研究搞得好不好，“关键要看调查研究的实效，看调研成果的运用，看能不能把问题解决好”，“调查研究的根本目的是解决问题”。调查研究中，我们既要逐一梳理问题清单，更要逐一列出解决措施、责任单位、责任人和完成时限。

25 调查研究要抓住“真、心、实、意”下功夫

近日，中共中央办公厅印发了《关于在全党大兴调查研究的工作方案》，决定在全党大兴调查研究之风。工作的出发点毋庸置疑，但基层干部员工却也

存在一些疑虑忧虑焦虑，害怕这样的部署成为一场“秀”，变成一份额外的负担。要打消基层的疑虑，真正把党中央精神落实到位，各级干部必须充满真心实意。

一要真刀真枪不走过场。焦裕禄同志有句话：“蹲下去才能看清蚂蚁。”既然去调查研究，就得拿出时间、腾出精力，静下心来解剖麻雀。不搞花架子，不满足于“差不多”“能凑合”“还将就”，做到群众不满意不罢休，真问题不找到不罢休、问题不解决不罢休。

二要心胸开阔声声入耳。良药苦口利于病，忠言逆耳利于行。调查研究既要听群众的顺耳话，更要听群众的逆耳言。越是牢骚话、越是难听的话，越能反映基层在想什么、盼什么、需要解决什么问题。群众的心里话是我们真正需要掌握的“第一手资料”。

三要实事求是深研细究。在调查研究中，如果一切唯上是从，唯书本是从，就会犯形式主义、本本主义的错误。发现问题是好事，不能避重就轻，而对发现的热点、难点问题要逐一梳理、分析、判断，去粗取精，透过现象看本质，弄通“病情”、找准“穴位”。

四要意切言尽直抒己见。调查研究就是要解决问题和矛盾的。我们必须敢于坚持真理、善于独立思考、坚持求真务实，光明磊落、无私无畏，以事实为依据、敢于说出事实真相，报喜也报忧，大胆说出解决问题的最好方法，为科学决策提供参考。

26 抓住“用、进、废、退”修炼领导力

“用进废退”常指生物体的器官经常使用就会变得发达，而不经常使用就会逐渐退化。领导者的领导力同样如此，不主动去提升，浑浑噩噩，水平就会减退，唯有主动担当起来，坚持在干中学、学中练，才能让自身的领导力得到不断提升。尤其要注意在“用”足各类资源、“进”军险滩要地、“废”除障碍滞绊、“退”避明枪暗箭上下功夫。

一、在“用”足各类资源上下功夫

领导力，说白了就是领导者调动资源的办事能力。提升领导力，就得能够调动更多资源、用好用足各种资源，切实把好事办好、实事办实、难事办成、要事办妥。

1. 做好学以致用。善于学习，就是善于进步。领导干部参加培训的机会多、接触人员的范围广、收到的信息量大，在学习上无论是机会还是条件都是得天独厚。领导干部应该倍加珍惜岗位带来的学习资源，把学习当作一种责任、一种修养，坚持以学铸魂、以学增智、以学正风、以学促干，打牢知识功底，积蓄前进力量，成为学以致用、用有所成的表率；切实把学习和推动单位高质量发展统一起来，找准知识与实践的结合点，将学习资源转化为自身做好工作的能力本领，转化为加快单位高质量发展的新担当、新作为。

2. 做好知人善用。“功以才成，业由才广。”“世上一切事物中人是最可宝贵的，一切创新成果都是人做出来的。”“硬实力、软实力，归根到底要靠人才实力。”汉高祖刘邦说得非常经典：“夫运筹帷幄之中，决胜千里之外，吾不如子房；镇国家，抚百姓，给饷馈，不绝粮道，吾不如萧何；连百万之众，战必胜，攻必取，吾不如韩信。三者皆人杰，吾能用之，此吾所以取天下者也。”单位发展也是如此，用好人、用对人非常关键。领导干部的重大职责之一就是用人，要能了解不同人才的特点，用人所长、避人所短。

3. 做好物尽其用。这些年人们越发明白“垃圾是放错位置的财富”。东西没有绝对的好坏之分，它的价值完全取决于使用和欣赏它的人。同样的地盘，在有些人眼中就是资源匮乏、一筹莫展，在有些人眼中却是金山银山、遍地是宝。作为领导干部，为官一任、造福一方，组织上把一个部门、一个单位交给你，你有责任把手中的资源盘活用好，实现最大化的价值创造，要用心去分析自身资源的禀赋，找准价值创造的发力点。尤其对那些长期闲置或创效差的资产，应该敢于采取一些革命性的措施加以开发和利用。

4. 做好恩威并用。《三国志》中谈到为官之道，非常明白地告诉我们要“赏善罚恶，恩威并行”。也就是说，当领导既要用恩德及体贴笼络人，也要用权威和强势使人慑服，两者缺一不可。管理一个单位或一个部门，如果只行惠施利，而没有威严，员工就会像被溺爱的孩子，很容易被惯坏。相反，如果对任何事都采取严厉的态度，或许在表面上能使人遵从，但绝无法使人心服，最终只会离心离德。只有恩威并用，宽严得宜，才能相辅相成、相得益彰。当然，恩威并用，并不是恩、威各占一半，而是依事情的具体情况而定。

二、在"进"军险滩要地上下功夫

当下是一个充满竞争的时代，事业愈进愈难、愈进愈险而又不进则退。要干出一番新事业，闯出一片新天地，就要敢于急流勇进、披荆斩棘、闯关夺隘。

1. 拿沉疴顽疾开刀。工作中，我们总会碰到一些存在于事业发展肌体上的"毒瘤"，留着它们必将积重难返，变成绝症，越发难以治疗，甚至会给单位发展酿成全局性、颠覆性灾难。摘除它们，过程一定会很痛苦，必然要"流血""疼痛"。作为领导干部，解决问题是天职，越是复杂的问题，越能锻炼和考验一个领导干部的能力与水平。提升领导力就得敢于一次次拿起"手术刀"，及时摘除组织肌体的"毒瘤"，以确保事业始终能够健康发展。

2. 和强大对手比拼。天外有天，人外有人，强中自有强中手。著名羽毛球运动员李宗伟和林丹是对手，亦是朋友，他们赛场几十次交锋，彼此成就。李宗伟说："林丹是我一个很伟大的对手，因为没有他，我不会这么刻苦地去训练。"林丹说："我们打过无数的比赛，从任何一个角度来讲，因为有他，我的冠军才有更高的含金量。"领导干部提升领导力，也是如此，只有敢于与最优者"对标"、与最强者"比拼"、与最快者"赛跑"，才能更好推动自己找到差距、找到动力、找到目标，让本领更加快速地提升。

3. 向经验权威挑战。明朝学者陈献章说："学贵知疑，小疑则小进，大疑则大进。疑者，觉悟之机也。"如果没有达尔文对"特创论"的怀疑，就不会有"自然选择学说"的确立；如果没有哥白尼对"地心说"的怀疑，也不会有"日心说"的创立。当下的社会变化日新月异，新理念、新技术、新模式层出不穷，更没有一成不变、包打天下的招法。固守经验、迷信权威，因循守旧、墨守成规，不敢闯、不敢冒，就难以实现事业的跨越式发展。领导干部应该充满怀疑精神，尤其对所谓的经验与权威，更要敢于质疑、敢于打破。

4. 朝陈规陋习开炮。风成于上，俗化于下。陈规之所以成“规”，陋习之所以成“习”，大都与领导干部自身不正、管理不严有直接关系。诸如形式主义、官僚主义、享乐主义与奢靡之风等问题屡禁不绝，根源就是一些陈规陋习已经深入许多领导干部骨髓。如果不对陈规陋习亮剑、向其开炮，作风建设就难以深入开展下去。领导干部要想在单位大力营造朝气蓬勃、开拓进取的氛围，就得从自身做起，带头革故鼎新、推陈出新、破旧立新，通过自身的行为示范、制度的严格规范、监督的层层防范，让“陈规陋习”无处隐匿、烟消云散。

三、在“废”除障碍滞绊上下功夫

前进的道路上不可能一帆风顺，总会遇到各种障碍滞绊，总有一些矛盾与问题绕不开、躲不过。狭路相逢，战胜困难与挑战，需要勇气更需要智慧，必须讲究工作的方式方法。

1. 在调查研究上发力。没有调查就没有发言权，调查研究始终是谋事之基、成事之道，是我们做好工作的基本功。基层工作非常复杂，耳听为虚，眼见不一定为实，不亲临现场，不抽丝剥茧、条分缕析、去伪存真，你很难掌握真情实况。领导干部要想做对事、干成事，就得把调查研究过程作为认识问题、解决问题的过程，作为谋划工作、推动工作的过程，经常到基层去、到群众中去、到上级部门和客户那里去，多层次、多方位、多渠道地调查了解情况，并加以深入分析研究，才能在决策时有充分的依据。

2. 在群策群力上发力。集众智事无不成，聚合力业无不兴。大鹏之动，非一羽之轻；骐骥之速，非一足之力。做起事情来，最伟大的力量是同心合力，一个人能力再强，单打独斗总不会形成大气候！领导者带领的是团队、干的是集体的事业，只有上下同心、步调一致，才能凝聚起排山倒海、无坚不摧的磅礴力量。遇到事情，千计万计，群众路线是第一计；千难万难，发动群众就不难。一定要多让大家开展头脑风暴、进行思想碰撞，以大大开阔解决问题的思路；在此基础上，再充分统一思想、凝聚力量，让大家力出一孔。

3. 在改革创新上发力。“明者因时而变，知者随事而制。”自古以来，物久则废，器久则坏，法久则弊。世界上，变是唯一不变的真理。旧中国为什么落后挨打？重要原因是封闭保守，创新落后！今日中国为什么能成为世界第二大经济体？坚持改革开放、坚持创新发展无疑是关键因素！纵观历史，我们都应该理解为什么“唯改革者进，唯创新者强，唯改革创新者胜”。适应新形势，解决新问题，担当新使命，领导干部就得敢闯敢冒，始终把改革作为推动发展的关键一招，把创新作为引领发展的第一动力。

4. 在合作共赢上发力。领导干部格局有多大，舞台就有多大。如今社会信息发达、人员往来密切、利益深度交融，大家都是发展生态中的一个点，相互搭台好戏连台，相互拆台一起垮台，合作共赢才是历史潮流。无论是在生活还是工作中，领导干部都应该坚持开放包容，将眼光放远、格局放大，努力看到别人的长处，争取在相互尊重和携手合作的基础上取长补短、互利互惠、追求共赢。如果还是抱着零和博弈的旧思维，搞自私自利、封闭排他、冲突对抗那一套，最终只能害人又害己。

四、在“退”避明枪暗箭上下功夫

“谨慎能捕千秋蝉，小心驶得万年船。”领导干部既肩负促一方发展的使命，也承担保一方平安的职责。要想自身与单位均能行稳致远，就得始终如履薄冰，时刻绷紧安全弦。

1. 筑牢思想防线。人们无论做任何事情，都是先有思想、后有行动。有正确的思想才有正确的行动，有积极的思想才有积极的行动。领导干部要想既干成事还不出事，就得牢牢掌握思想领导，占领意识形态领域主阵地，持续加强自身思想和员工队伍思想的改造，全面树立贯彻正确的价值理念，旗帜鲜明地反对各种错误倾向，严以修身、严以用权、严以律己，千方百计为想干事注入强大的思想动力、为能干事积蓄满满的正能量、为干成事提供方方面面的安全保障。尤其要带头做好经常性的反思反省与查漏补缺。

2. 坚守原则底线。“欲知平直，则必准绳；欲知方圆，则必规矩。”原则是观察问题、处理问题的准则。一个人如果没有了做人做事的原则，也就没有了衡量对与错的尺度。如果自己都不知道哪些事情该做，哪些事情不该做，哪里是底线，就很容易误入歧途。领导干部面对的两难问题很多，怎么处理？毛泽东“恋亲不为亲徇私，念旧不为旧谋利，济亲不为亲撑腰”、陈云“不唯上、不唯书、只唯实”，就为我们提供了处理诱惑与原则关系的生动教材。“心底无私天地宽”，遇到事情不好选择的时候，坚持原则就是最好的选择。

3. 远离禁区红线。“要想人不知除非己莫为！”党的十八大以来查处了一大批腐败分子，这些人无不是因为曾经乱了规矩、违了法纪、闯了禁区、踩了红线。以案为鉴，领导干部必须牢记“手莫伸，伸手必被捉”的道理，要能始终心存敬畏，认认真真地学习有关法律法规与纪律要求，清楚明白哪里是禁区、哪里是红线，从思想上给自己装上“警报器”，以时刻保持高度的警觉；更要在行为上筑起合规、合纪、合法的“防火墙”，坚决管住嘴、管住腿、管住手、管住身边人，防止不经意间“越过雷池”，一失足成千古恨。

4. 织牢安全网线。安全工作万有一失、一失万无。任何单位或部门要防患于未然，必须要织牢严密的全员、全天候、全过程、全方位抓安全的网络，以杜绝安全管理存在死角和盲区。按照“三管三必须”的要求，各级干部在安全管理上都是责任人，都有责任和义务把安全生产工作落细落小落实落到位。领导干部更是安全管理第一责任人，要拿出“时时放心不下”的劲头，以身作则，深入安全管理第一线，细抓细管、敢抓敢管、严抓严管，全面巩固人防、物防、技防措施和效果，以坚决防止各类“黑天鹅”“灰犀牛”事件发生。

事贵有恒，脑子越用越灵，刀子越磨越光，修炼领导力也是如此，必须始终吹响冲锋号！“用”足各类资源、“进”军险滩要地、“废”除障碍滞绊、“退”避明枪暗箭永远在路上！

27 期待青年学员“一、冲、飞、天”

各位领导、亲爱的学员们：

历经一个月的强化培训，本就优秀的你们再次补足了钙、充满了电、加满了油，即将重新奔赴工作岗位。尽管不舍分别，但更期待大家大展宏图！此时此刻，我想讲的不是去对学习班过程进行再回顾、再盘点、再总结，而是想再勉励、再鼓劲、再提醒。

我把成语“一飞冲天”改成“一冲飞天”当成分别礼物送给大家。

“一飞冲天”意思是一起飞就冲上云天。比喻平时默默无闻或没有特殊的表现，一下子就做出了惊人的举动或惊人的成绩。而在座的都是集团遴选出来的青年精英，正是因为平时表现优秀才来到这个班级。我也不指望大家一下子就做出什么惊人之举，那不现实。而“一冲飞天”不一样，意思是一冲就向上冲，往高处冲，最终冲到高处。“一冲飞天”四个字拆开来，每个字都饱含我们对大家的希望。

一、“一”，就是希望大家在学习上一以贯之、一刻不停

学习是我们成长的基石，只有持之以恒、不断进取，才能不断提高自己。

1. 学出动力。动力是我们干好一切工作的源头活水。学习是我们激发奋进动力最持久的力量。通过学习，我们可以感受自身的使命与责任、时代的进步与要求、创新的必要与紧迫，自觉把学习作为一种追求、一种爱好、一种习惯，做到好学乐学，勤学善学。

2. 学出格局。格局决定结局。学习是我们放大格局最好的途径。我们始终要明白山外有山、人外有人。博采众长可以让我们站得尽可能的高、看得尽可能的远、视野尽可能的广，跳出自己的一亩三分地，更好摆正当前与长远、局部与整体、守旧与创新的关系。

3. 学出思想。思想的领先是真正的领先。学习是我们点亮自己思想明灯最好的方法。我们要能通过学习，全力打通知识与知识之间、理论与实践之间、

实践与实践之间的阻隔，形成一套自己科学认知世界、改造世界的底层逻辑，也就是自己的价值观、方法论。

二、“冲”，就是希望大家在工作上冲劲满满、冲锋在前

干部必须干字当头。不干，半点马克思主义都没有。干，就得激情满怀、冲锋在前。

1. 想为。“心里有火方为志，眼里有光便是愿”“你想成为什么样的人，你就会成为什么样的人”。稻盛和夫说：人生的一切都是自己内心的投射。时值青春年华，正是干事的时候，我们必须提醒自己、催促自己、监督自己时不我待，必须奋起直追、奋发有为！

2. 敢为。狭路相逢勇者胜。凡事都败于懈怠畏难，失于犹豫不决。尤其当下，改革发展进入深水区，许多工作没有先例可循，但时间不等人、发展的机遇更不等人，发展不进则退、慢进也是退，前进就得靠我们摸着石头过河，敢为、敢闯、敢干、敢首创。

3. 有为。干工作只有满腔热血是不够的，还得讲究方式方法，强调结果导向。不能想怎么干就怎么干，不能虎头蛇尾，轰轰烈烈开场，草草收兵。定下来的事、必须要干的事、有利于大局与长远的事，就要发扬钉钉子精神，办就办成、干就干好、做就做到位。

三、“飞”，就是希望大家在事业上飞越难关、飞快进步

事业的成功永无止境，行稳方能致远，快行才能超越。

1. 行稳。小心驶得万年船。“稳”是信心的来源，是能力的彰显，也是成功的底气，一个成熟的人必然也是“稳得住”的人。青年干部当练好“稳”字诀，在干事创业中不断练就稳定的心态、培养稳健的能力、形成稳妥的办事风格，继而成长为一名堪当大任的优秀干部。

2. 行远。“会当凌绝顶、一览众山小。”年轻干部要想看到更多更美的风景，就得站得高走得远。但现实中常常行百里者半九十，甚至一些干部倒在“终点

线”前，可恨、可气、可悲！我们必须要引以为戒，慎终如始，始终筑牢理想信念根基，守住拒腐防变的底线。

3. 行快。“天下武功，唯快不破！”当下，正处在“快”时代，信息爆炸，新技术新产品新模式层出不穷，形势瞬息万变。抢抓发展机遇，等不得，也慢不得，一步跟不上，步步跟不上。我希望大家一定要想方设法在“稳”的前提下，大力去提升自己方方面面的效率。

四、“天”，就是希望大家在生活上天天安康、天天快乐

人身难得、人生不易，生活都是自己过出来的。平安是福、健康是宝、快乐是主题！

1. 精神要富有。人生一世，真正的富有，不是拥有万贯家财，不是拥有至高无上的权力，不是拥有无数的豪车美色，而是拥有一颗安然、宁静、从容的心。腹有诗书气自华，在物欲横流、众声喧哗的当下，更要读书思考去贪欲，让自己的精神世界干净、温暖、光明！

2. 天伦要享有。家是最小国，国是千万家。家教严则家风正、家风正则家庭睦、家庭睦则事业兴。在传统中国人的家庭观念里，一家人能朝夕相处、相亲相爱、共享天伦之乐是最大的幸福。我们工作再忙，也要经营好家庭，别忘了那才是心灵休憩的最温暖的“港湾”。

3. 健康要拥有。身体是革命的本钱。没有一个健康的身体，梦想都是泡影。请一定记得，不管多大压力，一切要为了自己的健康考虑。留得青山在，不怕没柴烧！只要拥有健康的身体，一切都可以重新来过！千万不要以为年轻就可以放纵，不要觉得身体好就可以折腾！

亲爱的学员们，天下没有不散的筵席。今日的分别是为了明日更好地相聚。期待大家记住“**一冲飞天**”四个字，不忘初心、继续前行，在今后的工作和生活中不断成长和进步。我们期待大家在今后的日子里捷报频传、生活蒸蒸日上！

谢谢大家！

28 领导干部应该“见、解、独、到”

思路决定出路、格局决定结局。错综复杂的大变局时代，众声喧哗之中，大家无不翘首企盼领导干部能够在别人看不到的地方看到事物之间的联系和价值，给出更具针对性、创新性的独到见解，使得面对困难总能“柳暗花明又一村”。“见、解、独、到”这四个字，既是员工群众的期盼，也是领导干部应有的素质与能力，展开来看更蕴含着其提升领导力的重要路径。

一、“见”字提示领导干部要能“科学预见未来”

预见未来才能遇见未来！斯大林说：“没有预见就不叫领导，为着领导必须预见。”毛泽东主席说：“没有预见就没有一切。”无论从哪个角度看，预见都是领导干部必须具备的至关重要的能力！

大家都应该记得，从 2019 年开始，美国为阻断中国高科技发展，倾全国之力打压我国华为公司。但华为公司却硬挺了过来。根本原因就是华为公司早有预见，做出了极限生存的假设，实施了“备胎计划”。否则，结果不敢想象。

阿里巴巴、腾讯、百度等互联网企业都是在互联网兴起的初期就预见了未来，早早进入了移动互联网这一发展的快车道，最终大获成功。商业领域如此，其他领域同样如此！赤壁之战、四渡赤水之战等，案例不胜枚举！

作为领导干部，要想引领单位发展，就得心中装着未来，努力从历史演进中把握规律、从端倪初现中看到趋势，提前做好发展的谋划、规划、计划，如此才能下好工作先手棋，打好发展主动仗。

二、“解”字提示领导干部要能“解决棘手问题”

“刀在石上磨，人在事上练。”时代的发展、事业的推进，无不是在解决一个个问题中实现的。问题越是棘手、越是麻烦，越是能考验和锻炼领导干部。

毛泽东在我党我军中的崇高威望怎么来的？当然是靠解决别人解决不了的

问题、攻克无数个难以想象的困难得来的！三湾改编、带队伍上井冈山、四渡赤水、延安整风、解放全中国，等等，对中国革命来说每一个都是力挽狂澜。

如今，尽管我们各方面的发展条件都有了大改善，但发展面临的各种困难与挑战却不曾变少。棘手难题面前，每时每刻都是考场，袖手旁观、束手无策还是挺身而出、闯关夺隘？领导力高低当下立判，群众的眼睛明亮着呢！

当然，宝剑锋从磨砺出！领导干部成长需要历练与积淀，要想自己解决问题的本领越来越大，就得多去解决问题，最好是“在战争中学会战争，在游泳中学会游泳”！

三、“独”字提示领导干部要能“具备独立人格”

有人格的独立，才有思想的自由！领导干部最大的魅力是其人格魅力，是其性格、气质所产生的影响力。做“人”都不合格，怎么让员工群众心悦诚服？

长期的封建统治，使委曲求全、仰人鼻息已经深入许多中国人的骨髓。一朝权在手，便把令来行！对上阿谀奉承、奴颜婢膝、唯命是从，对下横眉竖目、颐指气使、指鹿为马的领导干部随处可见！这样的干部群众看不起，他们也不可能挑得起急难险重的担子！

陈寅恪先生说：“无自由之思想，则无优美之文学。”领导干部行为做事也是如此，“无自由之思想，则无领导之魅力。”在这个崇尚实现自我、倡导独立自主的新时代，领导干部要想展现出魅力，就得能控制自己的思想，定义自己的人生！

当然，人格独立不是特立独行。每个人都是团队中的一员，领导干部更是团队的聚合者，独立的人格更应展现为大度、宽仁、顽强、勇敢、坚定等优秀品质。

四、“到”字提示领导干部要能“坚持说到做到”

常言道：“君子一言既出，驷马难追。”“言必信，行必果。”这是做人的准则，也是处理好人际关系、树立起自己威信的有效办法。诚信始终是领导干部立身之本。

1983 年，数学家陈景润给组织上写报告，提了“解决夫妻长期分开问题、改善住房、配一位秘书”三个要求。邓小平同志读后当即作出批示：一周之内解决。邓小平同志说到做到，仅仅一周的时间，三个问题全部解决。陈景润事后直言：我累死也心甘情愿！

群众对于领导干部不但“听其言”，还会“观其行”。领导干部说出的每一句话，做出的每一个承诺，都意味着责任和群众的期待。说到做不到，就是“忽悠”！“忽悠”时间长了、次数多了，群众就会寒心、失望！长此以往，其言谁还在意，其行谁还配合？

老子在两千多年前就断言：“夫轻诺必寡信，多易必多难。”领导干部应当比一般人成熟稳重，更要惜言如金，说了就要全力以赴做到，尽可能不让自己失信于人！

领导力是领导者思想与行为的组合，既要在站得高看得远中有体现，也要在做实事解难题中见作为；既要靠性格魅力感染人，也要在守信笃行中凝心聚力。当好领导干部，在“**科学预见未来、解决棘手问题、具备独立人格、坚持说到做到**”上下足功夫理所当然！

29 党委书记要做好“洗、碗、工”

对餐厅而言，卫生是关键指标，尤其是餐具。一个单位就如一家餐厅，党委书记作为单位发展的领头人，要先抓好“卫生”工作，当好“洗碗工”，把人的思想、单位的风气搞得洁净清爽。细品“洗、碗、工”这三个字，蕴含道理深刻，恰是党委书记的工作之道。

一、在“洗”字上做文章

1. 清洗自己的心灵。“上梁不正下梁歪”，党委书记作为带队伍之人，一言一行都是员工效仿的对象，自身思想与行为的正确正面极为重要，既决定着单位发展，又影响着队伍风气。党委书记要正人就得先正己，持续强化自己的思想理论的武装，自觉与党章党规党纪对标，检视自己的理想信念和思想言行，不断掸去思想上的灰尘，永葆政治本色。

2. 清洗员工的大脑。思想政治工作是中国共产党的优良传统和制胜法宝。毛泽东同志就曾指出："掌握思想领导是掌握一切领导的第一位。"党委书记必须始终把思想政治工作放在重要位置，持之以恒地加强队伍的思想政治教育，用正确的理念去统一队伍的思想，增强大家对未来的自信、对规章制度的敬畏、对履职尽责的自觉、对方针政策的理解。

3. 清洗队伍的手脚。干净做人做事是单位与个人行稳致远的"护身符"。管理队伍必须始终坚持"严"字打头，坚决按照法律法规和规章制度办事。不该办的事情坚决不能办，不该拿的东西坚决不能拿，不该去的地方坚决不能去。对违规吃喝、贪污受贿、钻营投机、恶意欺骗等违法乱纪行为要发现一起查处一起，坚决把风清气正的工作生态建设好。

二、在"碗"字上做文章

1. 旗帜鲜明要端什么饭碗。不是哪碗饭都可以吃。你让文人舞大刀、武人弄笔墨，怎么出彩？在专业化分工越来越细的当下，选择单位发展赛道极其重要。党委书记作为单位发展掌舵之人，道路选择不对会让大家努力白费，必须要对自身的资源与能力的禀赋、市场处境有清晰的认识，明确给出单位主业主职是什么，带领大家干自己最擅长、最有优势的业务。

2. 想方设法端牢自己饭碗。当下的市场，充分竞争，没有旱涝保收的"铁饭碗"。你手中的碗，没准一不留神就会被别人抢走。没有吃饭的家伙，没有稳定健康的收益，企业怎么发展？员工的收入得不到保证，你的队伍又怎么能稳定？在找到更好饭碗之前，首先要保住手中的饭碗。这是党委书记掌控大局、推动发展的基本盘，必须抓实抓出成效。

3. 处处留心找寻更好饭碗。发展是存在机遇的，抓住了就可能鲤鱼跃龙门，打开一片新天地；错过了，过了这个村再也没有这个店了，一步跟不上步步跟不上！寻觅新的赛道、捕捉新的发展机遇，是党委书记义不容辞的责任。

所以，党委书记一定要耳聪目明，成为方方面面的消息通、政策通、人脉通，能够发现更利于发展的新赛道、新模式、新动能！

三、在“工”字上做文章

1. 做好工作分工。管理的首要任务就是工作分工。专业的人干专业的事最有效率！科学的组织架构总是因时因事而变。打造高水平、高质量、高效率的分工与协作体系始终是党委书记加强单位组织人事工作的重要内容。要做好工作分工，党委书记就得知人晓事，把单位的人与事弄得清清楚楚，成为单位情况的“活字典”，还得拥有雄厚的组织人事管理专业知识。

2. 抓好岗位员工。人才始终是推动发展的第一资源，是创新创造的源头活水！党委书记必须要有强烈的人才意识，严格落实好“党管人才”的原则，当好人才的“伯乐”与“管家”，用心了解每个岗位员工的特长与表现，及时做好谈心谈话、培训赋能、岗位调整，并持续完善员工成长成才的激励约束机制，畅通人才成长通道，竭力让各方面人才能够各得其所、各展其长。

3. 当好行政帮工。单位就如一个家，党政分工不分家。党建工作必须“围绕中心，服务大局”，以生产经营的成效检验党建工作的质量，将党建工作和业务工作一起谋划、部署、落实、检查，切实把党建工作融入生产安全经营全过程，持续将党建工作的宣传、文化、组织等优势转化为单位的发展优势，真正为生产经营排忧解难，为高质量发展凝心聚力。

“洗碗工”很辛苦！“党委书记”干好不容易！党委书记要履职尽责高质量抓好党建工作，就得不断思考自身的岗位使命。从思想层面对岗位职责认识越深入越有利于工作的开展！

二

做人篇

1 人到中年，当“胸、有、成、竹”

四十不惑，五十知天命。人到中年，基本看清了社会、看清了别人，也看清了自己。余生珍贵，当“胸有成竹”活出自我、活得通透、活出精彩。能否“胸有成竹”关键看我们能不能“展现昂首挺胸的自信、享受有滋有味的生活、精进成人达己的功德、拥有竹清松瘦的体态”，让自己更独立、更快乐、更利他、更健康。

一、展现昂首挺胸的自信

相信自己行，是一种信念，是一个人最美的气质。人到中年，大部分人有了自己的事业与家庭、一定的地位与财富、相应资历与阅历，心智更加成熟，精力旺盛而不露锋芒。今后，有更充足的条件做自己，让自己的人格独立、精神自由、能力拔萃！

1. 人格独立。人格独立就是自己定义自己的幸福，过自己想过的生活。过去，我们没有资本、没有条件，青涩懵懂，有时迷信权威、鹦鹉学舌、依靠大树，这很正常。但现在不一样了，你是真正的成年人了，你就是你，你要有人之为人的尊严，你得活出自身生命的价值。你应该“宠而不惊，弃而不伤。丈夫立世，独对八荒。天生我才，才当发光。不附不屈，慨当以慷”。如果你还人云亦云、趋炎附势、唯命是从，缺少独立判断能力、行事能力，不自主不自信，不仅别人看不起你，你也会看不起自己！

2. 精神自由。人生真正的行走，不是脚步丈量的长度，而是心灵扩展的宽度；你能认知你的认知，你的思想控制你的思想。孔子这样评价他的学生颜回，“一箪食，一瓢饮，在陋巷，人不堪其忧，回也不改其乐”。物理学家霍金说，“虽然我行动不便，说话需要机器的帮助；但是，我的思想是自由的”。他利用仅能动的三根手指和电脑，书写了《时间简史》，向世人证明了身体的苦难不能决定思想的自由。精神明亮的人，内心永远不会荒芜。人到中年，更应坚守本心，不为外界左右，不被情绪控制，从心而活，活出认知高度。

3. 能力拔萃。晚清名臣曾国藩曾说过一句话："少年经不得顺境，中年经不得闲境，晚年经不得逆境。"人到中年，经历了风风雨雨，尝遍了酸甜苦辣，此时心理成熟度无疑处于人生的高光时刻，事业也处在最易出成绩的丰产期。有能力展示自信，也应该自信地展示自己的能力。此时此刻，能力不进则退，面对家人与同事的信赖与期盼，我们应百尺竿头更进一步，跳起来多摘些桃子，多踢一些临门一脚的球，才能对得起自己的才华、积累、曾经的付出。但凡你不"躺平"，无论身处何等境遇都能干出一番成绩。

二、享受有滋有味的生活

人活一辈子，别看包里钱多少，要看心情好不好！在这个充满竞争的时代，人们的生活节奏越来越快，工作压力越来越大，很多人都感到生活变得越来越苟且。然而，生活除了苟且，还有诗和远方。尤其人到中年，更要珍惜余生，让自己的生活过得有滋有味。

1. 回归家庭。家，简单一个字，却包含了万千温暖，承载着最亲的情与爱。人生前半场为了生活拼尽全力，人生后半场，夫妻恩爱互助，父母健康，儿女承欢膝下，才是最大的幸福。年轻时没有时间孝敬长辈、没有空闲呵护孩子、没有余暇关爱家人，我们有很多理由。当下，我们终于发现孩子大了、父母老了，再不尽责尽孝，后悔都来不及。工作上，应该学会授权与放手，多给自己一些在家的时间，多陪陪孩子，"子不教，父之过"；多陪陪老人，不要留"子欲养而亲不待"的遗憾；多陪陪爱人，说说知心话，给爱情加加温。

2. 游历自然。"登东山而小鲁，登泰山而小天下。"大自然鬼斧神工，造化无穷，在大自然面前，你会感受到人类之渺小、自己之微不足道！你有再大的烦恼忧愁，也会淡然。外面的世界那么大，不去多走走看看，怎么对得起自己？人到中年，更要走出日常，走出琐碎，回归大自然的怀抱，与大自然融为一体，闻闻阳光明媚的味道、呼吸呼吸清新湿润的空气、跟上随风起舞的韵律，听听风声、雨声、泉水叮咚声，看看花、鸟、虫、鱼众生万物。大自然包容一切，当然可以接纳你的一切，读懂了她，你就会明白一切都是自然而然。

3. 专注爱好。热衷于徒手攀岩的美国冒险家亚历克斯·霍诺尔德说，对一件事物的热情和专注，能够战胜对死亡的恐惧！专注能让我们在迈向成功的路上，一心只盯着前方的目标，而不被其他风景所干扰，不会为其他事情分心。我们都说兴趣是最好的老师，当你爱上一件事，持之以恒地投入，它就会成为你的特长，可以调节你的心情，让你在忘却烦恼中生出成就感！业余，我们可以练练字画、养养花、跳跳舞，等等，只要你爱上一两样，皆能修身养性、陶冶情操、活得温馨！

三、精进成人达己的功德

《道德经》有云："天地所以能长且久者，以其不自生，故能长生。是以圣人后其身而身先，外其身而身存。非以其无私邪！故能成其私。"种什么因，结什么果。我们成就别人就是在帮助自己！而且往往施比受更有福。人到中年，更要明白利他的意义。

1. 知恩图报。俗话说得好："滴水之恩，当涌泉相报。"知恩图报，是做人的良知，也是中华民族的传统美德。成长的道路上，每个人都会有身处困境时、失意落魄时、遇事有难时、成长关键时，有人拉一把、推一把、指点一二，你会省去很多麻烦与挫折，他们都是你生命中的贵人。不懂感恩的人，就像"东郭的狼"，就像"农夫的蛇"，你可以占一次便宜，却失去一生的信任。当你下一次遇事的时候，还有谁肯出手帮你？当大家都对你冷漠，鄙视你，远离你，抛弃你，一个孤家寡人，在这世上如何生存？风物长宜放眼量！

2. 乐善好施。萧伯纳说："善良与品德兼备，犹如宝石之于金属，两者互为衬托，益增光彩。"关心、爱护和帮助他人并不是一个单方面的付出或牺牲的过程，每一个人都有可能从关心和帮助他人的过程中感受到一种至高至纯的精神境界，体会到发自内心的快乐，让自己的生命更加充盈、身心更加健康。尤为重要的是，帮助他人还能"感染"别人，传递正能量，改善社会风气。正如流行歌曲中唱的"只要人人都献出一份爱，世界将变成美好的人间"。身处互亲互爱、互帮互助的社会，每个人都在积累福报，享受福报。

3. 正己化人。古人云：舍己而教人者逆，正己而化人者顺；逆者乱之招，顺者治之要。意思是，没有自我教育而去教育别人是行不通的，只有端正自己再去感化别人才顺乎常理；违背常理是招致祸乱的原因，顺乎常理是治理国家的关键。人到中年，我们处处为人师表。其身正，不令而行；其身不正，虽令不从。我们的德行就是我们的威望。正人先正己，要求别人做的，自己必须先做；不让别人做的，自己首先不做。唯有如此，我们才能培养出人格魅力，并对社会进步产生积极的推动作用。

四、拥有竹清松瘦的体态

美国作家柯蒂斯说“幸福的首要条件在于健康”，而不是看你拥有多少金钱和名利。只有拥有健康的身体，你才能拥有想要的幸福。人到中年，身体机能开始走下坡路，因此更要照顾好自己，努力拥有竹清松瘦的体态。

1. 清心寡欲。“欲壑难填，无欲则刚。”人到中年，应该懂得，命里有时终须有，命里无时莫强求。以前，为了生活，我们总是在追名逐利，想要提高自己的社会地位，想要让自己变得很富有，到了中年这一阶段，才发现人这一生，最虚幻的就是金钱，曾经一起的兄弟姐妹，有的已经离开了这个世界。此时才明白，身体健康才是一个人值得炫耀的资本，心态平和才是一个人幸福快乐的源泉，活出自我价值才是最好的生活态度，除了生死都是小事。看明白了，今后就别再不着边际地想这想那，停止追名逐利，放下委屈烦恼，知足常乐。

2. 保持运动。运动是最好的抗衰老药。人到中年，身体机能下降很正常，关键要懂得保养。长期缺乏锻炼的中年人容易出现各种亚健康疾病，常常面临着患高血压、糖尿病、心脏病等慢性疾病的风险。而坚持运动锻炼既可以提升新陈代谢能力，增强心肺功能，增加肌肉质量和力量，提高骨密度，减少中年发胖及各种年龄病的困扰，让你保持一副好身材；还可以给我们独处的时间，毫无顾忌地畅享人生，尽情释放身体中的压力，帮助中年人减少焦虑和抑郁等心理问题。人到中年，坚持运动是一种自律，越自律越自由。

3. 控制饮食。俗话说："病从口入。"人的很多疾病都是从"吃"而来的。人到中年，再也不能胡吃海喝、大吃大喝、傻吃傻喝、瞎吃瞎喝。能不参加的应酬就不要去了，安安心心把吃饭问题解决好。要讲究营养均衡，合理搭配，一日三餐做到饮食多样化，以满足身体对多种营养的需求；要讲究规律饮食，三餐定时定量，避免过饥过饱，定时定量进食有益于胃肠的消化和吸收，对人体健康大有好处；要讲究清淡饮食，戒除辛辣刺激油腻的食物，并做到少糖、少油、少盐，避免过量摄入高糖、高脂的食物。

总之，人到中年，也是人生的分水岭。要享有高质量的生命，就应当把握住"胸、有、成、竹"四个字，让自己展现出自信、充实、成熟和健康的状态，为自己的美好生活加油。

2 做人就得能"特、立、独、行"

我们从小就开始学习各种知识，目的是啥？还不就是"独立之精神，自由之思想"吗？何谓"独立之精神，自由之思想"？就是指一个人立身处世要有自己的观点、立场、特长、行为，活出人之为人该有的样子！在讲究民主自由、处处充满机遇、追求实现自我的新时代，"特立独行"地活出与众不同的自己才是人生最大的成功。那怎么才能做到"特立独行"呢？密码就在"特、立、独、行"！

一、抓住"特"字，在"打造特长"上下功夫

爱因斯坦说："每个人都是天才，但如果你用爬树能力来断定一条鱼有多少才干，它整个人生都会相信自己愚蠢不堪。"每个人都有自己的天赋，总有一件事，他天生比别人做得好，只是大多数人没有发现自己的天赋。我们要做的就是去努力发现自己的天赋、唤醒自己的天赋、发挥自己的天赋，使之成为自己的独特优势。当然，这需要投入大量的时间与精力，不断地去尝试一些新的东西，慢慢地就会发现一些适合自己的东西。找到最适合自己的事情，垂直

聚焦、持之以恒地钻研下去，终将宝剑锋从磨砺出，功成业就了无憾！

二、抓住“立”字，在“立下大志”上下功夫

伟大的成就往往起源于伟大的目标和梦想。王守仁在《教条示龙场诸生》中说：立志而圣则圣矣，立志而贤则贤矣。志不立，如无舵之舟，无衔之马，漂荡奔逸，终亦何所底乎？做人没有志向不行！但我们也知道“取乎其上，得乎其中；取乎其中，得乎其下”，立志还得立大志，得向北宋大儒张载学“为天地立心，为生民立命，为往圣继绝学，为万世开太平”、向一代伟人周恩来学“为中华之崛起而读书”！我们只有把自己的小我融入祖国的大我、人民的大我之中，与时代同步伐、与人民共命运，才能升华人生境界，更好实现人生价值。

三、抓住“独”字，在“享受孤独”上下功夫

“狂欢是一群人的寂寞，孤独是一个人的狂欢。”许多人把时间浪费在低质量的无效社交上，说到底还是要在群体中寻找安全感，而没想清楚自己真正该追寻的东西。真正有所成就的都是那些孤独的人，他们目标明确，把大部分时间用在学习上、思考上、专业精进上、成果创造上，没时间闲聊；他们大都曾经历过无助的痛苦，孤独恰是在明白“穷在闹市无人问，富在深山有远亲”之后的清醒。人生本就是独自赶路的旅程，越往前走，身边的人就越来越少，最终只剩下自己。与其装模作样凑热闹，不如多多享受属于自己的平静。

四、抓住“行”字，在“坚行正道”上下功夫

凡事有因有果，善有善报，恶有恶报，不是不报，时候未到。做人唯有行正道才能行稳致远！现在社会物欲横流，诱惑很多，稍不留神就会被糖衣炮弹击中击垮，就会一失足成千古恨。看看党的十八大以来，那么多被拿下的老虎、狐狸、苍蝇，个个都是活生生的教材。一些人也曾勤奋努力，为党为民做了不少实事好事，在百姓中享有崇高威望。但后来，腐化堕落了，走上了歪门

邪路。所以，我们无论遇到什么人与事，都要遵纪守法，堂堂正正做人，干干净净做事；都要心存善念，择善而行，坚守道德底线，做到问心无愧。

法国著名作家加缪说：“一切特立独行的人格都意味着强大。”让我们认认真真地去“打造特长，立下大志，享受孤独，坚行正道”吧，我们一定可以成为大写的特立独行的人，创造出我们独有的精彩！

3 妙、趣、横、生——人生之追求

人生难得，人生不易，体验感最为珍贵。酸甜苦辣咸，个中滋味完全不同，不尝尝怎么知道人生还有“百味”？事非经过不知难，成如容易却艰辛，没有丰富的阅历谈何成长、成熟、成功？人生易老，年华难驻，不拘格律，想方设法让自己过得“妙趣横生”，才算不枉此生！“妙趣横生”应该成为我们人生之追求。如何才能让人生“妙趣横生”？“妙、趣、横、生”四个字本身就告诉了我们答案：“时有奇思妙想、常显风趣幽默、偶尔横眉竖目、天天生龙活虎”！

一、时有奇思妙想

狄德罗说：“想象，这是一种特质。没有它，一个人既不能成为诗人，也不能成为哲学家、有思想的人、有理性的生物、一个真正的人。”爱因斯坦说：“想象力比知识更重要，因为知识是有限的，而想象力概括着世界上的一切，推动着社会进步，并且是知识进化的源泉。”黑格尔说，“想象是艺术创造中最杰出的艺术本领”。

我思故我在！预见未来才能遇见未来！人与人的差别关键在于思想。我们不必指望像牛顿一样，看到苹果掉下来，就能发现万有引力；也不必指望像吴承恩一样，听到水神的传说，就能创作出长篇神魔巨著。但我们可以通过思考与想象，产生一些新想法、新主张、新行动，证明我有特殊的价值，可以改善我的处境，装扮我的生活。

苏东坡为什么让国人为之倾倒？就是因为他太有想象力了。奇思妙想输注于笔端成为《念奴娇·赤壁怀古》《水调歌头》《定风波》等名篇佳句、《寒食帖》《木石图》等名字名画，输注于实践成就了西湖“苏堤春晓”等景观，输注于生活创造了“东坡肉”“东坡肘子”“东坡鱼”“东坡豆腐”等地方名菜。他的一生尽管坎坷，但却妙趣横生！

同样的环境，可有不一样的心境；同样的问题，可有不一样的答案。人之为人，关键在于拥有一颗善于思考的脑袋。要想生活有滋有味、工作精彩纷呈，我们就得把“脑袋”用起来，充分思与想，智慧的火花总会在思考中闪现，瞬息的灵感可能成就你一生的光辉！时有奇思妙想始终是决定一个人的人生能否“妙趣横生”的关键。

二、常显风趣幽默

高尔基说：“快乐，是人生中最伟大的事！”格拉索说：“笑是一种没有副作用的镇静剂。”果戈理说：“快乐，使性命得以延续。快乐，是精神和肉体的朝气，是期望和信念，是对自我的此刻和未来的信心，是一切都该如此进行的信心。”人生不如意十有八九。快乐是一天，不快乐也是一天，干吗要让自己不快乐呢？

情绪好坏不仅影响自己，还会感染他人。用快乐传递生活，你将得到快乐；用悲伤传递生活，你将得到悲伤。随着年龄与阅历的增长，我们要学会控制情绪。拿破仑曾说过，“能控制好自己情绪的人，比能拿下一座城池的将军更伟大”。与人相处，大家彼此开心快乐，其乐融融多好？切莫让自己冷若冰霜，丢了风趣幽默！

从影视作品以及相关回忆录中，可以发现，凡是和毛泽东主席有过接触交往的人，没有人不被他幽默风趣的言行所感染的。只要是毛主席出现的地方，常常充满欢声笑语，即便你是一个平日不苟言笑的人，也会被毛主席这种幽默风趣的言行所感染，进而心情无比轻松舒适，哈哈大笑。这也是毛主席深受人民爱戴的重要原因之一。

风趣幽默是一种极佳的个人素质，是一种人类互通的“语言”。风趣幽默的人总是能够在不经意间活跃气氛，让人忍俊不禁，没有人会拒绝跟一个幽默风趣的人打交道。一个风趣幽默的人，也总能自己找乐子，即便遇到再大的困难，也不会消极颓唐、满腹牢骚，这也有益健康，使人长寿。可以说，风趣幽默就是人生“妙趣横生”的底色！

三、偶尔横眉竖目

司汤达说：“做一个杰出的人，光有一个合乎逻辑的头脑是不够的，还要有一种强烈的气质。”易卜生说：“玫瑰正因为有刺，才在阳光下尽情地开放。”弗洛姆说：“人们生而平等，但又生来个性各有千秋。”人之可爱，在于不千篇一律。谁还没有点脾气、没有点性格？越是有主见的人越是个性鲜明，偶尔横眉竖目恰是可爱之处。

我们是人，是人就有七情六欲，就有开心与不开心、赞同与不赞同、愿意与不愿意。兔子急了还咬人呢！而那些任人宰割，任人支配，别人说什么，他就听什么，别人说是，他也跟着说是，别人要他做什么，他就做什么，别人说好，他也跟着说好，总是唯唯诺诺，一点自己的想法都没有的人，还有生而为人的“趣”味吗？

电视剧《亮剑》为什么能火爆荧屏、经久不衰？不仅因为剧情跌宕起伏，更因为主人公李云龙敢爱敢恨、敢做敢当、个性鲜明。李云龙直来直去，有情绪时，公开表达愤怒；有不满之处，甚至直接开骂。鲁迅先生说：“有缺点的战士终是战士，完美的苍蝇不过是苍蝇。”虽然李云龙有缺点，但他是人人敬重的英雄。

今天，我们可以大讲特讲团结，但也要始终提倡斗争精神！面对各种不良现象与丑陋行为，我们要敢于站出来，怒目圆睁、据理力争、当头棒喝！老虎如果整天不发威，别人就会拿它当病猫。当然，横眉竖目要讲究时机、场合、分寸，过犹不及。偶尔横眉竖目能够点缀“妙趣横生”，常常如此大家就会对你敬而远之。

四、天天生龙活虎

华佗说，“动也，形气亦动；不动，精滞气郁”。毛泽东说，“人是要有一点精神的”。杨绛先生说：粗茶淡饭不要紧，朋友散场没关系，兵荒马乱无所谓，只要你拥有热气腾腾的灵魂，日子就不会差。人无精神不立，国无精神不强。一个人有了振奋、饱满的“精气神”，就会有“战天斗地不怕难”的壮志、“敢教日月换新天”的豪情。

人，无论遇到什么困难，精神都不能垮掉，一旦失去了精神的支撑，就如大厦失去了脊梁，必定脑袋浑浑噩噩，做事松松垮垮，不得要领。反之，精神头十足，办事就会风风火火，浑身有用不完的劲头，就会不达目标决不罢休。生龙活虎既是状态也是心态，既是给自己添彩又是给别人打气。

新中国成立后，与旧社会相比，最大的变化就是人们的精气神不同了。大家为了创造美好生活，有条件要上，没条件创造条件也要上。改革开放后，国家能够取得巨大变化与建设成就，更是在于激发了全民的活力与动力，创造了“中国速度”，让全世界刮目相看！试看身边的成功人士，有谁不是铆足了干劲的？

人活一口气，人靠气血的运行而活着，人如果没有了气，生命也就从此结束。“生龙活虎”就是一个人气血充盈的表现。意气风发、扬眉吐气，是一种状态；垂头丧气、满脸晦气，也是一种状态。人生要活得“妙趣横生”，不奋斗怎么行？没有良好的精神状态怎么行？活着就得像打了鸡血，生龙活虎，光彩照人！

人生是自己过出来的！能否“妙趣横生”，我们真的要好好思考能否“时有奇思妙想、常显风趣幽默、偶尔横眉竖目、天天生龙活虎”！

4 做人当“与、众、不、同”

每个人都是独一无二的，再平凡也是限量版！活就要活出个性、活出自我、活出与众不同！当然，我们都是社会人，所追求的与众不同，一定不是掉队落后、违背良知、故弄玄虚，而应该是别开生面、不同凡响、大放异彩！要做到如此，我们就得在“与时俱进、博采众长、锲而不舍、求同存异”上下功夫！

一、与时俱进

“世界潮流浩浩荡荡，顺之则昌，逆之则亡。”社会发展日新月异，新事物层出不穷，如果我们不能及时更新自己的知识和技能，就很难在众人中脱颖而出。我们应该时刻关注社会的发展动态，积极参与各种培训和学习，不断扩展自己的知识面、提升自己的能力，以跟上时代发展的潮流。

二、博采众长

“所贵乎君子者以能兼容并蓄，使才智者有以自见，而愚不肖者有以自全。”没有几个人是全能王，仅从单方面知识与能力来说，也是山外有山、天外有天。要让自己快速成长，借鉴他人成功经验、学习他人的优点无疑是进步最快捷的方法。我们应该保持开放的学习心态，博采众长。

三、锲而不舍

《荀子・劝学》中说：“锲而舍之，朽木不折；锲而不舍，金石可镂。”一位哲学家也曾经说过：“能登上金字塔的生物只有两种：一种是鹰，另一种是蜗牛。”光辉的目标，伟大的胜利，都是从自己的脚下升起的。一个人在事业上没有“锲而不舍”的精神，怎么会有“金石可镂”的结果呢？

四、求同存异

这个世界正是因为差异而丰富多彩。万物并育而不相害，道并行而不相悖。各美其美，美人之美，美美与共，天下大同。我们要从差异化发展的角度，拉长自己的长板，打造自己的专长，发挥自身的独特优势。同时也要懂得包容、欣赏别人的美，注重与他人的和谐共处，实现共同进步。

总之，做人要想“与、众、不、同”，就需要我们与时俱进，博采众长，锲而不舍，求同存异。只有在这样的思路下，我们才能够真正实现与众不同的目标，展现自己的独特魅力，为社会做出积极的贡献。让我们在平凡的日常生活中，不断完善自己，创造与众不同的精彩人生！

5 做人就得“心、知、肚、明”

做人难、难做人，对人对事，心知肚明既是一种修养，更是一种智慧。“心知肚明”四个字拆解开来，又恰好给出了我们高品质做人的一条路径，那就是“心地要善、认知要广、肚量要大、眼睛要明”。“心、知、肚、明”四个字值得我们去细细品味、认真践行。

一、心地要善

拥有一颗善良纯净的心是做人的基础。孟子言：“君子莫大乎与人为善。”古人习字读书第一课就是“人之初，性本善”。《周易》中讲：“积善之家，必有余庆；积不善之家，必有余殃。”曾子言：“人而好善，福虽未至，祸其远矣。”罗兰说：“灵魂最美的音乐是善良。”心地善良，是一种美好品德，是一种优良传统，更是一种人生境界。只要你心地善良，你就会心怀坦荡、问心无愧，做人自然轻松；只要你心地善良，你就会懂得理解，懂得宽容，朋友自来；只要你心地善良，你就会己所不欲，勿施于人，更自律、更自由！

二、认知要广

腹有诗书气自华！一个饱读诗书、学识渊博的人，不需要刻意打扮，也会由内而外显现出高雅不凡的气质。当今世界万物互联，科技日新月异，信息爆炸，知识加速更新迭代，我们要立足于这个社会，没有知识寸步难行。小米创始人雷军说：“只有认知的突破，才能带来真正的成长。”网络红人张琦说：“认知惯性被打破之后，才能更多地涌入新的观点、新的方向，才能让你创业道路上、人生道路上少走弯路。”怎么突破认知？最笨也是最可靠的方法就是学习与实践，勤奋学习应该成为我们一生的必修课。

三、肚量要大

俗话说："将军额上能跑马，宰相肚里能撑船""海纳百川，有容乃大"。这个世界本就多姿多彩，人们因为成长的环境、学识、悟性等存在差别，看问题的角度不同、性格不同、语气不同，等等，很正常；因为资源有限、信息不对称，造成竞争、嫉妒、构陷，等等，也很正常。人生不如意事十常八九，要气要恼要悔的事不会少，可以欣赏喜悦的事也很多，关键看你从哪个角度看。拥有一副好肚量，换个角度看世界，我们就可以包容生活中的喜怒哀乐，化解人世间的恩恩怨怨，明辨周围的是是非非，以一颗平常心活得通透自在。

四、眼睛要明

"世事洞明皆学问，人情练达即文章。"行走世间，知人者智，自知者明，知人晓事方为明白人。任何事物都是矛盾的统一体，都包含着对立的两个方面：好与坏，长与短，高与低，大与小，上与下，远与近，利与弊，得与失，等等。我们只有看清楚真相、明白其来龙去脉，才可以根据自己的价值观做出明确的判断、权衡利弊之后作出明智之举。这也就要求我们，时刻要擦亮双眼，察言观色，能够透过现象看本质，拨开迷雾，分辨清楚事物的本来面目，看穿那些台前幕后、花言巧语、虚情假意、装腔作势，始终做一个明白人。

"心、知、肚、明"这四个品质，它们互相依存、相辅相成，共同构筑了一个完整的做人之道。通过拥有一颗善良纯净的心，拥有广博的知识和丰富的阅历，拥有宽广的胸怀和宽容的态度，拥有明亮的眼睛和睿智的智慧，我们可以成为一个真正有价值和影响力的人。让我们用心践行，不断完善和升华自己的人品！

6 做人当"收、放、自、如"

人生最理想的状态就是无论何时何地，都能很好地与周围的环境相契合，收放自如。"收放自如"是做人的追求，其每个字也都在提示我们如何经营好人生，做到“收放自如”！

首先，我们应该懂得“收”，即懂得接收并珍惜生活中的一切。人无千日好，花无百日红，一切的因缘与际遇，都是命运最好的安排。人生的意义就在于经历与体验，无论是物质财富还是人际关系，我们都应该以感恩的心态去对待、理解和接纳。胜利与成功固然可喜，但也别忘了福祸相依的道理。喜与乐是人生，悲与苦也是。在面对失败和挫折时，我们尤其要以平和的心态去接受，能理解“天将降大任于是人也，必先苦其心志，劳其筋骨，饿其体肤，空乏其身，行拂乱其所为，所以动心忍性，曾益其所不能”。困难也是一份难得且宝贵的成长机遇，我们可以从中吸取经验与教训。只有懂得“收”，我们才能以满足和感恩的心态去生活，不断吸纳正能量，实现自我价值的提升。

其次，我们要懂得“放”，即懂得适时释放自己的压力和负担。井无压力不出油，人无压力轻飘飘。面对日新月异的发展变化，面对层出不穷的新矛盾、新问题、新挑战，面对组织与他人的期盼，现代人为实现自我价值承受较大的压力无可厚非。但“至坚易断，过强易折”！医学理论告诉我们，目前75%的疾病发生都与心理压力有着密不可分的关系。所以，我们要有压力，但不能让压力把自己压垮了。这就要求我们能够化解压力、调节压力，最好是变压力为动力，让自己张弛有度。我们要明白“不是所有的问题都有答案，不是所有的付出都会得到回报”，人各有命，命中没有莫强求，一切尽力就好，该放手的放手，该放下的放下，工作生活不止眼前的苟且，还有诗和远方。

再次，我们要懂得“自”，即懂得坚持自我，不被外界干扰所左右。人生最大的学问就是，如何主宰自己的命运，做自己的主人。我们每个人即使再平凡，也是限量版。做人要有自己的原则、自己的三观、自己的梦想与追求，不要总是顺从、效仿、取悦、依附于别人，对事物要有自己的独立思考和判断，不能人云亦云、口是心非。要知道哪些事情该做，哪些事情不该做。“苔花如米小，也学牡丹开。”生命属于自己，只有一次，我们要做就做最好的自己，让自己的生命足够厚重与珍贵。我们要始终铭记正念、坚守正心、怀抱正义、坚走正道，敢于走自己的路，心无旁骛地去追逐自己的梦想，不要被任何人打乱脚步，不要被任何杂音噪声破坏心情。

最后，我们要懂得“如”，即懂得如履薄冰，小心面对生活的一切。谨慎能捕千秋蝉，小心驶得万年船。《呻吟语》里说：“世间事各有恰好处，慎一分者得一分，忽一分者失一分，全慎全得，全忽全失。”这个世界彼此因果相连，牵一发而动全身。一点失误，就能招致不得了的祸患。诸葛亮一生谨慎，唯有一时疏忽，用了马谡一次，招致街亭之败，间接导致了整个北伐事业的失败。曹操战胜袁绍之后，麾下猛将过千，谋士满百，志得意满，一时不察，赤壁之战大败而还。我们立足于世，应当始终谨言慎行。当下正处在百年未有之大变局，不确定、不稳定因素剧增，“黑天鹅”“灰犀牛”等事件层出不穷，各领域竞争加剧，我们要胆大也要心细，慎终如始，则无败事。

“收、放、自、如”，是修身养性的过程，也是一种生活方式，需要我们不断地提升和调整自己。当我们以积极的心态去实践“收、放、自、如”这种生活方式时，我们就能“收放自如”！

7 做人要“喜、闻、乐、见”

做一个皆大欢喜、博闻强识、乐善好施、见微知著的人，是我们每个人都向往的。在日常生活中，我们可以通过下面四个方面来提升自己，让自己成为一个令人喜爱的人。

一、抓住“喜”字，在“皆大欢喜”上下功夫

人际关系和谐是做令人喜爱之人的首要条件。我们要努力让周围的人感受到我们的喜悦和积极向上的态度。在日常生活中，可以通过微笑、鼓励和关心他人的方式，让身边的人感受到我们的喜悦。同时，我们也要学会尊重他人的喜好和意见，致力于营造一个愉快的交往环境。

二、抓住“闻”字，在“博闻强识”上下功夫

知识是人生道路上最宝贵的财富之一，也是受人尊重的重要条件。我们应

该保持持续的学习态度，不断扩展自己的知识面。可以通过阅读书籍、参加讲座、交流讨论等方式，让自己保持在各个领域的学识。同时，也要保持谦逊的心态，虚心向他人学习，共同进步。

三、抓住“乐”字，在“乐善好施”上下功夫

善良和乐于助人是成为一个令人喜爱的人的重要条件之一。我们要学会关心他人，伸出援手帮助有需要的人。可以通过参与公益活动、做义工，或者在日常生活中帮助周围的人，将我们的善意传递给更多的人，传播正能量。

四、抓住“见”字，在“见微知著”上下功夫

细节决定成败。细心观察和善于发现身边的美好和需要改进的地方，也是成为一个令人喜爱的人的重要条件之一。我们要学会用心感受生活中的点滴，发现其中的美丽和值得改善之处。同时，也要学会理性思考，提出建设性的意见和看法，为改善周围的环境和关系贡献力量。

做人要“喜、闻、乐、见”，这是一个全面提升自己的过程。通过培养喜悦的态度、持续学习、乐于助人和细心观察的品质，我们可以成为一个令人喜爱的人，为周围的人和环境带来正能量，共同创造美好的生活。

8 做人就得“爱、憎、分、明”

孔子曰：“唯仁者能好人，能恶人”。仁就是有自己的思想，有自己的主见，做人做事有原则。符合自己标准的就喜欢；不符合自己标准的就讨厌、拒绝。“爱憎分明”，是一个人具有独立人格的体现，也是人之为人的魅力所在。这四个字展开来，也包含了深刻的哲学智慧，能够引导我们正确地处理情感和行为。

一、“爱”就是要“懂得爱，不愚昧糊涂”

爱是人类最崇高的情感之一。然而，爱除了表面上的好感和喜欢，还涵盖了深刻的理解、关心以及支持他人的能力。懂得爱意味着我们要以真诚的心去理解他人的需求与感受。与家人、朋友和同事相处时，懂得爱可以帮助我们建立更深厚的情感纽带，创造温暖而和谐的人际关系。但不能愚昧糊涂，把“溺爱”“单相思”“滥情”“强人所爱”“口是心非的甜言蜜语”“纵容”等也当成爱，那只会伤人伤己。

二、“憎”就是要“善于憎，不乱了分寸”

这个世界上，有美就有丑，有好就有坏。总会有些人和事让你痛苦不堪、让你嫉妒不已、让你咬牙切齿。然而，你所憎恶的对象真的就那么差劲吗？这其实更多的是一种自身价值观的心理投射。换个角度看问题，也许会是另一番光景。所以，我们不能被一时的爱冲昏头脑，也不能被一时的憎迷失心智。在升起憎恶心的时候，尤其要保持头脑清醒，注意表达的尺度，努力将心比心，以积极的态度去看待看开看淡，如此才能看准看对。

三、“分”就是“用心分，不拖泥带水”

物以类聚，人以群分。和什么样的人在一起，就意味着你是怎样的人。古人云：“近朱者赤，近墨者黑。”接近好人使人变好，接近坏人使人变坏，客观环境对一个人的影响甚大。萝卜白菜各有所爱，蜂总和蜜在一起，苍蝇总和屎来往。我们就得和靠谱的人在一起，才能活得踏实安心；只有和积极向上的人在一起，才能彼此激励前行；只有和知心的人在一起，才能活得舒心惬意。如果志不同道不合，必须当分则分，绝不能将就凑合。

四、“明”就是“立场明，不含含糊糊”

雷锋在日记中写道：对待同志应该像春天般温暖，对待敌人要像严冬一样残酷无情。做人做事就应该有鲜明立场。没有明确立场的人，就是人们说的“骑墙派”“墙头草”，常常会“两边倒”。他们为了私利，见风使舵，稍有风吹草动，就倒向一边，彻底放弃了自信与尊严，让人防不胜防。这样的人，让人瞧不起，为人所不齿。人活一世不容易，应当活出自己，也应当有明确的立场，坚定的信念，光明磊落，坦坦荡荡。做好好先生最后谁都好不了。

9 做人要“知、足、肠、乐”

人生难得，人生不易！走过坎坷，才知平安就好；尝过酸甜，才知平淡就好；历尽兴衰，才知平静就好。费尽思量，不如知足常乐。知足常乐，更须“知、足、肠、乐”！

一、理解“知”字，在“勤学习”上下功夫

古人云：万般皆下品，唯有读书高。世界上最好的事情莫过于读书学习，读书让人明理，学习使人智慧。知足常乐说起来容易做起来难，那是需要大智慧的。而人的智慧主要来自知识与经验的日积月累。在信息时代，知识可谓是日新月异，社会发展突飞猛进，只有勤奋学习才可能跟上时代的步伐，才可能不被外在假象蒙蔽、不为巧言令色所动、不被糖衣炮弹击倒、不被各种难题禁锢，才可能在竞争中实现自己更高品位的人生价值。

二、理解“足”字，在“迈开腿”上下功夫

理想再远大，也需要点滴的努力；口号再响亮，也需要实际的行动。不论你有多么宏伟的规划、多么昂扬的斗志，不去行动，一切终究是空中楼阁。“迈开腿”就是指行动起来，付诸实践。我们追逐自己的梦想和目标，无论是在学习、工作还是运动锻炼中，都要逼迫自己排除困难、克服惰性，“迈开腿”，行动起来，想方设法去执行自己的计划。行动胜于言辞，幸福源自奋斗！这个时

代需要的不是空谈客、清谈者，而是实干家、行动派。

三、理解“肠”字，在“管住嘴”上下功夫

俗话说“病从口入”。这个世界上 95% 的人是病死的，只有 5% 的人是老死的。现在人们的生活水平提高了，吃的东西琳琅满目、花样百出，天上飞的，地上跑的，水中游的，麻的、辣的、烧的、烤的，什么都敢吃。如此吃法，吃出了高血压、脂肪肝等各种毛病。现在人的身体健康状况真的堪忧！当你失去健康，你就会知道没有健康一切为零。享受人生，绝对不能贪一时口福，必须“管住嘴”，注重健康饮食，合理搭配营养，控制食物摄入量。

四、理解“乐”字，在“好心态”上下功夫

心态决定状态。人，如果把事情想得简单一点，把眼光放得长远一点，把欲望降得低一点，把心态摆得平一点，就会减少许多烦恼。人生，最难能可贵的就是具有好心态。心态好，一切都好。人生无常，世事难料。心累的时候，换个角度看世界；烦恼的时候，换个心情想问题。不一样的心态，就可能有不一样的人生。人有器量便有快乐，人有修养便有不凡，人若淡然便能从容，不要自寻烦恼而错过了本该属于自己的美好日子。

10 做人何妨“投、机、取、巧”？

当下是地地道道的功利社会，胜者为王，适者生存。在不违背公序良俗情况下，投机取巧以更高的效率、更快的速度、更少的资源取得更优的结果，这也是一种智慧！所以，“投机取巧”一词应该理性看待，它不全是贬义。如果我们换个角度来品读它，它也包含着做人的大智慧，体现着对真理与良知的笃定与坚持，体现着对原则性与灵活性的平衡与兼顾，体现着对方式与方法的优选与优化。

一、“投”字提示我们要能够“投桃报李”

古语有云：“投我以桃，报之以李。”意思是，对于别人的恩惠我们不能无动于衷，而要以另一种方式来报答他人。人心都是肉长的，当你知恩图报的时候，别人会更加愿意帮助你。长此以往，助力你的资源会越来越多。

《人民日报》曾经刊登过一个故事：一百多年前，英国的一位老农救了一名落水儿童。后来得知这是一个贵族的孩子。第二天，老贵族带上丰厚的礼品登门表示感谢。老农婉拒了。老贵族越发敬佩老农，后来资助其孩子到伦敦最好的学校上学。老农的孩子后来以优异的成绩从医学院毕业，并因为发现青霉素获得了 1945 年诺贝尔医学奖。被救的落水儿童在二战期间得了严重的肺炎，又被青霉素治好了。他就是丘吉尔！

你看看，因果相随，善因结出善果，冥冥之中自有回报。所以，做人不能整天只想着占别人的好处，而应以利他为原则，在成人中达己。对于需要帮助的人，能帮一把就帮一把。得到别人的帮助，也别忘了回报！

二、“机”字提示我们要能够“随机应变”

“明者因时而变，知者随事而制。”这个社会发展变化太快了，没有一成不变的问题，也没有一成不变的答案。许多事情来得很突然，需要你具体情况具体对待，见招拆招。如果你因循守旧，钻牛角尖，就会让自己陷入非常被动的局面。

诺基亚手机曾经多么辉煌！从 1996 年开始，连续 15 年占据手机市场份额第一的位置。但在移动互联网时代到来的时候，它没有顺势而变，最终悲惨出局。柯达胶卷曾占据全球 2/3 的市场份额，但在数码时代，它掉队了，逐渐销声匿迹！此类案例不胜枚举！做人也一样，人生充满变数，你面对的人与事，做事的条件与环境，都处在剧烈的变化之中。我们要能随时根据形势的变化调整自己的应对之策。

当然，随机应变中一定有不变也不能变的东西，如立身处世的基本原则。现在有些人为了眼前的一点利益，丧失原则，丢了良知，当面一套背后一套，这是随机应变吗？恰恰相反，这是愚蠢与短视。路遥知马力，日久见人心。有些东西变了，人也就变质变坏了！

三、“取”字提示我们要能够“去粗取精”

世事纷纭，雾遮云蔚。在这个物质极度富有、信息严重过载的时代，我们能够接纳的、对我们具有积极意义的东西其实非常有限。因此，一个人的信息过滤与选择能力就显得越发重要，它既体现了一个人工作生活的态度，也决定了一个人工作生活的品质与未来。

毛泽东在《实践论》里讲，“要完全地反映整个的事物，反映事物的本质，反映事物的内部规律性，就必须经过思考作用，将丰富的感觉材料加以去粗取精、去伪存真、由此及彼、由表及里的改造制作工夫”。李亚农在《欣然斋史论集·总序》中说，“一切具有健康的生理机能的人，都应努力于吸收营养而排除毒素，一切具有健全的理智的人，也应作去粗取精，去伪存真的努力”。囫囵吞枣吸收外界的一切，我们既没有这个能力也没有这个必要。

大道至简！简单朴实才是生活的本质。认识这个世界，我们既要博文广知、博采众长，更要依托逻辑思维和理性分析，剔除那些无效的、可有可无的，甚至有害的东西，以抓住主要矛盾与矛盾的主要方面，找到有益的且自己真正需要的信息、知识与物质。

四、“巧”字提示我们要能够“藏巧于拙”

《菜根谭》里有一句名言，“藏巧于拙，用晦而明，寓清于浊，以屈为伸。真涉世之一壶，藏身之三窟也”。翻译过来意思是：人再聪明也不宜锋芒毕露，即使非常清楚明白也不宜过于表现，志节很高也不要孤芳自赏，再有能力也不宜过于激进，这才是立身处世的救命法宝。这提示我们，在社会中安身立命要学会明哲保身。

俗话说，枪打出头鸟，一个人做事太过高调，就会成为众矢之的。真正的智慧是“君子藏器于身，待时而动”。大到国家，小到个人，其成长都有一个积累的过程。在这过程中，越是谦虚越会发现“天外有天，山外有山”，越是低调越是能静心蓄能、加速成长。20 世纪 80 年代末到 90 年代初，中国的外交处境极其困难，邓小平同志带领国人“韬光养晦”“不当头”“不打旗，埋头发展”。如今真正发展强大了，自然就有了国际话语权。

当然，“藏巧于拙”只是适者生存的策略。当遇到真正的发展机遇时，我们还是要“该出手时就出手”。“藏巧于拙”不是不争，而是更高层次的争。所以，我们要时刻清醒“藏巧于拙”的目的是更好地充电蓄能，使自己在需要发光前变成“真正的金子”，而不是甘于平庸。

“投桃报李”“随机应变”“去粗取精”“藏巧于拙”这四个词品读下来，我们可以感受到其中的智慧。这四个词其中恰好包含“投、机、取、巧”四个字，非常好记。期待大家铭记这四个字，它既是我们适应现实社会的策略，也是我们修炼人生智慧的策略！

11 “面、目、全、非”做最好的自己

“士别三日，当刮目相待”的典故大家耳熟能详。在飞速发展的当下，一切变化更是日新月异。一个地方，隔上一段时间去看，很可能已是“面目全非”。人也是一样，大家都在奋斗的路上努力奔跑，一夜暴富、一夜成名，丑小鸭变成天鹅、灰姑娘成了公主的故事数不胜数。当然，也有发展得不好的、堕落的。可以说，“面目全非”就是这个时代发展的代名词。作为个人裹挟在时代大潮之中，今后与今日相比，也必然“面目全非”。当然，每个人都希望这个“非”，是成为更好的自己、最好的自己！“面、目、全、非”这四个字值得我们思悟、铭记，其每个字也蕴含着成为最好的自己的方法论。

一、“面”字提示我们要面对现实，接纳现实

理想很丰满，现实很骨感。有的人口含宝玉出生，有的人天生丽质；有的人挥金如土，有的人吃了上顿没下顿；有的人运气特别好，有的人喝凉水也塞

牙。这个世界本就不公平，也从没有跳出弱肉强食的丛林法则。

以前网上有一篇很“煽情”的短文，那就是《我奋斗了十八年，才能和你坐在一起喝咖啡》。它曾经让无数人落泪。因为作者说的就是现实。更有甚者，许多人奋斗一辈子也没资格和某些人坐在一起喝咖啡！

当下，阶层固化比20年前严重得多，处处充满着裙带关系。高层、上层占有着更多资源，利益互换的空间特别大。富人容易更富，官二代更容易被提拔，这些都是不争的事实。既得利益集团为了自身的利益更加肆无忌惮，寒门也因此再难出贵子！

抱怨无济于事，躲避没有可能，“躺平”只能自生自灭。那该怎么办？唯有坦然面对现实、接受现实，大象有大象的活法，蚂蚁有蚂蚁的活法，各有各的烦恼、各有各的精彩，与其羡慕别人，不如靠努力与奋斗来改变一切，活出自己的一片天！

二、“目”字提示我们要找寻目标，锁定目标

目标是一切成就的起点，就像是远方的灯塔，指引着我们前行。英国有一句谚语说得好：“对一艘盲目航行的船来说，任何方向的风都是逆风。”不管现实多么不尽如人意，社会这片汪洋大海却也足够包容，谁也不能完全阻断一个人前行的路。

天生我材必有用！每个人来到这个世界都是独一无二的，也一定有他的擅长之处，关键是我们要找到它，打磨它，提升它，并使之与自己的兴趣爱好、幸福追求相契合。真能做到如此，你的人生就会非常充实而且充满激情。

当然，目标也不是太好找，需要不断根据所处的环境、自身的经验去甄别、调整、设立。找寻目标的过程也是一个人开悟的过程。如有的人曾一心一意想当官，当了官之后发现这不是自己想要的生活，又得再次寻找目标。

最终，你会明白，人生最应该确立的目标是“我要成为什么样的人”！是成为专家学者、高级管理者，还是创业老板？人生太短，尤其在职场打拼一段时间后，基于自己的能力、特长、性格，应当抓紧务实地给自己设定一个目

标，并用余生为之奔走。

三、“全”字提示我们要全神贯注，全速奔跑

我们常说：贪多嚼不烂。一个人的时间和精力是有限的，什么都想要，往往什么都得不到。当我们确立自己追求的目标之后，就要垂直聚焦，像数学家陈省身“只好做数学”，画家黄永玉“只好作画”，童话大王郑渊洁“只好写作”一样，以一辈子只干好一件事的决心去干成目标。

这个世界诱惑很多。这既是社会的进步，却也更加考验一个人的定力。倘若朝秦暮楚，“兴趣广泛”，今天喜欢下棋、明天爱好武术、后天迷上音乐，犹如下山的小猴子进了玉米地，掰一个扔一个，最终只会落得“两手空空”的下场，在“人生苦短”的哀叹声中一事无成。

同时，我们身处“快”时代，发展日新月异。正所谓不进则退，慢进也是退。周围的人，尤其那些比你基础好、比你水平高的都在奔跑，你还磨磨叽叽、一步三摇，怎么能有机会脱颖而出？

真正厉害的人，做起事情来都心无旁骛，专心致志。成功学上有个著名的“一万小时理论”，即经过一万小时有目的的锻炼，任何人都能从平凡变成卓越。目标锁定，路虽远行则将至，事虽难做则必成，关键要不分心、不分神，全速前进！

四、“非”字提示我们要非常刻苦，非常耐心

努力与耐心都是成功的必要条件！光鲜的背后，总是隐藏着一道道伤疤。试看奥运冠军们，谁不是伤痕累累！孟子曾经说过：“天将降大任于是人也，必先苦其心志，劳其筋骨，饿其体肤，空乏其身，行拂乱其所为，所以动心忍性，曾益其所不能。”没有人能够随随便便成功，荣耀的背后是汗水，掌声的背后是坚持，成功的背后是煎熬！

尤其作为普通人，你要穿越阶层，走向事业的顶峰，不吃苦、不长期吃苦，哪来丰厚的积累？晚清名臣曾国藩智商平常，出身一般，祖上几十代人都

是平民，考秀才考了七次。起点如此之低，他是如何取得非凡成就的呢？最重要的一条就是他肯下笨功夫。

“杂交水稻之父”袁隆平将自己一生 80% 的时间都献给了水稻研究。屠呦呦在青蒿素获得新突破之前，已经历了 190 余次失败！泰戈尔说：“你今天受的苦、吃的亏、担的责、忍的痛，到最后都会变成光，照亮你的路。”

五彩缤纷的蝴蝶，要承受破茧的痛苦；闪闪发光的钻石，要经过千百次的打磨；河蚌能孕育出圆润温亮的珍珠，要经历沙砾对肌肉的一次又一次痛楚磨砺。成功都是厚积薄发、苦尽甘来、水到渠成的结果，熬得住出彩，熬不住出局。

时代大潮浩浩荡荡，转眼间一切“面目全非”！我们能不能成为“面目全非”的最好的自己，还在于我们自己的努力。正如罗振宇在“时间的朋友”跨年演讲中所说的：“生活不能改变，我就改变，谁也别想破坏我的好心情。”“世界是个草台班子。但！我！不！是！”让我们都能面对现实，勇敢地追求自己的梦想，实现自己的价值。

12 “明、目、张、胆”做自己

成语“明目张胆”，本意指人睁亮眼睛、放开胆量、敢作敢为。但是，如今许多人被“猪油蒙了心”，喜欢睁眼说瞎话，做事胆小猥琐，当面一套背后一套，忘了做真人，却把做鬼的那一套模仿得惟妙惟肖！这完全与社会文明和进步背道而驰！作为新时代的公民，打小就接受崇真向善尚美的教育，鼓励实现自我价值，我们完全应该敢于“明目张胆”地做真正的自己！“明目张胆”这四个字内涵深刻，整体来讲是我们人之为人应有的风骨，拆开来更蕴含着“光明内心、远大目标、张扬个性、有胆有识”的做人提示。

一、光明内心

佛家讲：“物随心转，境由心造。”人内心光明，则一切光明！我们看到的世界，其实是内心的投射。在心灵纯净的人眼中，整个世界都是纯净的；在心理阴暗的人眼中，全世界都是肮脏的；在自信自强的人眼中，星星之火，可以燎原；在自馁自卑的人眼中，胳膊永远拧不过大腿。可以说，你怀有一颗怎样的心，决定了你将会度过怎样的人生。“我若盛开，蝴蝶自来”，“面朝大海，春暖花开”。只要我们不做亏心事，就不怕半夜鬼敲门，我们所经历的一切都是最好的安排！我们活着就应该成为一盏明灯，从内而外散发光芒，照亮自己也照亮他人，为这个社会注入满满的正能量！

二、远大目标

“取乎其上，得乎其中；取乎其中，得乎其下；取乎其下，则无所得矣。”大目标能产生大压力，大压力能激发大动力，大动力能成就大事业。目标是一个人奋斗的内在动力源，目标的大小和方向直接影响其行动和努力程度，而这种努力和行动又会决定其成功的概率和程度。“为中华之崛起而读书”，读书就不再是一件苦差事；“让天下没有难做的生意”，马云一路披荆斩棘，成就了如今的阿里巴巴。做人应该拉高标杆，放眼未来，多想想人生三不朽“立德、立功、立言”，思考我们能干点什么、干成什么。“心有多大，舞台就有多大”，志在远方，就不会满足于现状，堕落于诱惑的陷阱。

三、张扬个性

因为个性，我们才有了“霜叶红于二月花”的秋天，才有了“千树万树梨花开”的冬天。人也一样，每个人再平凡也是限量版！天生我材必有用，“安能摧眉折腰事权贵，使我不得开心颜”“乍向草中耿介死，不求黄金笼下生”“苔花如米小，也学牡丹开”！人生的意义和价值在于体验，在于活出独有的感悟，人格独立才是真正的独立，精神自由才是真正的自由。尤其在提倡公平竞争的当下，社会繁荣本就应该是百花齐放、百家争鸣、百舸争流。我们更应该提倡大家释放个性、包容个性，为所有人提供一个提升自我、展现自我、实现自我的舞台。作为个人，对的、认准的就要坚持下去。与众不同有何不可？

四、有胆有识

“有胆无识，匹夫之勇；有识无胆，述而无功；有胆有识，大业可成。”纵览历史，横看世界，只有那些有胆有识的人，才能在人类历史长河中留下耀眼的光辉。当下，社会改革发展进入深水区、无人区，许多事情没有先例可循，没有经验可鉴，没有胆量不行。退让、徘徊只会坐失良机。干事创业就得往前闯、朝前冲，敢于“第一个吃螃蟹”！但是光有胆量是不行的，那叫乱闯瞎干，必须要学会动脑子，更多靠智慧加胆量解决问题。智慧从哪儿来？当然源于见识、认识、知识，源于持之以恒的学习与思考。做有为之人，不能缺了胆量，也不能少了学习与思考。

做人难，难做人，做一个成功的人更是难上加难。但只要我们“光明内心、远大目标、张扬个性、有胆有识”，就一定能活出独立而真实、丰富而有趣、高尚而纯洁的人生！生而为人，就“明目张胆”地活一次吧，别枉费这短短几十年！

13 青年人应该“理、直、气、壮”

少年强则国强，少年进步则国进步。青年人是整个社会中最积极、最有生气的力量，代表着祖国的未来、民族的希望。新时代的中国青年，长在红旗下，并正经历着国家富强、民族振兴的上升期，基础好、舞台广、前途大，其身上应该体现出“理想远大、善良正直、朝气蓬勃、身强力壮”的思想、品质、状态与素质，也只有如此方能理直气壮叫响“请党放心，强国有我”！

一、理直气壮叫响“请党放心，强国有我”就得“理想远大”

“水激石则鸣，人激志则宏。”理想信念是人们对未来的向往和追求，是一种强大的精神力量，是确立人生价值取向的准则，能指引一个人的行动。有了理想，奋斗才有目标，人生才有航向，青春才有持久向上的力量。毛泽东青年时写下的诗“孩儿立志出乡关，学不成名誓不还。埋骨何须桑梓地，人生无处不青山”是何等的豪迈；周恩来少年时发出的誓言“为中华之崛起而读书”是何等的有气魄！新时代的中国青年当效仿之。

今年罗振宇的跨年演讲最打动我的是他对自己今后20年的规划。他宣布将于2024年2月28日正式推出自己的一档名为《文明》的新节目，一年48期，每一期节目聚焦于中国历史上的一年，从公元1000年开讲，一直讲到1912年，共913期，可以讲20年。这是真的理想远大！相比之下，现在很多年轻人，没有大志向，专业上不求甚解，浑浑噩噩过日子，一年读不了一本书，有点时间就在刷手机，真的让人担心揪心！

“取乎其上，得乎其中；取乎其中，得乎其下；取乎其下，则无所得矣。”青年人要成就一番大事业首先得有大志向！

二、理直气壮叫响“请党放心，强国有我”就得“善良正直”

善良是人最高贵的品质，正直是人抬起头的脊梁。巴菲特说：“评价一个人时，应重点考察四项特征：善良，正直，聪明，能干。如果不具备前两项，那后面两项会害了你。”里根说：“如果你正直，这比什么都重要；如果你不善良，什么也都不重要了！”中国古人说，“路遥知马力，日久见人心”“积善之家，必有余庆；积不善之家，必有余殃”“其身正，不令而行；其身不正，虽令不从”。善良与正直，始终是维护社会和谐、推动社会进步最底层最深层的力量。

当今社会，一些人被猪油蒙了心，一再上演“农夫与蛇”“皇帝的新装”等故事。为了一时的名与利，背信弃义，欺上瞒下，落井下石，谎话连篇，卑躬屈膝。但拉长时间来看，终将搬起石头砸自己的脚，不会有好下场。再好的伪装，时间久了也会露出破绽。只有初心足够善良，才能拥有足够的底气扎根这个“善变”的社会之中。只要问心无愧，就不怕半夜鬼敲门！

君子坦荡荡，小人长戚戚。苍天有眼，人心有感，善有善报，恶有恶报。新时代的青年人要做一个大写的人、一个高尚的人，一定要保持善良与正直。

三、理直气壮叫响“请党放心，强国有我”就得“朝气蓬勃”

毛泽东主席曾说：“世界是你们的，也是我们的，但是归根结底是你们的。你们青年人朝气蓬勃，正在兴旺时期，好像早晨八九点钟的太阳。希望寄托在你们身上。”李大钊说：“故青年者，人生之王，人生之春，人生之华也。青年之字典，无‘困难’之字，青年之口头，无‘障碍’之语；惟知跃进，惟知雄飞，惟知本其自由之精神，奇僻之思想，敏锐之直觉，活泼之生命，以创造环境，征服历史。”

青年人风华正茂，正处于生命力最为旺盛的阶段，就应该时刻保持热情、热爱，积极投身发展实践，撸起袖子加油干，努力散发“光与热”，在工作中绽放青春的绚丽之花。尤其当下正处于一个快速变革、创新发展、你追我赶的新时代，整个社会都呈现出百花齐放、百家争鸣、百舸争流的状态，年轻人拼搏奋斗生逢其时，怎能暮气沉沉？

状态决定成败！压力更是动力！幸福都是奋斗出来的！年轻有着无限可能，我若盛开蝴蝶自来，少壮不努力，老大徒伤悲！

四、理直气壮叫响“请党放心，强国有我”就得“身强力壮”

身体是革命的本钱，健康是事业的基石。我们的理想再远大、品格再高尚、事业再崇高、前途再光明，没有健康的身体一切免谈。青年人是国家、集体、家庭的顶梁柱。例如，强大的军队，没有身强力壮的青年人怎么行？事业攻坚克难，离不开青年人的熬更守夜，青年人身不强力不壮，怎么担当重任？家庭中，青年人上有老下有小，不身强力壮怎么行？

但是，现实中许多青年不珍惜身体。胡吃海喝的有之、嗜好烟酒的有之、不锻炼身体的有之、熬夜打游戏的有之。每年的单位体检，经常有一些年轻人一大堆指标不合格。看看那些大街上的行路人，有几个年轻人不是拿着饮料、低头玩手机的？有几个拿着饮料、低头玩手机的不是年轻人？早晨广场上运动的人群中有几个是年轻人？年轻人有锻炼身体习惯的真不是多数！

国家、单位、家庭都在依靠着我们、指望着我们。青年人，你的身体不仅仅是你个人的，必须好好珍惜！未来的生活更美好，更要现在就把身体健康的底子打厚实。

“理、直、气、壮”四位一体，共同构成了新时代中国青年应有的气质形象。每一位年轻人都应当以此自励，锤炼自我，以饱满的热情、坚定的理想、高尚的品质和健康的身心，投入实现中国梦的伟大实践中去，书写出属于自己的精彩人生篇章。

14 当干部就得准备“头、破、血、流”

干部干部，干字当头，就得能够冲锋陷阵。冲锋陷阵就免不了“头破血流”，干部要有这个意识、这个胆气。“头、破、血、流”四个字，既在提醒我们干工作要做好打仗流血的准备，也在提醒干部如何干事创业。

一、“头”字提醒干部要担当领头

火车跑得快，全靠车头带。干部的以身作则，带头担当作为，就是无声的命令，最具有号召力和感召力。作为干部，我们在干群众在看，喊破嗓子不如做出样子，要起到“领头雁”作用，就得处处率先垂范、立身为范、行为示范，干在实处、走在前列，带头扛起急难险重新的任务、尽心尽力履行好职责，真正做到一级带着一级干，一级做给一级看，用担当带动担当，用作为促进作为。

二、“破”字提醒干部要创新突破

党的二十大报告提出，必须坚持“创新是第一动力”，“坚持创新在我国现代化建设全局中的核心地位”。在改革发展进入深水区的当下，不破不立，大破大立，唯改革者进，唯创新者强，唯改革创新者胜。干部创新突破的办法从哪来？关键在于发动群众，千难万难，发动群众就不难；关键在于自我突破，从固化僵化的思维模式中走出来；关键在于追标取经，从先进典型的经验中得到有益启发。

三、“血”字提醒干部要满腔热血

人无精神则不立，国无精神则不强。幸福都是奋斗出来的。人最大的对手往往不是别人，而是自己的懒惰。干事创业这条道路不好走，我们会遇到许多意想不到的困难与挑战，许多时候比拼的其实是耐力与激情。只有保持满腔热血，我们才能不怕苦、不畏难、不懈怠、不放弃，围绕碰到的问题，想方设法、千方百计、全力以赴，最大限度地释放自身的创造潜能，把一个个困难踩在脚下。

四、“流”字提醒干部要从善如流

“能用众力，则无敌于天下矣；能用众智，则无畏于圣人矣。”领导干部要有从善如流的格局与胸怀，听从正确的意见如水从高处流下那样迅速和顺当。当前党中央正在大兴调查研究之风，每个干部都要从我做起，从善如流，深入群众听取意见和建议，问政于民、问需于民、问计于民，尤其要能听得进批评的声音与改进工作的建议，切切实实把各种真知灼见化作自己前进的动力。

15 党员干部就得追求“一、枝、独、秀”

中国共产党是世界上最先进的政党，党员干部作为其中的一分子，承其光辉、拥其荣耀，在百舸争流的竞争时代，追求“一枝独秀”理所当然。当然，这里的“一”是指政治立场上“一以贯之”、“枝”是指素质能力上“枝繁叶茂”、“独”是指思考思路上“独立超然”、“秀”是指表现展示上“秀出班行”。

一、政治立场上“一以贯之”

疾风知劲草，板荡识诚臣。坚定政治立场、始终对党忠诚是党员干部的必备品质，也是政治修为的底线要求。作为党的干部，不论在什么地方、在哪个岗位，都要始终坚定政治立场，增强党性立场和政治意识，经得起风浪考验，不能在政治方向上走偏。

二、素质能力上“枝繁叶茂”

面对千条线，得是万能针！在这变化极快的世界，一无所长，庸流劣品，是为不才；尚有专长，差强人意，是为人才；百技皆长，任事善成，是为全才。总之“艺多不压身”，多一技之长就多一条生存之道，党员干部必须多学习，成为“活字典”“多面手”“万金油”！

三、思考思路上“独立超然”

思路决定出路。面对复杂的矛盾与问题，思路一变天地宽。但同样的问题，总是仁者见仁，智者见智。党员干部绝对不能人云亦云，随波逐流。只有亲自去现场，扎扎实实搞好调查研究，掌握第一手资料，独立思考，才能得出别具一格、让人眼前一亮的独到见解。

四、表现展示上“秀出班行”

俗话说，是骡子是马，拉出来遛一遛就知道了。党员干部要想出类拔萃、脱颖而出，必须有两把刷子，平常时刻要能看得出来，关键时刻要能站得出来，危险时刻要能豁得出去，并在工作和岗位上切切实实展现出优秀的业绩和表现，以实际行动证明自己的能力和价值。

如果每一名党员干部都努力去实现“一枝独秀”，那我们党的队伍就一定会“百花齐放”！党和国家事业必然蒸蒸日上！

16 党员干部要“闻、过、则、喜”

“人非圣贤，孰能无过？”党员干部也是凡夫俗子，也是肉体凡胎，不可能不犯错误。但是，犯错误不可怕，关键要能“闻过则喜”，敢于承认错误、改正错误。“闻过则喜”，是党员干部应有的工作态度，也是改进工作与做人的重要方法；这四个字展开来，更是对新时代党员干部提出了“博闻广知、常思己过、以身作则、喜气洋洋”的素质要求。

一、“闻”字提示我们要“博闻广知”

“泰山不让土壤，故能成其大；河海不择细流，故能就其深。”兼收并蓄、博采众长，是以博闻而广知，遂成党员干部境界格局之高远。身处发展“快”时代，信息爆炸，广泛的知识面不仅能够拓宽视野，还有助于更好地把握社会脉络和发展趋势，为决策提供有力支持。党员干部们应该主动学习，不断丰富自己的知识储备，不仅限于本专业领域，还包括文化、历史、科技等多个方面。只有通过持续的学习，致力打造复合型知识体系，我们才能更好地在复杂多变的环境下应对挑战，驾驭住各种复杂局面，成为符合新时代要求的“复合型”干部。

二、“过”字提示我们要“常思己过”

古人云：“不知其非，安能去非？不知其过，安能改过？”批评与自我批评是我们党三大优良作风之一，能否自我反思、自我批评，也是一个人思想境界和觉悟的高度体现。党员干部作为群众的榜样，更应该保持谦虚谨慎的作风，“吾日三省吾身”，时时处处躬身自省，善于听取不同意见，剖析自身不足，不断提醒自己的使命是什么、目标是什么，一言一行是否符合党的宗旨，有没有脱离群众，并从对自己、对组织负责的角度出发，实事求是面对问题、解决问题，在不断的自我修正中补短板、强弱项，从而取得进步，成就更好的自己。

三、“则”字提示我们要“以身作则”

上有所率，下有所进；上有所行，下有所仿。喊破嗓子，不如做出样子。党员干部以身作则是一种无声的命令，其起到良好示范带头作用是一个单位最好的执行力。许世友将军说：“有带头冲锋的官，就有不怕死的兵，部队好的战斗作风是靠好的指挥员带来的。”任何时候，在上面要求人、在后面推动人，都不如在前面带动人管用。面对全面从严治党的要求、面对艰巨繁重的任务、面对各种风险挑战，党员干部要从我做起，敢于挺身而出，主动亮剑，要求别人做到的自己先做到，要求别人不做的，自己坚决不做。

四、“喜”字提示我们要“喜气洋洋”

开心也是一天，不开心也是一天，干吗要让自己不开心呢？人生不如意十有八九，乐观的人在苦涩中品出甜味，会越挫越勇，越发坚定勇毅前行的决心；悲观的人，只会越发焦虑不安，前怕狼后怕虎，导致事业半途而废。党员干部作为干事创业的领头羊，大家在看着我们，在从我们的脸上读取未来。我们“喜气洋洋”，大家就有信心；我们“愁眉苦脸”，大家就会犹豫迷茫。所以，党员干部必须始终保持并展现革命乐观主义精神，无论遇到什么样的困难、面对什么样的挑战，都得展现阳光自信，以给人给己以信心与力量。

17 干部就得能“上、蹿、下、跳”

“上蹿下跳”通常比喻人上下奔走，四处活动，多作为贬义词使用。但换一个角度看，“上蹿下跳”也是人有活力的表现，是干部应有的工作状态。“上蹿下跳”每个字背后蕴含的新意，更可以成为干部成长进步的路径指引。

一、“上”字代表“奋发向上”的状态，提醒干部要“真想上、主动上、持续上”

人无精神则不立，国无精神则不强。一个人要有所作为，首先要有奋发向上的精神状态。

1. 在内心中要体现“真想上”。“要想锅里水烫，必须灶里火旺”。“想干好”始终是干好工作的前提。干部要取得大的成绩，必须有上进心，愿意为追求更高目标而付出艰苦卓绝的努力。

2. 在行动上要表现“主动上”。不等不靠不犹豫，面对大是大非敢于亮剑，面对矛盾敢于迎难而上，面对危机敢于挺身而出，面对失误敢于承担责任，面对歪风邪气敢于坚决斗争。

3. 在时间上要呈现“持续上”。初心易得，始终难守。充满干劲做到一时一事并不难，难的是持续用力、久久为功。好干部就得有“绳锯木断，水滴石穿”的恒心，一张蓝图绘到底。

二、“蹿”字代表“抢抓机遇”的能力，提醒干部要“蹿得快、蹿得高、蹿得准”

机不可失，时不再来。发展的机会常常是非常短暂且珍贵的，抓住了则海阔天空，丢失了则有钱也买不到后悔药。

1. 要练就“蹿得快”的速度。面对机遇，不犹豫；面对抉择，不彷徨。力争在第一时间快速采取行动，先发先至，全力在激烈的竞争中拔得头筹、加快发展，抢占先机、赢得主动。

2. 要练就“蹿得高”的本领。取法于上，仅得为中；取法于中，故为其下。要抓住优质的机会，必须能够向高处攀、与强者比，能够“跳起来摘高处的好桃子”“摘别人够不着的大桃子”。

3. 要练就“蹿得准”的精度。任何事情，过犹不及，欲速不达，早而无功，晚而无效。要精准把握发展时机，需要干部具有敏锐的洞察力、丰富的经验积累，及时采取恰当的措施。

三、“下”字代表“担当作为”的底气，提醒干部要“学得下、静得下、听得下”

本根不摇则枝繁叶茂。竹子前期坚定不移“向下扎根”，后期才能破土而出直至凌云。干部成长亦如此。

1. 要“学得下”。俗话说，空无一物的袋子立不起来。理论素养对干部而言，有之则为“硬核”，缺之则成“硬伤”。干部不仅不能忘了业务与理论学习，而且要学进去，不能浅尝辄止。

2. 要“静得下”。《大学》有云：“静而后能安，安而后能虑，虑而后能得。”只有静下心来，方能深思熟虑，体察事物本质与掌握发展规律，干起工作也更易达到事半功倍的效果。

3. 要“听得下”。集众智者事无不成，聚合力者业无不兴。干部要深知三个臭皮匠赛过诸葛亮的道理，要能认真倾听下属和群众的意见和建议，绝不能固执己见，自以为是。

四、“跳”字代表“开拓创新”的境界，提醒干部要“跳出来、跳开来、跳上来”

“生于忧患、死于安乐”。干部不能囿于自己的一亩三分地，坐井观天，必须要敢于、勇于跳出舒适区，跳出原来的领地，跳出原有的思维方式，跳到高处看自己、见未来。

1. 要敢于“跳出来”。积极跳出地域和思想的壁垒，不断学习新知识，拿出足够多的时间去学习世界最前沿知识，了解最新科技成果，思考未来的发展方向，主动适应世界新变化。

2. 要积极“跳开来”。要勇敢地走出去，熟悉新领域，开拓新视野，敢于借鉴前人经验，跳出既有思维模式，开阔思路，探索创新，积极尝试“腾笼换鸟”“换道超车”等新思路。

3. 要努力“跳上来”。学会用历史的、辩证的眼光来审视问题，站在全局的高度定位自己，把工作放到大局中去思考和把握，做到正确认识大局、自觉服从大局、坚决维护大局。

18 党员干部就得“负、重、前、行”

新征程注定充满挑战和困难，复兴重任绝不是敲锣打鼓就能实现。负重前行不可避免，党员干部更要率先垂范“负责任、挑重担、站前排、行得稳”。

一、负责任

负责任是一个人靠谱的代名词。党员干部是组织与群众最为信任的人，当然得靠谱，党员必须能够担起应尽的义务和应承担的过失，做到我的事我来干、我干的我认账、我的账我来买。

1. 我的事我来干。“为官避事平生耻，重任千钧惟担当”。作为党员干部，必须勇于承担自己的工作职责。越是急难险重新的任务越能考验一个干部、锻炼一个干部。为了自己的成长，为了不辜负组织的培养与群众的信任，党员干部决不能拈轻怕重、挑肥拣瘦，职责所在，义不容辞。

2. 我干的我认账。认账是对自己言行事实的一种确认，也是对既成事实的一种态度。一人做事一人当，干部就得敢做敢当，好的事我们要认，做得不好、不对的事，我们也要认。争功诿过、“一捂二瞒三掩盖”，结果只会适得其反，越争越丢架子，越捂越捂不住，越盖越被揭“盖子”。

3. 我的账我来买。“言必信，行必果。”当领导的要说到做到，没做到、没做好的要公开承认，讲明情况、讲明原因，落实补救的措施。尤其要学会知耻而后勇，对做过的事举一反三，从中吸取经验与教训。只有我的账我来买、我的账我来还、我的账我来清，你才可信可敬。

二、挑重担

“夫路不险，则无以知马之良；任不重，则无以知人之德。”能不能挑“重担子”、敢不敢啃“硬骨头”，考验党员干部的能力素质，呼唤党员干部的责任与担当。党员干部必须承担一般人不愿意干、干不了和干不好的工作。

1. 干别人不愿意干的。毛泽东主席曾一针见血地指出：“不少的人对工作不负责任，拈轻怕重，把重担子推给人家，自己挑轻的。一事当前，先替自己打算，然后再替别人打算……这种人其实不是共产党员，至少不能算一个纯粹的共产党员。”革命工作本无贵贱之分，党员干部应当勇于承担那些艰苦、繁重、细致的工作。

2. 干别人干不了的。共产党员的先进性如何体现？那必然是能干别人干不了的事儿。作为党员干部要努力拥有“金刚钻”，并在任何时候都能坚定“困难面前有我们，我们面前没困难”的信念与志气，要能在关键时刻站出来、困难面前挺上前，没有条件就积极创造条件干。唯有如此，才能对得起我们的称号。

3. 干别人干不好的。“天下无难事，只怕有心人”，毛泽东主席有句名言：世界上怕就怕“认真”二字，共产党人最讲认真。“最讲认真”，就是最讲责任。只要用心尽责地去工作，无论在什么岗位，都能把工作做好。党员干部如能把别人干不好的工作干到极致、干到无可挑剔，威信也就会自然形成。

三、站前排

火车跑得快，全靠车头带！党员干部要充分发挥党员先锋模范带头作用，时刻以身作则，站在前排，带头冲锋陷阵，领头迎接挑战，打头接受批评，一级带着一级干、一级做给一级看。

1. 带头冲锋陷阵。为有牺牲多壮志，敢教日月换新天。不惧危险、冲锋在前，就是党员干部该有的“样子”，也是党员干部最美的“样子”。我们都说党员干部就是一面旗帜、一盏明灯，只有走在前面，才能凝聚力量；只有走在前面，才能指引方向。干事创业，党员干部时刻走在前面、冲在前面，责无旁贷。

2. 领头迎接挑战。沧海横流，方显英雄本色。挑战是事业发展的催化剂，也是党员干部成长的好机会。金一南将军非常推崇的一句话就是“做难事必有所得”，我深以为然。作为党员干部，就得越是艰险越向前，敢于扎进“矛盾堆”，敢于跳进“热锅”，敢于同各种困难亮剑过招，唯其艰难，更显担当，唯其拼搏，更显荣光。

3. 打头接受批评。批评是促进进步的镜子，也是党员干部作风和工作能力的试金石。党员干部应该始终保持谦虚和开放的心态，虚心听取批评意见，及时改正自身的不足，不断提高自己的工作能力和水平。只有这样，党员干部才能更好地发挥先锋模范作用，树立良好的形象，赢得群众的信任和支持。

四、行得稳

行稳方能致远。党的事业，远大光明，不是一朝一夕的事。党员干部修身与作为也非一日之功，只有经受住各种考验，才能到达胜利的彼岸。为此我们必须始终紧跟党组织、始终绷紧安全弦、始终依靠民与众。

1. 始终紧跟党组织。没有共产党就没有新中国，就没有中国特色社会主义，更没有我们今天的美好生活。作为党员干部，要始终如一地拥护我们的党、爱戴我们的党、建设我们的国家，把个人的前途命运同党的伟大事业、人民的伟大梦想，特别是和实际工作紧密联系起来，始终同党和人民同呼吸、共命运。

2. 始终绷紧安全弦。道路千万条，安全第一条。党员干部要始终充满忧患意识，小心驶得万年船，始终严守党的纪律和法律法规，不做违法乱纪之事，不越红线、不触底线。要持续提升自身能力，不断提高工作效率和专业素养，确保工作的质量和安全，既要对历史与当下负责，也要对未来负责。

3. 始终依靠民与众。水能载舟，亦能覆舟。我们党为人民而生、因人民而兴，人民是我们党执政的最大底气，是强党兴国的根本所在。党员干部要时刻牢记人民是我们的力量源泉。我们要密切联系群众，倾听他们的声音和需求，积极解决他们的问题和困难；同时向群众学习，从他们身上汲取智慧与力量。

19 干部成长要“把、握、当、下”

《道德经》有云：合抱之木，生于毫末；九层之台，起于累土；千里之行，始于足下。干部的成长进步也是如此，必须从当下开始，厚积才能薄发。“把、握、当、下”四个字既是我们年轻干部应有的工作态度，每个字背后蕴含的道理，也告诉了我们成长成才的路径方法。

一、“把”字提示我们要把稳人生“方向盘”

方向涉及根本、关系全局、决定长远。方向错了，失之毫厘，谬以千里。

方向错了，停下来都是进步。年轻干部要成长进步，首先要解决的就是方向问题、价值观问题，要能“分清是非、分清对错、分清好坏”，确保自己沿着正道走。

1. 分清是非。是与非是矛盾的统一体，人们的思想行为，都以是与非为标准进行判断。正确对待是与非，方能明辨黑白美丑；否则就会混淆是非，难辨曲直善恶。作为党的干部，要实事求是，要有清清楚楚、原原本本的“辨识力”，不能人云亦云。“指鹿为马”为什么在当下依然大有市场？这值得我们深思！我们绝不能被假象所蒙蔽，被坏人带节奏，在大是大非问题上犯糊涂。

2. 分清对错。是与非呈现的是事实，对与错则考验的是判断力。对与错评判关键看标准，有些事从这个点看是对的，从那个点看可能就是错的；放在当下看是对的，放到长远看就是错的。所以，要想分清事物的对错，我们必须有大局意识、系统观念，统筹把握好局部与整体、当前与长远、宏观与微观之间的关系，善于从政治层面、战略层面观察问题、思考问题、回答问题。

3. 分清好坏。好与坏是人直观的感受，时时刻刻影响着人的辨识力与判断力。坏的感受，有时恰恰来自“是”与“对”。就如，领导对你的工作横挑鼻子竖挑眼、处处严格要求，这样的领导是好还是坏？当你贪得一点利益，你的家人非但不阻止还鼓励纵容你，是好还是坏？所以，一个干部的价值观很重要，必须追求真善美，练就火眼金睛，保持头脑清醒，才能不走错路。

二、“握”字提示我们要手握克难“撒手锏”

没有金刚钻，别揽瓷器活。年轻干部要想脱颖而出，就得出场就出色，出手就得手，没有两把刷子肯定不行。随着时代的发展，我们面对的问题和风险越来越复杂，干部干好工作除了一腔热血，更需要具备一身本领，手握克难“撒手锏”。

1. 善于学习。勤学如春起之苗，不见其增，日有所长。学习是一个人获取知识、开阔眼界、提升能力的捷径。迈入新时代，社会飞速发展、科技日新月异、市场瞬息万变，带来了巨大的机遇和挑战，对个人能力也提出了更高的要求，不学习就要落后，就会陷入少知而迷、不知而盲、无知而乱的困境，就无法适应新时代的步伐，因此我们要有学习的紧迫感。

2. 勤于思考。我思故我在，一个人最有力量的部分在于思考。善于思考是将理论学习内化于心、外化于行的基本方法，也是查漏补缺、取长补短，实现跨越成长的重要途径。我们在学习过程中，只有善于思考，多问一些为什么，把理论与实际结合起来，用心体悟、总结、归纳、创新，才能把握科学规律，使学到的知识进一步得到内化、转化与升华，成为破解难题的金钥匙。

3. 勇于实践。“纸上得来终觉浅，绝知此事要躬行。”不登高山，不知山之高也，不临深溪，不知地之厚也。实践是最好的老师，干部要成长成才必须要多实践，注重在基层锻炼历练，不断丰富自己的人生经历；学会在实践中运用自己学到的知识，真正做到知行合一、以知促行、以行求知。

三、“当”字提示我们要抢当攻坚“急先锋”

千里马常有，而伯乐不常有。诸葛亮能力再强，火烧赤壁也离不开“东风”这个机遇。干部成长成才也是如此，既要有能力，还得能入组织与领导的法眼，才有机会站在更大更广更高的平台上施展才华。

1. 平常时刻能看出来。“机会垂青于有准备的人。”这种准备，一方面是知识、能力、经验的积累，当机会来了你能抓住；另一方面就是在平时敢于展现自己的能力与才华，让外界看到自己的特长与优势，在选人用人的时候能够想到自己。正所谓“好酒也怕巷子深，好产品也要勤吆喝”。在这个充满竞争的年代，金子也要让别人看到才能物有所值。

2. 关键时刻能站出来。所谓时势造英雄，关键节点，各方关注，最容易让人才脱颖而出。当干部就要有担当，有多大担当才能干多大事业。关键时刻的迎难而上、主动担当，重要关头的听令而行、勇于担当，非常时期的牺牲奉献、大义担当，最能彰显一名干部的精神境界。群众的眼睛是雪亮的，干部到底行不行，很多时候就看关键时刻你是否冲得出、顶得上、靠得住。

3. 危难时刻能豁出去。为什么黄继光、邱少云在面对牺牲的时候如此英勇？为什么面对凶猛的疫情一批干部能豁得出去、冲锋在前？此时此刻最能照鉴一名干部初心守得牢不牢、使命担得好不好。真可谓“疾风知劲草，烈火见真金”，发展的征程上，必然充满惊涛骇浪，组织与群众期待着涌现出一批“越是艰险越向前”“不怕牺牲”的好干部，用铁肩膀扛起硬任务、以善作为啃下硬骨头。

四、“下”字提示我们要拿下前行“拦路虎”

“牡丹花好空入目，枣花虽小结实成。”干部最终能否真正成长成才，“不看广告看疗效”，还得看工作业绩。组织选拔干部，不仅要看干了什么事，更要看干成了什么事。这也要求我们的干部不仅要认真做事，更要把事做好、做出实效，切实善作善成、善始善终。

1. 要拿得下工作中的“拦路虎”。工作就如同中高考，你说你这也会、那也行，最后能否被录取是靠分数说话的。没有成绩作为支撑，却提拔重用你，谁会服气？要在工作中表现出色，拿高分，我们就得想方设法拿下一只只“拦路虎”。当然，老虎也不是那么好打的，既靠能力更靠智慧。面对“一只虎”，我可以说我就是“武松”我能行，但如果面对“一群虎”呢？我们必须靠团队，也得有团队可依靠。

2. 要拿得下生活中的“拦路虎”。人生不仅有工作，还有生活。一个人事业上再风生水起，如果生活过得一团糟，也不会有幸福感。当然，生活不如意十有八九，身体上偶尔的小疾，感情上的磕磕碰碰……麻烦往往如影随形，让人无法彻底甩掉。能否活得有滋有味全在你自己，我们要培养良好的心态与过好生活的能力，要能拿得下生活中的“拦路虎”，并使之成为滋养生命的养分。

3. 要拿得下内心中的“拦路虎”。天下之难持者莫如心，天下之易染者莫如欲。孔子在《论语》中阐释“克己复礼为仁”的道理，告诫弟子如果不能克制自己合乎礼数，将一事无成；朱熹用“内无妄思，外无妄动”时刻自省自律、遵规守纪，做到不妄思、不妄动。“破山中贼易，破心中贼难”。干部成长进步必须要拿得下内心中的“拦路虎”，绝对不能任由权欲、贪欲、私欲膨胀，使“贼胆”越来越大。

20 共产党员得能“扯、鼓、夺、旗”

成语“扯鼓夺旗”，意为作战勇敢。在全面建设社会主义现代化国家、向第二个百年奋斗目标进军的新征程上，作为一名共产党员，任何时候都不能忘了“随时准备为党和人民牺牲一切”的初心和誓言，必须勇于扯鼓夺旗！“扯鼓夺旗”展开来更提醒我们要勇于“扯下问题遮羞布、鼓起未来必胜心、夺取攻坚制高点、旗展党员新形象”！

一、扯下问题遮羞布

人类认识世界、改造世界的过程，就是发现问题、解决问题的过程。有问题不可怕，怕的是发现不了问题、不敢面对问题，或者遇到问题束手无策。作为共产党员，就得树立强烈的问题意识，对存在的问题不麻木、不掩盖、不回避、不推脱，始终把发现问题、分析问题、解决问题作为我们前进的锐利武器，始终坚持有什么问题就解决什么问题、什么问题突出就重点解决什么问题，决不敷衍塞责，回避矛盾，决不纸上谈兵、说说而已，决不搞鸵鸟政策，选择“失明”，决不将小事拖大、大事拖炸。

二、鼓起未来必胜心

信心堪比黄金贵，办法总比困难多。事业发展不可能一帆风顺，前进的道路上总是充满风险与挑战。历史上一切胜利的经验都在告诉我们，只要我们团结一致，砥砺同心，就没有过不去的坎，没有战胜不了的困难。如今的中国，我们有中国共产党的坚强领导、有中国特色社会主义制度的显著优势、有持续快速发展积累的坚实基础、有长期稳定的社会环境、有自信自强的强大精神动力，“时与势”都在我们这一边。作为共产党员，更要打起精神，乐观向上，让群众看到我们的信心，一起坚定不移地朝着梦想前进。

三、夺取攻坚制高点

“会当凌绝顶，一览众山小。”在这个竞争白热化的时代，谁站得高、本事大、资源多，谁就拥有竞争的主动权、主导权、制胜权。共产党员作为干事创业的“猛将”“闯将”“干将”，更要身先士卒、强身健体、闯关夺隘，让自己站得高一些、再高一些，当桅杆顶刚刚露出的时候，就能看出这是要发展成为大量的普遍的东西，并能掌握住它；让自己本领大一些、再大一些，多拥有一些金刚钻，来了瓷器活便能得心应手；让自己的资源多一些、再多一些，努力让自己成为发展资源的“链接者”，变得更加强大。

四、旗展党员新形象

旗帜引领方向，榜样给人力量。先进和优秀始终是中国共产党人的本质特征和永恒追求。“喊破嗓子不如干出样子”，工作生活中，一名党员就是一面闪光的旗帜。身处新时代，奋力跑好中华民族伟大复兴的历史接力赛，共产党员责任重大、使命光荣，务必不忘初心、牢记使命，务必谦虚谨慎、艰苦奋斗，务必敢于斗争、善于斗争；必须始终保持一份朴实纯粹，自觉践行共产党人的价值观，把革命理想信念化为行动的力量，发出“跟我上”“我先上”“我能上”的新时代最强音，切实树起共产党人的先锋形象。

21 做一名好老师得能“言、传、身、教”

再过几天就是教师节了，作为老师，我深度复盘“怎么成为好老师？”，思来想去，就是四个字“言传身教”。

“言”指的是老师的言辞和言语的表达方式。好老师应当用恰当的语言来与学生进行交流和沟通，能够清晰、简洁明了、准确无误地传递知识和信息，使学生易于理解。此外，好老师应当用言辞鼓励、激励和赞美学生，让他们有自信去追求更好的成绩和发展。

“传”指的是老师与学生之间的知识传递。好老师应该具备良好的教学能力，能够将知识系统和逻辑传授给学生。他们应该有清晰的教学目标和计划，并能够根据学生的不同特点和需求进行个性化的教学。好老师应该能够激发学生的学习兴趣，并引导他们主动、积极地参与学习过程。

“身”指的是老师作为学生学习的榜样和模范。好老师应该具备高尚的道德品质和良好的职业操守。他们应该以身作则，用言行传播正能量。好老师应该始终用专业的态度和素养来处理学生之间的关系，处理学生与家长之间的关系，处理学校和社会之间的关系。

“教”指的是教师进行教育教学工作的能力和方法。好老师应该具备专业知识和教学技能，能够将知识转化为有益的学习经验和技巧来帮助学生提高学习成绩。他们应该善于运用不同的教学方法和手段，根据学生的需要和学习风格进行多样化的教学。好老师还应该具备良好的组织和管理能力，能够高效地组织和安排学生的学习活动。

总之，“言、传、身、教”是做一名好老师的关键。通过清晰和准确的言辞进行交流和沟通，积极鼓励和激励学生；通过有条理和系统地传授知识，激发学生的学习兴趣；通过自身的榜样和模范作用影响学生；通过专业知识和教学技能帮助学生提高学习成绩。当老师能够充分发挥“言、传、身、教”的作用时，他们将能够为学生提供崭新的教育体验和坚实的知识基础。

22 活着就得“兴、风、作、浪”

生命在于运动，人生在于折腾！人的一生在历史长河中极其短暂，我们要活得精彩，就得想方设法去折腾、去拼搏、去成为一朵浪花。尽管“兴风作浪”多数情况下是作为贬义词使用，但对一个人如何创造并享受美好人生来说，“兴风作浪”却可以是积极的！“兴风作浪”逐字分开来理解，每个字也恰好提示我们如何活出自己的精彩！

一、“兴”字提示我们要多忙兴趣所在

兴趣是最好的老师，它扮演了做好事情的关键角色。当我们对某些事情充满热情和喜爱时，我们会更加努力地去追求它，想法和创意也会随之产生。这些想法和创意能够帮助我们提高工作效率和生产力，创造更多的价值。当然，每个人的兴趣爱好各不相同。有些人喜欢旅行，有些人喜欢运动，有些人喜欢阅读，有些人喜欢艺术。但无论喜欢什么，只要我们真心热爱和投入其中，念念不忘必有回响，成功就会水到渠成，我们也一定能够从中享受到身心的愉悦。

二、“风”字提示我们要立起峭峻风骨

山有雄浑，水有灵秀，人也该有风骨。我们每个人在世间都是独一无二的，都应该活出本真、活出独立的自我，活出自己无可替代的价值。有的人每天都在伪装，每天都在曲意逢迎，说着言不由衷的话语，活得太假也太累，更太苦，还令人不齿。天生我材必有用，我就是我，我们不必太在意那些虚荣与嘲讽，而应该做一个纯粹的人、一个大写的人！路见不平一声吼，该出手时就出手，始终说真话、干真事、做真人。

三、“作”字提示我们要善于担当作为

“艰难困苦，玉汝于成”。世界上没有坐享其成的好事，要幸福就要奋斗。身处新时代，世界很精彩也很无奈，处处充满竞争。裹挟其中，不进则退，躺平、摆烂，只会让自己活成行尸走肉，活成寄生虫。要活出富有的人生，就要善于担起责任，奋发作为，向前冲、往上闯，用智慧、辛劳与汗水绘就出人生的美丽画卷，用实实在在的奋斗结果告慰自己，当回首往事的时候，不会因虚度年华而悔恨，也不会因碌碌无为而羞愧。

四、“浪”字提示我们要永葆浪漫情怀

世界从不缺少美，而是缺少发现美的眼睛。生活也不止眼前的苟且，还有

诗和远方。同样的生活，对一些人来说痛苦不堪，而对另一些人来说却充满诗意，关键看你怎么想怎么做。再寒酸简陋的房屋，也可以充满花香与欢声笑语。生活充满鸡毛蒜皮，但如果你以欣赏的眼光去看，用心去思考、装扮、点缀，也会处处充满诗情画意。苏东坡被一贬再贬，却能写出人生最豁达的诗，令人叫绝！美，无处不在，关键是你要有浪漫的情怀。

三

干事创业篇

1 干事创业就得“争、强、好、胜”

“天行健，君子以自强不息。”在这个充分竞争、极度内卷的年代，机会稀缺，先入为主、胜者为王。发展不进则退，守株待兔大概率是坐以待毙。干事创业中，我们就得“争强好胜”，保持“争”的激情，提升“强”的能力，打造“好”的形象，追求“胜”的结果，才能为自身发展争得一席之地，为制胜未来留下希望！

一、保持“争”的激情

“夫战，勇气也。”职场就是一个竞技场，“物竞天择，适者生存”，不管什么人，要想达到自己的目标，就必须参与竞争。没有争第一、当老大的激情与豪情，就不会有事业的大发展。干事创业必须充满激情、充满斗志，主动把自己放到更大的坐标系中谋划发展与未来，在市场大潮中争先恐后、争分夺秒、争奇斗艳。

1. 要争先恐后往前闯。时代大潮，浩浩荡荡，顺之者昌，逆之者亡。海尔创始人张瑞敏曾经说过一句非常经典的话：“没有成功的企业，只有时代的企业。所有的企业都不能说自己成功，所谓的成功只不过是踏上了时代的节拍。”这个时代发展太快了，真的是日新月异，唯有成为时代的弄潮儿，才能先到先得，第一个吃螃蟹！如果你故步自封、墨守成规、按部就班，你必然会落伍。手机行业就是最好的例证，各个品牌都在你追我赶！曾经独占鳌头的诺基亚，被苹果、三星、华为、小米等品牌快速超越，最终只能被淘汰出局！

2. 要争分夺秒抢时间。天下武功，唯快不破！身处发展“快”时代，以快吃慢，已经是我们这个社会非常现实而残酷的竞争法则。我们用短短几十年的时间，就走过了西方发达的资本主义国家用几百年走过的路，有了今天的国际地位。个人发展也是如此，一寸光阴一寸金，寸金难买寸光阴！龟兔赛跑的故事大家都知道。如今和我们在一起赛跑的可都是不打瞌睡的“兔子”，我们要有等不起、慢不得、坐不住的紧迫感，手头有什么工作就抓紧时间往前赶，有什么想法就赶紧去实施，许多事情一步赶不上，步步赶不上。

3. 要争奇斗艳展实力。这年头众声喧哗，酒好也要吆喝卖！管理学家彼得·德鲁克提出，企业目标唯一有效的定义就是创造顾客。客户从哪里来？得让客户看到你、了解你、认可你，他们才能为你的产品和服务买单。没有客户，企业也就没有了生存的可能。个人也一样，你的成长进步需要有人赏识、有人提携，你的能力水平需要展示出来。当金子被埋在土里的时候，没有人会知道它很珍贵。干事创业中，你只有展示与众不同的实力，才能吸引流量，展示得越好，流量越多！没有流量，你就是孤家寡人，你的事业也不可能做大。

二、提升“强”的能力

赢得竞争，仅有激情远远不够，还得有能力。在诸多能力中，什么最重要？我觉得眼力最重要！如今的百舸争流，动力系统大多在一个维度，赢得未来靠什么？既靠速度也靠导航能力。你得能发现近道并走得了近道，看到暗礁并绕得过暗礁，掌握风向并利用风向！

1. 必须提升发现机遇且能抓住机遇的能力。人的一生中，重大的发展机遇不会太多，许多机遇稍纵即逝，过了这个村就没有这个店。怎么发现机遇、抓住机遇？俗话说“机会总是留给有准备的人”。怎么准备？当然离不开持续的学习、深度的思考、敏锐的观察、能力的积累。通过持续学习，你才能做到博闻强识，有发现机遇的能力；通过深度思考，你才会正确权衡利弊，挖掘并选择合适的机遇；通过敏锐观察，你才能及时辨识机遇，并采取相应行动；通过能力积累，你才能抓住机遇，并用上用好用足机遇。

2. 必须提升发现问题且能解决问题的能力。发展的道路总是曲折的，总会碰到这样那样的问题。发现问题就是进步，解决问题就是发展！反思我们遇到的许多棘手的疑难杂症，无不是小问题拖成了大问题，隐性问题慢慢显性化。问题摆在那，不是我们不关心它，它就不存在。千里之堤可毁于蚁穴，针眼大的洞能漏过斗大的风。我们以积极的态度面对问题，问题反而会成为我们工作有效的切入点，成为我们创新突破的动力源。在发现问题、解决问题中，我们方方面面的经验就会越来越多，解决问题的办法也会越来越多。

3. 必须提升发现规律且能遵循规律的能力。规律决定事物发展的必然趋向，不以人的意志为转移。拔苗助长的故事，大家耳熟能详，这就是违背客观规律做事的典型案例。干事创业用蛮力是不行的，不尊重事物的规律，就会发生方向性的错误。方向不对、努力白费！而顺应规律，你的方法就可能产生出奇制胜、四两拨千斤的效果。正如阿基米德说的："给我一个支点，我能撬动整个地球。"所以，我们做任何工作都必须按规律办事。如何发现规律、掌握规律呢？那就得坚持学习，坚持实事求是，坚持经常复盘反思，坚持去总结归纳！

三、打造"好"的形象

形象力就是竞争力！为什么我们购物愿意买大品牌、餐饮消费愿意找评分高的？因为觉得他们更值得信任。我们干事创业都是和人在打交道，印象至关重要，好印象能促成合作、增强客户的黏性、放大品牌效应！打造好形象，当然要讲信誉、讲合作、讲本事！

1. 讲信誉。人无信不立，业无信不兴，国无信则衰。信誉始终是一个人、一个企业乃至一个国家行事的底气。尽管当下社会中还存在许多尔虞我诈的现象与事情，但我们认真看看，有谁不讲信誉还始终成功的？骗人骗得了一时，骗不了一世。恒大地产这么大企业，不讲信誉也免不了"暴雷"，最终跌下神坛。三鹿奶粉当年也曾一度辉煌，但利欲熏心，竟然敢往奶粉里加三聚氰胺，最终企业倒闭，董事长田文华锒铛入狱。干事创业我们图的是未来，如果信誉不佳，谁还愿意同你交朋友、办事、做生意？你还有未来吗？

2. 讲合作。"兄弟同心，其利断金""众人拾柴火焰高""众人划桨开大船""一根筷子易折断，十根筷子硬如铁"，等等，关于团结的古语、金句俯拾即是！在专业化分工越来越细的当下，每个企业或个人都有自己的核心竞争力和特色优势，也都有自己的短板和不足，谁也没有包打天下的本事，只有积极推进技术、人才、市场等方面的彼此融合，双方的优势才能更好地发挥出来。如今世界正处在百年未有之大变局，不确定不稳定因素显著增加，为有效增强自身的抗风险能力，我们更要讲团结，力求抱团发展、合作共赢，壮大团队力量！

3. 讲本事。徒有一腔热情、没有一身本事，再美好的愿望都只能沦为泡影，再宏伟的蓝图也只是纸上谈兵。干事创业能否顺利、成功，最终还是要靠实力说话的。别人是否会与你合作，关键看你有没有他需要的资源，能不能带给他实用价值，能不能给他提供需要的帮助。没有金刚钻揽不了瓷器活，没有铁肩膀担不起硬担子。干事创业的路上充满了风险与挑战，有多大的本事才能挑多大的担子，手有余粮心里不慌。真的是，你若盛开，蝴蝶自来；你若精彩，天自安排！人可以不成功，但不能不成长；不怕没有未来，就怕你没本事！

四、追求“胜”的结果

古人说，“胜者为王，败者为寇”；邓小平说，“无论黑猫白猫，能抓到老鼠就是好猫”；任正非说，“没有绝对的公平，烧不死的鸟才是凤凰”。不管干事创业过程多么艰辛，最终评判标准还是看你是不是站在终点、站在顶峰！真正成大事者，一切以结果为导向，目的性极其明确。

1. 战胜自己。胜人者有力，自胜者强。人无完人，我们天生具备傲慢、偏见、自私、患得患失等人性弱点，只有克服自身的弱点和局限，才能变得真正强大。社会中有的人曾经红极一时，春风得意马蹄疾，但却因为无法战胜自身的贪婪、骄傲，而功亏一篑；也有的人，历经磨难，人生起起伏伏，但越战越勇、越战越强大，最终取得了巨大的成功。人成长的过程，其实就是与自己身上存在的人性弱点不断斗争的过程，你就是自己最大的敌人，只有不断战胜自己，扬长避短，才能实现一次次成长的蜕变。

2. 赢得人心。得人心者得天下，得人气者得财气！共产党赢得老百姓的支持，老百姓就能“最后一碗米，送去做军粮；最后一块布，送去做军装；最后一个娃，送去上战场”。众志成城的力量，无坚不摧！清王朝离心离德，虽有四万万中国人，却只是一盘散沙。1900 年，八国联军满打满算不到两万人，却在 10 天之内就攻陷了北京城。干事创业也是如此，一个好汉三个帮。内部，大家团结一致，心往一处想、劲往一处使，就没有克服不了的困难，就没有干不成的事！外部，大家信任你、支持你，购买和使用你的产品与服务，你能做不大吗？

3. 获得幸福。哈佛大学哲学与心理学博士塔尔宾·夏哈尔认为："幸福感"是衡量人生的唯一标准，是所有目标的最终目标。你是否有想过，每天忙忙碌碌地工作生活到底为了什么？为了挣钱、挣更多的钱，还是为了出名、出更大的名？有了钱、有了名，但内心不快乐，这样的工作生活有意义吗？为什么有那么多官员、名人患上抑郁症，甚至选择了自杀？那只能说明当下的状态不是他想要的！人的欲望是无止境的，我们必须学会平衡自己的欲望，只有把快乐与工作生活的意义统一起来，让自己的奋斗既有成就感又有幸福感才是最好的状态！

成功没有唯一的定义，但无论哪种定义，都离不开奋斗！我们应该保持"争"的激情，提升"强"的能力，打造"好"的形象，追求"胜"的结果，只有努力了尽力了，才能了无遗憾！

2 干事创业就得"横、冲、直、撞"

不经历风雨怎么见彩虹？没有人能随随便便成功，爱拼才会赢。如今的市场竞争极其激烈，缩手缩脚、按部就班不可能打开工作新局面，就得敢于"横冲直撞"，就是要横下一条心、冲出舒适区、直抵客户心、撞开南墙口。当然，"横冲直撞"不是蛮撞、瞎撞，需要有智慧往前冲、往前闯。

1. 用心理解"横"字，就是要横下一条心。这条心就是不论遇到多少困难和阻力，永不退缩，义无反顾地往前闯、朝前冲，不破楼兰终不还，不达目标不罢休。俗话说，行百里者半九十。干事创业的路上很多人之所以没有成功，并不是因为缺少智慧，而是因为患得患失、瞻前顾后，最终被困难吓倒而选择放弃。越是伟大的事业越是充满风险与挑战，做成事就得迎难而上、知难而行、克难而进。

2. 用心理解“冲”字，就是要冲出舒适区。生于忧患，死于安乐！温水煮青蛙的道理大家都知道。人待在舒适区里，时间久了，会在平稳静寂中麻木，丧失斗志。想干事就得干别人不愿干、干不了、干不成、干不好的事，敢于挑战自我、自我加压，不满足、不止步于已有成绩，敢于与最强者比拼、与最快者赛跑，在不断接“烫手山芋”、当“热锅上的蚂蚁”中提高能力，抓住机遇。

3. 用心理解“直”字，就是要直抵客户心。管理学大师德鲁克说：“关于企业的目的，唯一正确而有效的定义就是创造顾客。”我们无论从事什么工作，都对应着客户，客户的多少、大小决定着我们事业的兴衰成败。所以，客户满意是我们永远的追求。我们必须认认真真去了解、理解、关注、服务客户的需求、内心想法，用自己的产品、服务等直抵客户心，最终成人达己，不断开创事业新天地。

4. 用心理解“撞”字，就是要撞开南墙口。有人曾问任正非，华为成功的秘诀是什么，任正非答道：“我们几十号人的时候就对着一个城墙口进攻，几百人几万人，甚至几十万人的时候依然是对着这个城墙口进攻。”前进的道路上总有着一道道绕不开的“南墙”，那是我们发展的瓶颈。突破了，又是一番新天地！所以，干事创业中我们必须敢于对准南墙口进行撞击，精诚所至、金石为开，再结实的南墙也一定可以被撞开。

这么看，“横冲直撞”难道不是干事创业者应有的品质吗？在追逐梦想的旅途中，只有拥有坚定的信念，毅然冲破自我设限，真正站在客户的角度思考，勇敢地冲破困境与障碍，我们才能在这个竞争激烈的社会中取得成功，实现自己的人生价值。让我们勇往直前，不畏艰难，永不停息地追逐梦想，横、冲、直、撞，开创自己的辉煌篇章！

3 干事创业就得“趁、热、打、铁”

在这个大众创业、万众创新的新时代，场面可谓热火朝天！机不可失，时不再来。每个成年人都应该躬身入局，“趁热打铁”，努力去干事创业，以实现自我价值。“趁热打铁”是当代成年人应有的状态，逐字展开后则告诉我们如何“趁热打铁”！

一、“趁”字提示我们干事创业必须趁时顺势

《孙子兵法》云：“激水之疾，至于漂石者，势也；鸷鸟之疾，至于毁折者，节也。是故善战者，其势险，其节短。势如彍弩，节如发机。”湍急的流水，飞快地奔流，以致能冲走巨石，这就是势的力量。凶猛的飞鸟以飞快的速度搏击，以致能捕杀其他动物，是因为它使用了恰当的节奏。

干事创业也是如此，必须趁时顺势！顺应发展的大势，抓准时间窗口，该出手时就出手。“过了这个村，就真的没有这个店！”这些年，百度、阿里巴巴、腾讯等能够快速壮大，正是抓住了互联网发展的宝贵机遇。近年来，中国新能源汽车产业迅速崛起，也是智能化、绿色化发展的大势使然。

如今“新质生产力”的概念异常火爆，这是党中央对未来发展的新定位，是当下的大势，也是当下干事创业的重要时间窗口。所以，我们要深刻理解“新质生产力”“中国式现代化”等新概念，抓住时代的脉动、掌握趋势的发展，从而准确找到自己擅长的赛道。

好风凭借力，送我上青云。当今世界正经历百年未有之大变局，中华民族伟大复兴已进入不可逆转的历史进程。时势呼唤英雄、造就英雄，正是我们干事创业最好的时代！此时不出击，更待何时？等风过了，再厉害的“猪”也飞不起来！

二、“热”字提示我们干事创业必须满腔热血

日本经营之神稻盛和夫把成功方程式归纳为成功＝热情 × 能力 × 思维方式，他说：热情是一种态度，也是一股巨大的力量，是成功不可或缺的要素，是一种最重要的特质。爱迪生说过：有史以来，没有任何一件伟大的事业不是因为热情而成功的。热情是一种意识状态，能够鼓舞及激励自己和他人勇往直前。

小米的雷军被称为中关村劳模，长时间一周七天不休息，每天只睡四五个小时。从金山到小米，每次的创业态度都是“All in”。如今功成名就了，他依然激情澎湃地杀入电动汽车新赛场！没有对事业的满腔热血，他能如此百折不挠地坚持吗？他能这么成功吗？

干事创业是一份苦差事，前进的道路上总是布满荆棘，充满挑战！但没有闯不过的火焰山、渡不过的通天河。只要我们把满腔的热血注入奋斗目标中去，斗志就会越发昂扬，努力加努力、改进加改进、向前再向前，精诚所至，金石为开，魔高一尺道高一丈，能力就会足够强、创意就会足够多、成绩就会自然来。

想想新中国刚成立的时候，条件何其简陋！但革命理想高于天，老一辈科学家依然造出了原子弹、氢弹，把卫星送上了天！今天，我们的创业条件相比过去，太优越了！如果我们能依然秉持“革命理想高于天”的信条，付出艰苦卓绝的努力，一定也能创造出巨大的成绩。

三、“打”字提示我们干事创业必须善打能斗

干事创业是一场淘汰赛，能者上、平者让、庸者汰！机遇和挑战面前，没有金刚钻揽不了瓷器活，没有铁肩膀担不起硬担子。面对复杂的局面，既要满腔热血，更要充满智慧、拥有过硬本领，才能胜利闯过一道道险关要隘，在善打能斗中，逐步成长、走向成熟、走向成功！

拿智能手机行业来说，其斗争就极其残酷。新品发布会总是你方唱罢我登场，产品更新迭代速度越来越快。在国内一度辉煌的三星、索尼等外国品牌手机已经跌下神坛。今年“6・18”活动，苹果手机也不得不搞起大幅降价促销。各行各业大多也是如此，竞争已越发进入白热化阶段。

但再红的市场里也有活得好的成功者。在竞争面前，更多是看你的眼光格局、实力水平和斗争本领！我们要想事业成功，没有两把刷子是万万不能的，这就需要我们时刻保持本领恐慌意识，始终以时不我待的精神，主动投身到学习和各种斗争中去，经历“风吹浪打”，去储备知识，练就“十八般武艺”。

当然，胜人者有力，自胜者更强。干事创业中我们要打斗的对象不仅包括竞争对手，还包括自己，自己才是创业路上最大的敌人。在和外界作斗争的同时，更要时刻检视自己，坚持刀刃向内、自我革命，不断地改造自我、提升自我、完善自我，让自己的内在越发强大。

四、“铁”字提示我们干事创业必须初心如铁

走得再远，也不能忘了来时路，更不能忘记当初为什么出发。基业长青第一位的要素就是坚持正确的价值观。北京同仁堂如果不坚持“炮制虽繁必不敢省人工，品味虽贵必不敢减物力”的承诺，不可能经历300年风雨不倒，成为全国中药行业著名的老字号。

2008年9月，发生了轰动全国的三鹿毒奶粉事件，大家应该印象深刻。三鹿集团曾经非常红火，却利欲熏心，为抢夺农村市场和降低成本，竟然在原料中添加三聚氰胺这种有毒化工原料，让很多中国宝宝患上了肾功能不全等疾病。事情一经败露，企业只能轰然倒闭！

创业难，守住正确的初心更难。干事创业中，我们必须不断地复盘反思，尤其在大起大落的时候，更应扪心自问“我是谁、当初为什么出发”。这是关乎方向的大问题。唯有初心如铁，即使在极度困难下，我们依然会充满奋斗的原动力、坚定迈向正确的目标！即使拥有更大的能量，也不会忘乎所以，偏离正确的目标。

成功的定义有多种，干事创业的结果各不同。财富、权利、名誉等当然可以衡量一个人干事创业的成效。但这些最终都是身外之物，一个人真正的成功，应该是做人的成功，让自己的努力有益于社会的发展与进步，这也应该成为我们干事创业必备的一份初心！

“一个时代有一个时代的主题，一代人有一代人的使命。”新时代新征程，每个人都是追梦人，都有一份责任，在有限的时间里，紧抓快干、尽职尽责，“趁热打铁”完成好新时代赋予我们的新使命，不为自己留下遗憾！

4 干事创业要有“滴、水、穿、石”之功

合抱之木，生于毫末；九层之台，起于累土。大事业大成就无不是滴水穿石、水到渠成、瓜熟蒂落。“滴水穿石”是干事创业成功的自然法则，也是期待成功、渴望成功者应该坚持的信念。“滴水穿石”这个词展开来，恰恰又为我们指出了成功的途径，提示我们干事创业就得练好“点滴入微的细功、水涨船高的学功、穿透现象的眼功、开山劈石的硬功”！

一、必须练好“点滴入微的细功”

老子说：“天下难事必作于易，天下大事必作于细。”海尔总裁张瑞敏说过：“把每一件简单的事做好，就是不简单，把每一件平凡的事做好，就是不平凡。”拿做一件西装来说，有的只有几道工序，有的有上百道工序，而私人定制服装老字号隆庆祥的工序却多达406道，工时需6周。为什么隆庆祥做的西装贵？贵有贵的道理，它真的把细节做到了极致。

当下，人们的效率意识很浓，期待满足其需求的供给能加速推陈出新，但“质量”意识丝毫没有降低，更愿意为高品质的“品牌”买单。从我们自身来说，谁没经历过由于粗枝大叶，造成事情在最后环节功亏一篑、推倒重来的情形？正所谓“欲速则不达”“细节决定成败”，想干大事干成事，要在点滴之处见精神，养成“精益求精”“精雕细琢”“精耕细作”的习惯。

“谨慎能捕千秋蝉，小心驶得万年船。”社会越是浮躁，有耐心、能细心的人越是显得优秀。在工作生活中，我们应该时刻谨记“千里之堤，溃于蚁穴”“小洞不补、大洞吃苦”“台上一分钟，台下十年功”的道理，切切实实把每一件小事做好、把每一个环节做完美。我们在做事，事情也在“雕琢”我们，你给它功夫，它还你结果！你下的功夫不同，得到的结果也必然不同！

二、必须练好“水涨船高的学功”

得到创始人罗振宇说：“你喜欢岁月静好，可现实却是大江奔流。这是个日新月异的时代，你若停滞不前，便只能淹死在滚滚洪流中，只有拼尽全力逆流而上，才有一线生机。”创新工场董事长李开复说：“人工智能将快速爆发，十年后50%的人类工作将被AI取代。”微软创始人比尔·盖茨说：“属于AI的时代已经开启。”

最近大家可能或多或少地听到过关于AI大模型迭代升级、新能源车互相厮杀、金融危机近在眼前等新闻或讨论。可能都会发出感叹，当下这个世界越来越充满不确定性、不稳定性，以后怎么办啊？焦虑的人越来越多。但说一千道一万，打铁还需自身硬。魔高一尺，我们就道高一丈！只要我们自身翅膀足够硬，再难的境况，我们也能振翅高飞！

这也是水涨船高的道理，人人都懂，水涨了，船自然高，否则，船就可能搁浅。面对这样一个知识爆炸、科技突飞猛进的时代，学习始终是我们应对困难、风险、挑战的金钥匙，是我们安身立命的根本，是做好各项工作的前提和基础，是提高自身素质的基本途径。我们要增强学习的使命感和紧迫感，不断强化学习的思想自觉和行动自觉。

三、必须练好“穿透现象的眼功”

电影《教父》中有一句经典台词：“花一秒钟就能看透事物本质的人，和花半辈子都看不清事物本质的人，注定是截然不同的命运。”毛泽东善于透过现象看本质，清楚知道中国的红色政权为何能够存在和发展，在革命低潮期依然可以得出“星星之火，可以燎原”的科学判断；蒋介石看不清大势，手握百万大军，却败逃台湾，将一手好牌打得稀巴烂。

这个世界纷纷扰扰，众声喧哗，耳听为虚，眼见不一定为实！面上繁花似锦，实质可能已病入膏肓，内部千疮百孔。面上对你毕恭毕敬、热情有加、嘘寒问暖、甜言蜜语，心里可能对你嗤之以鼻、恨之入骨、怨气满腹、不断诅咒。如果不能透过现象看清本质，我们可能就会上当吃亏、做出极其错误的决策，前功尽弃，与良机擦肩而过。

俗话说，“万物得其本者生，百事得其道者成。”很多时候，真正拉开人与人差距的，就是你洞察事物本质的能力。看你是否善于多角度、多层面、全过程深刻观察事物，由此及彼、由浅入深抽丝剥茧，去伪存真、去粗取精，看清事物的本质、全局以及隐藏在内部的东西。一旦掌握现象背后的底层逻辑，你判断决策的正确率、有效性必然大幅提升。

四、必须练好“开山劈石的硬功”

长江开山劈石穿过大山流向大海，黄河没有开山劈石，结果绕过九曲十八弯。中国的交通为什么如此四通八达？一条条高铁、高速公路穿山、穿河、穿海而过，还不是因为我们有了强大的盾构机、强大的建桥能力、强大的制造能力？有了开山劈石的硬功，我们就能截断巫山云雨，让高峡出平湖，使天堑变通途。干事创业亦如此！

事业前进的道路上，难免会遇到各种困难和挑战。有些关隘更是绕不开、躲不过，你必须拿下它。尤其在当下，全面深化改革进入攻坚期，剩下都是“难啃的硬骨头”。世界百年未有之大变局加速演进，世界进入新的动荡变革期，各种“黑天鹅”“灰犀牛”事件随时可能发生，我们必须准备经受风高浪急甚至惊涛骇浪的重大考验，因此要练好开山劈石的硬功。

当然，罗马不是一天建成的，练就开山劈石的硬功夫也得有一个过程，需要我们多在火热实践中锤炼、在重大斗争中磨砺，需要我们主动到基础差、困难大、矛盾多的地方，练胆魄、磨意志、长才干，需要我们勤于思考、善于积累、勇于创新，在学中干、干中学。如此一来，我们攻坚克难的功夫一定会越来越硬实、越来越强大。

“只要功夫深，铁杵磨成针。”只要天天练，久久为功，我们一定可以练好“点滴入微的细功、水涨船高的学功、穿透现象的眼功、开山劈石的硬功”，更好地应对各种困难和挑战，让我们的事业的成功水到渠成！

5 “争、分、夺、秒”抓发展

时间宝贵，一寸光阴一寸金；机会稀缺，过了这个村就没有这个店。在这飞速发展的社会中，竞争越发激烈，勤能补拙，唯快不破，“争分夺秒”抓发展不仅是一句行动口号，更是一种生存法则。“争、分、夺、秒”这四个字，值得用心体悟，用心实践。

一、争，就是要“争强好胜”

这个世界依然没有走出“丛林法则”。做人可以低调，做事却不能低调，蛋糕就那么大，你吃多点，他就吃少点，他吃多点，你就只能吃少点。谦虚、低调、礼让没有用，战场上得不到的，也别想在谈判桌上得到，强大自己才是对自己最好的保护。

1. 这是一个赢者通吃、强者易更强的社会。《圣经》中描述的现象“凡有的，还要加给他，叫他多余。没有的，连他所有的也要夺过来”依然适用于这个世界。如今全球前1%的富豪所拥有的财富超过了全球总财富的一半。在中国，阶层固化的现象变得越发突出，官二代、富二代现象非常普遍。官员子女找工作普遍比老百姓的孩子容易，富家子弟创业比平民子女容易，这都是不争的事实。商业领域，强强联手，弱者剩下的空间也是越来越少。短时间内，这种资源向少数人集聚的现象不会根除。你要多分一杯羹，唯有强大自己！

2. 这是一个不进则退、慢进也是退的社会。这个时代发展太快了，尤其是信息技术的进步，对这个世界的影响将是颠覆性的。量子计算机发展突飞猛进，AI大模型快速迭代。据报道，使用“天河二号”超级计算机求解一个方程组，假如所需时间为100年，那么使用一台万亿次的量子计算机求解同一个方程组，仅需0.01秒。华为发布的盘古药物分子大模型将先导药的研发周期从数年缩短至数月，研发成本降低70%。大家都在快马加鞭，你能懈怠吗？当别人坐上高铁，你还骑着自行车与人家比速度，不是笑话吗？

3. 这是一个逆全球化、处处卡脖子的社会。当今世界百年未有之大变局加速演进，国际环境错综复杂，世界经济陷入低迷期，全球产业链供应链面临重塑，不稳定性不确定性明显增加。新冠疫情影响广泛深远，逆全球化、单边主义、保护主义思潮暗流涌动。科技创新成为国际战略博弈的主要战场，围绕科技制高点的竞争空前激烈。以美国为首的西方发达国家大搞脱钩断链、小院高墙。中国为了反制，也出台了稀土、石墨等出口管控措施。现实说明，关键技术、要害资源掌控在谁手中，话语权就在谁手里。

4. 这是一个崇尚竞争、实力大比拼的社会。现在这个社会竞争激烈，机会也很多。有实力的人机会必然多一些，赢的可能性也更大一些。因“小作文”事件火出圈的东方甄选及董宇辉就是这个时代竞争的缩影。新东方在“双减”政策下，被迫转型，但靠自身的能力，抓住直播带货这一赛道，“融入情怀”“双语带货”“知识直播”成为新的卖点，成就了东方甄选这一新品牌。董宇辉更是依靠个人才华，借助东方甄选的平台大火特火。这个年头，潇潇洒洒过日子的有、吃了上顿不知下顿在哪的也有，关键还是看自己的能力水平。

二、分，就是要“分工协作”

一支竹篙难渡汪洋海，众人划桨开大船。在这个专业化分工越发细致的当下，单打独斗成不了大气候，我们必须靠团队的力量去竞争、拼搏。抓发展，就是要把一群志同道合的人聚合在一起，发挥各自所长，为追寻共同的目标而努力奋斗！

1. 在志同道合、目标一致上下功夫。道不同不相为谋，话不投机半句多。中国共产党为什么能够走到今天并取得如此辉煌的成就？根本原因就是大家因为共同的信仰走到了一起，为了国家富强、民族振兴、人民幸福，心甘情愿抛头颅洒热血，不计个人得失，前赴后继，终于把全国人民凝聚成了同舟共济、同风共雨的整体。今天，我们从五湖四海走到一起，在一个单位上班、在一个部门共事，不仅是因为缘分，更是因为有着共同的使命、共同的目标。我们必须强化大家这一共识，只有如此，大家才能有共同的语境，才能形成众志成城的合力。

2. 在优势互补、才尽其用上下功夫。尺有所短，寸有所长，取长补短方能优势互补。汉高祖刘邦曾说：“夫运筹策帷帐之中，决胜于千里之外，吾不如子房；镇国家，抚百姓，给馈饷，不绝粮道，吾不如萧何；连百万之军，战必胜，攻必取，吾不如韩信。此三者，皆人杰也，吾能用之，此吾所以取天下也。”一个交响乐团，有各种各样的乐器和演奏者，提琴、钢琴、长号等，大家只有相互协作，才能演奏出美妙的乐曲。工作中也是如此，大家术业有专攻，各有所长，通过优势互补，做到“1+1 > 2”，才能凝聚成团队最大化的力量。

3. 在充分沟通、高效协同上下功夫。沟通是团队协作的基础，想要组建一支高效团队，首先要保证沟通的效率。因为个人与部门分工的不同、专业的不同、了解的信息不对称，大家看问题的角度、观点不可能完全一致。我们各自承担的任务，要做到无缝衔接，也离不开高效的沟通。但沟通是一门艺术，“一句话，能把人说笑起来，也能把人说跳起来”。怎么沟通很关键。但万变不离其宗，人心都是肉长的，只要我们将心比心，怀着一颗真诚坦荡的心，抱着热情谦虚的态度，实实在在奔着解决问题去，充分沟通就一定能达成共识。

4. 在规范运作、分享成果上下功夫。规范运作是保证团队协作顺利进行的基础，分享成果是激励团队合作和共同进步的动力。一个单位、一个团队最怕的就是内耗，内耗影响着集体的运营质量、效率、效益、利润、市场、创新、发展、活力，等等，可以说是方方面面。内耗根源在哪？首先是运作缺乏制度或有制度不执行，乱了纪律、坏了规矩，松了把大家绑在一起的纽带。其次是员工付出得不到回报，干多干少、干好干坏差别不大，时间一久，能干的就躺平了。抓好一个组织，不仅要靠感情，更要靠制度来规范、靠分配去激励！

三、夺，就是要“夺目耀眼”

在这个众声喧哗、靠流量吃饭的时代，不“夺目耀眼”，就没人关注你。金子被埋没，就呈现不出光辉。尤其在抖音、快手、小红书等媒介被大众普遍接受后，我们更要懂得占有市场既要拼质量也要拼形象，要想方设法让外界看到你、让伯乐发现你。

1. 抓优产品，做强自己。没有铁肩膀，担不起硬担子；没有金刚钻，揽不了瓷器活。抓发展最终要靠实力说话。就像高铁，越南由于地缘政治原因，把合同给了日本，结果被日本搞成烂尾，双方扯皮了20年。现在的越南要建高铁，它不得不再来与中国谈。回到个人，我们谁都想位置越高越好，但如果你没有那个实力，给你位置，你也是扶不起的阿斗。做强自己、靠实力说话是这个世界不变的法则。所以，任何时候，我们都别忘了发展壮大自己的核心能力，抓优自己的“产品”，这才是我们发展的根基。

2. 抓好包装，美化自己。中国青年报社会调查中心曾对13694名网友进行过一项在线调查，结果显示，68.8%的受访者觉得自己身边的“颜控”很多，51.9%的受访者觉得“非常多”，33.8%的受访者坦言自己就属于“颜控”。这让人不得不感叹如今确实是看脸的时代。我们要更好地推销自己，就得用心包装自己。这也就不难理解，现在的大学生制作的简历越来越漂亮，产品的包装、外观越来越讲究。当然，我不赞成过度包装。比如天价月饼，太过浪费资源，时间一久，只会招来全社会的反对。但适度包装绝对是必要的，这也是对客户与他人的尊重。

3. 抓住机会，展示自己。千里马常有，而伯乐不常有。有才华的人那么多，为什么只有少数人能入领导的法眼？同类产品那么多，为什么顾客选择了他而没有选择你？因为现在到处是产品饱和、信息过载，人们选择的范围越来越大，留下深刻印象的越来越少，看不到你当然也就不了解你，那就更难以选择你。机会常常只有一瞬间，错过了就很难再拥有。所以，我们如果有才华、有实力，就不要羞羞答答，坐等“刘备三顾茅庐”，而要敢于抓住一切机会，甚至是主动创造机会，大大方方地展示自己，在毛遂自荐中让自己脱颖而出。

4. 抓紧宣传，推介自己。过去说酒香不怕巷子深，如今是酒好也要吆喝卖。这是一个传播过度的社会，各种传播媒介的不断增加，带来铺天盖地的信息，我们的大脑备受干扰。由于信息不对称，大部分顾客对你了解并不充分，也没有时间没有精力没有资源去做专业的测评，大部分情况下是仅靠自己了解的片面信息对你的单位、你的产品、你的行为等做出判断。谁先入为主，抢占了客户的认知，谁就拥有了被选择的优先权。所以，我们必须高度重视宣传工作，要去主动推介自己，让自己在客户甚至是潜在客户那里，留下好的印象。

四、秒，就是要“以秒为计”

人生的意义、生命的价值、理想信念的追寻，由时间来承载。一个个连续不断的时间节点组合成了我们的来路与前途、成就和梦想。人是时间的驾驭者，时间的意义被人所赋予。少壮不努力，老大徒伤悲。尤其在这个发展的“快”时代，赢得时间，就是赢得主动权。

1. 提升能力一刻不停。“勤学如春起之苗，不见其增，日有所长；辍学似磨刀之石，不见其损，日有所亏。”世界在发展，时代在进步，形势在变化，工欲善其事，必先利其器，提升能力永远在路上。大数据、区块链、云计算、AI 等新技术快速发展，百年未有之大变局加速演进，“00 后”成为新入职员工主体，等等，新技术、新形势、新问题给我们每一个人都带来了前所未有的挑战。本领恐慌是一切恐慌中最根本最可怕的恐慌，要想不被淘汰出局，要想赢得发展优势，唯有一刻不停地强化学习与锻炼，加速知识的更新迭代，提升自身的能力与本领。

2. 计划谋划一刻不停。不谋万世者，不足谋一时；不谋全局者，不足谋一域。形势瞬息万变，只有跟得上、贴得紧、谋得早、落得实，才能赢得了、胜得稳。同是中国通信领域的巨头，面对美国的无理制裁，中兴不得不接受美国商务部 10 亿美元的天价罚款，30 天内撤换整个董事会及高层管理人员，并接受美国长臂监管，屈辱至极，但只能接受；而华为面对制裁，立即宣布启用备胎计划，与美国硬刚到底。两家公司，谁有远见，高下立判！面对不确定的未来，善于未雨绸缪，才能有备无患！

3. 筹措资源一刻不停。手有余粮，心中不慌。占有的资源越多，整合资源的条件越具备。发展在某种程度上就是抢占资源、聚合资源，实现更大更优的财富创造。今天，尽管产品丰富、资源很多，但关键资源永远是稀缺的，许多资源是花钱买不来的，临时抱佛脚是不管用的。就拿人才资源来说，高端人才就很稀缺，尤其是高科技领域，实力的比拼在很大程度上就是人才力量的比拼。腾讯如果不是未雨绸缪引入张小龙，就可能不会有微信。在当下逆全球化背景下，我们更应该感受到筹措资源必须一刻不停。

4. 落实推进一刻不停。千招万招，不能落实就是虚招；千条万条，不去落实就是白条。不抓落实，再好的目标也只是飘在空中的云朵，再好的蓝图也只是一张挂在墙上没有变为现实的图画。现在的发展进入了爬坡过坎、滚石上山的关键阶段，工作千头万绪，前有堵截、后有追兵、侧有暗算，你追我赶，纸上谈兵是不行的，走走停停是不行的，信马游街是不行的。定下来的事，就得加班加点，尽早完成，越早越主动；就得发扬钉钉子精神，一抓到底，不达目的不罢休，干一件成一件。唯有如此，才能步步为营，集小胜为大成。

“态度决定一切，行为决定成败！”幸福都是奋斗出来的！抓发展就得“争分夺秒”，敢于争强好胜、善于分工协作、勇于夺目耀眼、实于以秒为计，抢占发展机遇和宝贵资源，方能在竞争激烈的竞争环境中立于不败之地，取得更好的成果。

6 “行、家、里、手”：事业成功的核心要素

干事创业是一个长期的过程，是一项极其艰苦的工作。在激烈的竞争中，拼脑力也拼体力，拼自己也拼家庭，拼速度也拼眼界，拼思路也拼方法。尤其在专业化分工越发精细的当下，要想成功且持续成功，你必须是你这个领域的“行家里手”。“行家里手”这四个字不仅是成功干事创业的现实需求，展开来更是寓意深刻，提醒着我们如何制胜未来。

一、干事创业得抓住“行”字，做到“身体行，精力足”

毛泽东同志曾说：“身体是革命的本钱，本钱没有了，拿什么革命呢？”列宁同志也说过“谁不会休息，谁就不会工作”。我相信这样的道理大家都明白！

但是，当下这个社会竞争无比激烈、“内卷”。华为创始人任正非直言，一周只有 40 小时工作，产生不了科学家、艺术家。特斯拉 CEO 马斯克也说，如

果每周只工作40小时，是永远无法改变世界的。

发展不进则退、慢进则亡的竞争大环境逼迫着想在竞争中脱颖而出的人们不得不采用“996”“007”的工作模式。因为现实摆在那，机会有限，大家都在拼、都在比。努力不一定成功，不努力，则连成功的可能都没有！

所以，我们要照顾好自己，爱惜自己的身体。要创造机会让自己忙里偷闲，要在坚持锻炼身体上下功夫，还要管住自己的嘴！许多同志身体不行，年纪轻轻就这病那病，严重影响工作与生活，大部分是因为不自律。

同志们，为了更好地干革命，让自己精力充沛地应对繁重的工作，迈开腿、管住嘴吧！把刷手机的时间、无意义的应酬时间放到运动场上吧！把喝酒改成喝茶吧！如果躺在病床上，时间一久，成功、朋友都会离你而去！

二、干事创业得抓住“家”字，做到“家庭暖，后方稳”

有一句话说得好：爱人的拥抱可以解决一个人99%的痛苦和烦恼！陈一筠教授曾说过这样一句话：“人的一生中，没有任何成功能够弥补婚姻家庭的失败，也没有任何成功能够代替婚姻家庭的成功。”

家和万事兴。家庭始终是我们心中最大的牵挂，是一切幸福和力量的根源！只有家庭和睦，我们干事创业才会无后顾之忧；再苦再累，回到家，也会有人理解有人包容。家永远是你可以无所顾忌依靠、休息的港湾，是你事业激情的加油站。

但好的家庭需要经营，好的家风需要培育。如果家风不正，看起来和睦温暖，却净干些歪门邪道的事，你的事业也会做不好，甚至可能下场悲惨。看看那些落马的贪官，许多也曾是夫妻和睦、家庭温馨，但由于缺少家人的提醒规劝，甚至家人还纵容推动，导致泥足深陷，最终难逃法网！

修身、齐家、治国、平天下，“齐家”排在“治国”“平天下”之前。要想干出一番大事业，我们既需要家庭的稳定与温暖，也需要为家庭注入满满的正能量！通过身体力行、言传身教，传递正确的价值理念，形成好的家风。

“妻贤夫祸少，子孝父心宽！”好的家风才有好的家庭，好的家庭才是我们干事创业真正可靠的温暖的安全的大后方！

三、干事创业得抓住“里”字，做到“情况明，里外通”

清楚情况是干好工作的前提。《孙子·谋攻篇》中讲：“知彼知己，百战不殆；不知彼而知己，一胜一负；不知彼不知己，每战必殆。”

干事创业中，每一步的决策都很关键，许多时候是“一着不慎，满盘皆输”。要做出正确的决策，首先要对决策的对象、环境、自身条件等都有足够的了解，才能权衡利弊，趋利避害。

尤其当下，信息发达，众声喧哗，真假难辨！耳听为虚，眼见也不一定为实！必须通过实实在在的调查研究，做好去粗取精，去伪存真，由此及彼，由表及里，才可能准确地把握事物的本质和规律，抓住事物的要害环节与关键要素。

我们调查了、研究了，情况就清楚了吗？不一定。因为每个人都有思维的局限，看问题很容易犯以偏概全、以貌取人、以己度人等错误，还得多听听大家的意见，尤其是专家的意见，接受一些专业工具加工出的信息。

如今，全球资源互联互通。我们要多多走出去，清楚这里那里、这些那些的情况。东方不亮西方亮，眼界宽了，视野大了，舞台也就大了，干事创业成功的机会也就更多了。

四、干事创业得抓住“手”字，做到“思路新，手法高”

“给我一个支点，我能撬起整个地球。”古希腊物理学家阿基米德的这句话家喻户晓。“田忌赛马，调换一下马的顺序，结果反败为胜”的故事尽人皆知。不一样的思路、不一样的方法，效果大相径庭！

干事创业同样如此，思路决定出路，方法决定效果。新能源汽车领域，中国异军突起，一路狂飙，就是中国在汽车领域改变发展思路，换道超车，实现裂变式发展的典型案例。

大家可能还听说过这么一个故事：二战期间，美国空军降落伞的合格率刚开始为99.9%。厂家说这已经是极限。但当军方要求从每次交货的降落伞中随机挑出一两个，让厂家主要负责人试跳时，奇迹出现了，降落伞不合格率很快降为零。

这就是博弈！思路方法一变，结果马上不一样。如今，无论是市场还是职场，竞争都很残酷。但总有人活得很滋润，也总有人活得很悲惨。我们不应该去抱怨什么大环境不好、外部需求不振等，而应该换个角度看问题，换个思路来干事，也许一切会柳暗花明！

“兵无常势，水无常形，能因敌变化而取胜者，谓之神。”干事创业永远处在见招拆招之中，我们要想赢得主动权、取得好结果，就要不断创新思路、改变手法，千万别固化自己！

当然，影响干事创业成效的因素还有很多。但这四个方面却是必备要素！期待大家听我一席言，用心呵护好自己的身体、家庭，多去掌握方方面面的情况，多去开动脑筋寻找解决问题的好办法，做到“身体行，精力足”“家庭暖，后方稳”“情况明，里外通”“思路新，手法高”。我想，有志者事竟成，有心者天不负！我们一定可以制胜未来！

7 抓住“岁、回、律、转”继往开来

“冬至阳生，岁回律转”，2024 年已然到来。今年工作如何承上启下、继往开来？无外乎两条：一是回望过去，二是面向未来。回望过去就是要做到：感恩往昔峥嵘岁月、坚守初心百折不回。面向未来就是要做到：践律蹈礼一如既往、回筹转策奋发图强。这两个方面、四句话，关键字恰好就是“岁、回、律、转”！

一、抓住“岁”字，做到感恩往昔峥嵘岁月

谁知盘中餐，粒粒皆辛苦！幸福都是奋斗出来的！站在新的发展起点上，我们不能忘记过去。我们要感恩党和国家，为我们提供了安全稳定、越发清朗的发展环境；要感恩组织与领导、亲朋与好友，为我们事业发展、攻坚克难给予的关心、帮助；要感恩这个伟大的时代，一切在洗牌、一切在觉醒，物质丰

富、科技进步、信息发达，我们既是这光荣历史的创造者，也是见证者和受益者；还要感恩对手、小人……甚至是自己。一切都是因缘际会，都是和合而生。没有无缘无故的爱，也没有无缘无故的恨。

感恩过去，不仅仅是为了珍惜来之不易的当下，更要从过去的奋斗中吸取经验与教训。善于积累和总结过往经验，也是我们党一贯的优良传统。毛泽东主席曾形象地指出，“我是靠总结经验吃饭的”。邓小平同志常说，“总结过去是为了引导大家团结一致向前看”“过去的成功是我们的财富，过去的错误也是我们的财富”。开展今年的工作，我们首先要保证的是不重复过去的错误、发扬改进好之前的成功做法。这就需要我们来一场认认真真的复盘，清晰把握发展的脉络、工作的规律、未来的需求，更好地直面风险挑战、抢抓发展机遇。

二、抓住“回”字，做到坚守初心百折不回

走得再远，都不能忘了我们当初为什么出发！初心是指南针，指引着我们前进的方向。方向错了，失之毫厘，谬以千里！今天的社会，物欲横流，充满诱惑，前进的道路上更是充满惊涛骇浪！唯有坚守初心，方能把准把稳前进方向盘！中国共产党能够从极其弱小逐步发展壮大，在腥风血雨中一次次绝境重生，在攻坚克难中不断从胜利走向胜利，根本原因就在于不管是处于顺境还是逆境，始终坚守为中国人民谋幸福、为中华民族谋复兴的初心和使命，义无反顾地向着这个目标前进，从而赢得了人民的衷心拥护和坚定支持。

“行百里者半九十。”追梦需要激情和理想，圆梦需要奋斗和奉献。今天的社会，竞争激烈，发展不进则退，慢进也是退。尽管我们现在具备了较为雄厚的物质基础，积累了丰富的发展经验，但是随着改革发展进入深水区，我们将触及更多深层次矛盾，面对更多不确定性，发展的复杂性和难度将前所未有。接下来，我们还有大量难关险隘要闯，还有许多高难命题要答，我们必须做好“重整行装再出发”的心理准备，绝不能躺在功劳薄上沾沾自喜，绝不能面对成绩放松懈怠，必须继续保持奋斗初心，发扬斗争精神。

三、抓住“律”字，做到践律蹈礼一如既往

万物有灵，天地有序，万事万物皆有其规律。把握规律性，才能富有创造性！加强纪律性，则革命无往不胜！“庖丁解牛”的故事众所周知。庖丁解牛时为什么能刀刀到位，轻松简单？因为他掌握了牛的生理构造，顺着骨节之间的间隙去切。生活在这个世界上，我们每个人实际上都是“庖丁”，社会就像牛一样，有肌肉，有骨骼，有脉络。如果没有掌握规律，就会到处碰壁，事倍功半。同样，“牛”之所以为“牛”，是因为它的组织构成有它的独特性，每一个器官都有它独有的功能，一旦错乱，牛则成为“病牛”。

“奋进新征程，建功新时代”是一个系统工程，有着内在的严密逻辑和运行规律，我们只有认识它、把握它、利用它、改造它，才能顺理成章干事业、水到渠成出成绩。习近平新时代中国特色社会主义思想是马克思主义中国化的最新成果，体现了当代共产党人对共产党执政规律、社会主义建设规律、人类社会发展规律的认识新高度，就是我们当下要遵循的最现实的“律”，我们要深化应用好；宪法、刑法、民法典、公司法等国家与组织已经形成、正在施行的各类法律法规条例、规章制度就是规范社会运行最基础的“礼”，我们要严格遵守好。

四、抓住“转”字，做到回筹转策奋发图强

“凡事预则立，不预则废。”毛泽东主席经常讲：“不打无准备之仗，不打无把握之仗，每战都应力求有准备，力求在敌我条件对比上有胜利的把握。”他能在军事指挥上出神入化，经常打出以少胜多、以弱胜强、摧枯拉朽的经典之战，很大原因就是他总在战前思谋再三。其他事情，也是如此，唯有成竹在胸，才能妙笔生花。如今，我们正处在发展的“快”时代，环境变化快、不确定因素多、竞争压力大，更要加强工作的谋划筹划规划，做好各类突发情况的预案。如果总想着“临场发挥”，大概率会发生现场“抓瞎”的情况。

同样是面对美国的制裁，中兴公司毫无准备，唯有举手投降，接受屈辱的条款；而华为公司因为早有“备胎”计划在运转，可以硬刚到底，继续破浪前

行。今年是“十四五”规划推进的关键之年，面对的具体情况与当初规划制定时相比必然已经发生了很大的变化，我们不能固守原表不变，必须根据形势的变化，持续进行优化调整。工作就像下棋，走一步看两步想三步，谋划也是运动的。当然，工作光强调回筹转策还不行，不干，半点马克思主义也没有。我们必须围绕确立的目标与计划，奋发图强，坚持不懈地走下去，才能把蓝图一点一点变成现实。

时间造化人，时间不等人。让我们一起感恩往昔峥嵘岁月、坚守初心百折不回、践律蹈礼一如既往、回筹转策奋发图强，用智慧和汗水谱写发展新篇章！

8 干好工作就得“焦、头、烂、额”

身处“快”时代，许多同志在工作中常常会有“焦头烂额”的感觉，这很正常。“焦头烂额”这四个字既是新时代一个有为者的形象写照，深思其每个字背后的寓意，又何尝不是我们应有的状态与应对之策？

一、“焦”字在提醒我们：要保持适度焦虑

人无压力轻飘飘，井无压力不出油。没有多少工作是可以轻轻松松完成的，都是在一定压力下，顶风前行！工作生活中，我们保持适度的焦虑不是坏事，它可以帮助我们保持警觉和进取心，促使我们更加敏锐地捕捉环境变化、保持高度的工作热情，合理分配工作和生活的时间，增强工作效率，及时发现问题并采取有效的措施进行解决。当然，保持适度的焦虑并不等于无限制地自我施压。任何事情都是过犹不及，焦虑过头了，就会适得其反，反而会影响我们的身心健康，甚至可能引发各种疾病。所以，我们也要避免过度焦虑。

二、“头”字在提醒我们：要保持头脑清醒

方向错了，停下来就是进步！尤其在信息爆炸的当下，众声喧哗，耳听为

虚、眼见不一定为实。要想干好工作，必须目光如炬，头脑清醒，认真甄别。在种种诱惑面前，要能够始终严守纪律底线，始终盯住正确方向，不被糖衣炮弹所裹挟，不为眼前利益而舍本逐末，不为美色金钱官位等所陷害；在难得的机遇面前，要能够果断出手不犹豫，不为繁文缛节所拖累，不为冷言酸语所寒心，不为自身条件局限所拖累；在风险挑战面前，要能够稳住阵脚，不慌神、不愣神、不走神，抓住主要矛盾与矛盾的主要方面，科学应对、正确应对、及时应对。

三、“烂”字在提醒我们：要保持阳光灿烂

盛衰在气象！没有什么比开朗而积极的心态与状态更值得珍视和培养的了。积极乐观的心态与状态可以让人更加健康和有活力应对各种挑战和困难，提高自身的沟通和处理问题的能力，更加勇于追求梦想和目标；也可以让人更加自信和勇敢，更加具备创造力和创新精神，想出更多的解决问题的方法和思路；还可以让人更加富有同理心和爱心，更加关注身边的人和事，能够给身边的人传递正能量和希望，对自己、家人、朋友、社会产生积极而深远的影响，让周围的人感受到积极向上、永不言败的精神，从而激发其积极性和创造力。

四、“额”字在提醒我们：要保持额外努力

天上不会掉馅饼，幸福都是奋斗出来的！在充满竞争的当下，发展不进则退，慢进也是退。要想在竞争中脱颖而出，天赋、家底固然重要，但努力更为关键。如今，随着 ChatGPT 的推出，人工智能大跨度前进，许多岗位将被替代，不额外努力学习，必将落伍，必将沦为时代的弃儿。近日，国家统计局发布数据显示，4 月我国 16 ～ 24 岁人口调查显示失业率高达 20.4%。在全球经济低迷，新技术、新模式等持续颠覆传统职业、传统观念的当下，国家之间、企业之间、个人之间的竞争都在加剧，资源有限，要多分一杯羹，你不额外努力能行吗？

9 干工作就得“顺、手、牵、羊”

“善战者，见利不失，遇时不疑。”三十六计之“顺手牵羊”，指的是看准敌方在移动中出现的漏洞，抓住薄弱点，乘虚而入获取胜利的谋略。当下世界，充满竞争，尔虞我诈，要争取发展主动权何妨“顺手牵羊”？“顺手牵羊”四个字更包含着“顺应大变局、手握新思想、牵住牛鼻子、争当领头羊”之意，值得我们用心品读铭记。

一、“顺”应大变局

“天下大势，浩浩荡荡，顺之者昌，逆之者亡。”海尔张瑞敏说：“没有成功的企业，只有时代的企业，所谓成功只不过是踏准了时代的节拍。”小米雷军说：“站在风口上，猪都可以飞起来。”阿里巴巴、华为、百度等一批优秀企业无不是顺应时代而快速进步。不顺应时代的例子也很多。如：曾经独步全球的柯达公司，因留恋于传统胶片市场，拒绝激进的变革，错失转型时机，终被数码时代淘汰出局。如：诺基亚手机，在2009年以前销售量为每年4亿部。可不过短短几年，这个昔日的世界手机界霸主轰然倒在了移动互联网时代。

当前，世界呈现出“乱变”交织、危机叠加的特点，乱中有变、变中有乱，整个世界步入了动荡变革期。俄乌冲突还处在交织状态，巴以冲突又瞬间爆燃，缅甸局势大幅动荡。大国博弈你来我往，美国带领盟友为一己私利，到处煽风点火，今天制裁这个、明天制裁那个，但其自身也是百病缠身，党争内斗、国债高企。中国国内的形势也在快速变化，电动汽车快速发展、人口老龄化突出，等等。

“适者生存，不适者淘汰”始终是这个世界生存进化的基本规律。大变局下，个体的力量微乎其微，唯有顺应适应响应，主动求变，才能化危为机、危中见机、危中创机。这就要求我们：要察在先。能够草摇叶响知鹿过，松风一起知虎来，一叶易色而知天下秋。时刻保持清醒的头脑、提高忧患意识，才能知变于未遂、防患于未然。要谋在先。凡事预则立，不预则废。要能围绕变化，早思考、早研究、早计划，走一步、看两步、想三步。要干在先。把握时、度、效，力求棋先一招，赢得先发优势。

二、“手”握新思想

拿着旧地图，找不到新大陆。新时代必须靠新思想引领，新征程必须用新思想照亮。进入新时代，世情国情党情发生深刻变化，我们党在探索中创新，在创新中发展，创立了习近平新时代中国特色社会主义思想，提出并全面贯彻了创新、协调、绿色、开放、共享的新发展理念，科学回答了新的时代条件下坚持和发展什么样的中国特色社会主义、怎样坚持和发展中国特色社会主义、实现什么样的发展、怎样实现发展的问题，为我们干事创业提供了光辉的思想指引、方法指南。

学习新思想、掌握新思想必须坚持系统观念。新思想、新理念是不可分割的整体，涵盖的要求是全方位的、多层次的，我们不能一叶障目，不能随意替换概念。我们要根据自身的情况，从实际出发，统筹好当前与长远、局部与全局、重点与全面的关系，在谋划发展的“大棋盘”上，统筹好五大理念，科学落子；在储备政策的“工具箱”里，系统集成好各项政策；在推动落实的“施工图”中，一体推进好各项举措，真正处理好大系统和子系统、动力机制和反馈机制等的关系，让新思想成为攻坚克难的锐利武器。

当下，全国上下普遍认识到掌握新思想的重要性，也在广泛开展学习。但是，这其中存在大量的形式主义现象，存在蜻蜓点水、断章取义现象，存在不懂装懂、拉大旗作虎皮现象。这是实事求是的态度吗？笔者在给许多单位党员干部培训讲授党的二十大精神时，课前曾多次做调研，完完整整把党的二十大报告原文认认真真读一遍的同志可以说是凤毛麟角，这能把新思想握在手中吗？然而在各类总结汇报中，第一句话绝大多数是“在党的二十大精神正确指引下”，这不是扯淡吗？要掌握新思想必须静下心来，真学习且理论联系实际深思考，并在实践中去验证反思。

三、“牵”住牛鼻子

俗话说，“打蛇打七寸”“牵牛要牵牛鼻子”，讲的就是做事情、干工作要抓主要矛盾，抓要害、抓关键、抓重点。因为主要矛盾决定事物的性质和发展方向，抓住主要矛盾和矛盾的主要方面，就能找到解决复杂问题的重点和方向。如果不能确定一个中心，那么就等于没有中心，在处理事物的时候就会手忙脚乱和不知所措。所以，工作中切忌平均用力，眉毛胡子一把抓，不加分类“一锅煮”、从上到下“一般粗”；切忌东一榔头西一棒子，按下葫芦浮起瓢，捡了芝麻丢了西瓜。

要想牵住“牛鼻子”，就得弄清楚“牛鼻子”在哪里。对于任何一个单位、一个部门来讲，最主要的牛鼻子就是“选人用人”和“绩效考核”。事在人为。干事创业关键在人，推动发展关键在人，选准人、用好人事关事业成败。古人云：“贤良之士众，则国家之治厚；贤良之士寡，则国家之治薄。”“用一贤人，则贤人毕至；用一小人，则小人齐趋。”再者就是“绩效考核”，它是引领人们追求的指挥棒，体现着组织的价值观，体现着关注什么、鼓励什么、支持什么、反对什么，不同的考核方式，不同的行为表现，不同的工作结果。

当然，牵“牛鼻子”，不仅“牛鼻子”关键，如何“牵”同样重要。方向是第一前提。方向正确，渐行渐近；方向错误，渐行渐远。牵牛不能没有方向感。速度要符合实际。强拉硬扯、一路狂奔，再好的牛也会尥蹶子、生病甚至倒地不起。我们必须遵循规律，心急吃不了热豆腐。还要时时照看“牛”的反应，也许我们牵了半天才发现牵的是牛角、牛尾、牛耳朵，这时就得及时纠错。时移世易，事物发展的主要矛盾也不是一成不变的，牵的“牛鼻子”的位置也要随之变化。

四、争当领头“羊”

人无精神不立，国无精神不强。良好的精神状态，是我们做好一切工作的前提。精气神不仅是个人身心状态的反映，也是竞争力、战斗力、爆发力的源泉。在这个充满竞争的当下，胜者为王，赢者通吃，谁抢得先机谁就拥有主动权；发展不进则退，慢进也是退。一个人、一个单位要想更受关注，脱颖而出、接触到更多的发展机会，就得敢于出头领头当头，敢于和强的比、向高的攀、与快的赛，自觉对标对表，主动补齐补强，干就干最好、争就争第一，事争一流、唯旗是夺。

美国为什么能够在芯片领域既卡我们脖子又赚取高额利润？就因为它是这个领域的领头羊。我们的电动汽车异军突起，超越了欧美日老牌车企，就因为我们是这个领域的领头羊。我们的光伏产业在世界上有着举足轻重的话语权，也是因为我们是这个领域的领头羊。在各种项目评审评定中，一些专家学者大咖的言论就是权威，还是因为他们是这个领域的领头羊。在干部选拔、先进评比中，一些人脱颖而出，就是因为他们能够领头冒尖。机会要靠自己争取，要有话语权，要占得先机，就得争当领头羊。

没有金刚钻，揽不了瓷器活。领头羊不是想当就能当成的，你得有两把刷子。尤其身处当下这个知识爆炸的年代，知识加速迭代，形势瞬息万变。我们更要有本领恐慌的危机感、终身学习的饥饿感，要想方设法提升自身的能力与水平，丰富自己的知识结构。同时，要始终明白“一个人可以走得快、一群人才能走得更远”，这个时代单打独斗干不了大事业、搞不出来大成就。我们必须能够团结带领一班人一起努力、一起奋斗。尤其要关键时刻站得出来，危难关头豁得出来，率先垂范、一马当先，才能成为大家心服口服的“领头羊”。

“顺应大变局、手握新思想、牵住牛鼻子、争当领头羊”，是新时代奋进者应有的状态，是干事创业的方法论，也是一个人成就人生与事业的关键能力！这个“顺、手、牵、羊”应该铭记在心！

10 干工作就得“巧、取、豪、夺”

在这个充满竞争的社会，总体上依然遵循着丛林法则，胜者为王、赢者通吃，美丽的赞歌都是唱给成功者的！既然公平竞争，就是你争我夺，只要我取之有道、合乎法律，谁管你是“巧取豪夺”还是“横抢武夺”，法无禁止皆可为！身为职场人，依法合规前提下，抢抓机遇与资源，“巧取豪夺”有何不可？“巧取豪夺”四个字展开来，更为我们如何把握机遇、抢占资源提供了一种方法论。

首先是“巧”：工作中需要善于运用技巧和工具。方法对，事半功倍；方法不对，努力白费。工作中遇到的各种问题不一定只有一个解法、一套方案，但不同的处理方法带来的结果却千差万别，甚至是天壤之别。同样的问题，有的方法可能“四两拨千斤”，有的则是“费力不讨好”。道路明摆着，有近路、大路不走，非得费时费力费钱财绕道走，不是“愚蠢”是什么？丢失机遇也正常！在这个异常讲究效率、各类资源极其紧张的当下，遇到问题，我们就得多拿出一些方案，进行优中选优，以最小的付出实现最佳的收益。

其次是“取”：工作中需要主动获取机会和资源。狄更斯说：“机会不会上门来找，只有人去找机会。”故事“守株待兔”告诉我们，成功往往需要主动努力，而不能依赖于等待和机遇。故事“毛遂自荐”告诉我们，不要总是等着别人去推荐，只要有才干，不妨自己主动站出来，做出自己应有的贡献。过去，我们讲酒好不怕巷子深；如今，好酒品种太多了，好酒也得吆喝卖！过去，我们讲是金子在哪里都能发光；如今，真金必须火炼，千里马需有伯乐。天上不会掉馅饼，要实现个人的梦想和目标必须主动争取！

再次是“豪”：在工作中需要始终充满豪气和自信。“自信人生二百年，会当水击三千里”“星星之火，可以燎原”“世上无难事，只要肯登攀”“小小寰球，有几个苍蝇碰壁”“搞一点原子弹、氢弹，我看有十年工夫完全可能”，毛泽东主席的豪言壮语比比皆是，这也是他的格局与境界之体现，是他战胜一切困难的力量源泉。不管什么时候，都是“困难是弹簧，你弱它就强”。成就事业始终需要“生当作人杰，死亦为鬼雄”的英雄气概，需要“我自横刀向天笑”的从容，需要“舍我其谁、有我必胜”的自信，需要“不破楼兰终不还”的决绝。

最后是“夺”：在工作中需要瞄准目标争夺和抢夺。心有高标，方可致远。目标激发动力，动力催生实践。方法与过程都是为目的服务，竞争的意义在于能够脱颖而出、抓住机遇、占有资源，就如同一场足球赛，就看谁能抢到球并进球。不拼不抢不可能赢！工作也是这样，我们必须树立赢的导向，确立从哪“夺”什么“球”，并保持专注和持之以恒的精神，围绕“夺”得对、“夺”得快、“夺”得准、“夺”得稳、“夺”得多，直面问题，用心研究“夺”的方案，提升自己“夺”的实力和能力，最终要创造性“夺”取自己的利益和成就。

总之，干好工作离不开“善于运用技巧和工具、主动获取机会和资源、始终充满豪气和自信、瞄准目标争夺和抢夺”，这些都是职场中优秀人士的重要品质。只有具备这些素质，我们才能够在工作中取得出色的成绩，并实现自己的职业目标。就让我们秉持“巧、取、豪、夺”的理念，努力工作吧！

11 干事创业就得“乘、风、破、浪”

“乘风破浪”原指船只乘着风势、破浪前进，现通常比喻人们不畏艰险，奋勇向前，多含施展远大抱负之意。身处波澜壮阔的新时代，干事创业可谓生逢其时，更重任在肩，能否大展才干、实现梦想，关键看我们想否、是否、能否“乘风破浪”！“乘风破浪”应该成为我们应有的状态、具备的能力、坚定的意志，其四个字分开来也在提示我们要“有抢乘时代大潮的敏锐、有树立新风正气的自觉、有破除横拦竖挡的勇气、有迎接惊涛骇浪的本领”。

一、要有抢乘时代大潮的敏锐

正所谓时势造英雄，时代大潮，浩浩荡荡，如果跟对了时代大潮，甚至站在浪潮之巅，就能顺风顺水地发展。正如海尔张瑞敏所言，没有成功的企业，只有时代的企业。我们每个人要想成功，必须适应这个时代，抢乘时代发展的大潮，踏准时代的节拍。

1. 觉察时代变化。当今时代正在发生翻天覆地的变化，例如数字科技和人工智能的快速发展，以及新型能源、新材料、生物医药等新型技术不断出现。这些变化正在全球范围内影响着人们的生活，影响着社会运作方式和经济发展模式。一个有时代意识的人应该关注这些变化，并顺应大潮。否则，就会被淘汰于时代进程之外，呈现出“守株待兔”的状态。

2. 觉察行业变化。不同行业也面临着不同的发展趋势。举个例子，娱乐业正在经历数字化和移动趋势的转型，传统的渠道和方式受到巨大冲击，而新型平台和内容正在迅速涌现。一个有行业意识的人应该对所处的行业有充分的了解和认识，关注行业发展趋势，学习行业最新信息，以便更好地应对行业风险和抓住机遇。

3. 觉察个人能力。天生其人必是才，天生其才必有用。每个人都有自己擅长的领域，关键是要发现它、唤醒它、凸显它，这我们打开成功大门的最好的路径。所以，时代大势面前，我们要想更好的成长、更大的成功，更应该静下心来，认真分析自己的优势和劣势，锁定自己的长板，全力以赴拉长它，奔跑在自己擅长的赛道上。

二、要有树立新风正气的自觉

“蓬生麻中，不扶自直。白沙在涅，与之俱黑。”个人、单位、社会、国家等每一个层面的发展，都离不开好的环境。维护社会的新风正气是每个公民的责任和义务。只有每个人都能主动树立新风正气，才能从根本上改变社会不正之风。

1. 从个人行为出发建设新风正气。当下，许多人对官僚主义、形式主义等坏风气恨之入骨。但我们扪心自问，有几个不是在助纣为虐？所以，我们不要总站在道德制高点上指手画脚，而要从自身入手，注意自己的举止和言行，树立起高尚的道德标准和良好的行为习惯，严格规范自身行为，做到言行一致，遵纪守法，真诚待人。只有在个人行为方面，树立起新风正气，才能让整个社会环境有所升华。

2. 积极参与公共事务维护新风正气。参与公共事务是每个人应该关注的问题。积极参与社区、志愿者服务、环保、扶贫等公益事业，帮助弱势群体，关注弱势领域。同时，要积极参与政治和公共生活，关注社会进步，积极投票参与选举，并积极批评环境中的不良现象，呼吁和引导身边的人团结奋进，为社会的净化起到积极的作用。

3. 加强教育引导实现新风正气的持续进步。教育是最基础的工作，只有教育好下一代和身边人，才有可能实现基本的社会进步。教育机构和社会机构以及我们每个人都要主动普及实用的新风正气知识，使人们形成正确的价值取向，引导大众形成较为稳定的正常的行为规范，唤醒公民对“新风正气”的关注，并切实用行动力量实现共同目标。

三、要有破除横拦竖挡的勇气

狭路相逢勇者胜！当前，改革发展步入深水区，遇到的都是难啃的硬骨头，越怕事越容易出事，越想绕道走矛盾越堵在面前。只有豁得出去、敢闯敢干，下定“明知山有虎，偏向虎山行”的决心，真刀真枪干，矛盾和困难才可能得到解决。

1. 不要迷信于经验权威。“敢于质疑”是获得真知的前提。哥白尼生活的时代，教皇是权威，他的日心说在那个年代受尽了世人的嘲笑和教皇的为难。历史上，这样的案例不胜枚举！干事创业中，也是如此，时移世易，不同情况和不同时间需要不同的解决方案和方法。经验与权威只能告诉我们过去怎么样、常规怎么样。我们应该综合考虑各种因素，有自己的分析与判断，做出最合理的决策。

2. 不要贪念于眼前利益。俗话说“人见利而不见害，鱼见食而不见钩”。很多事情上人们往往只看到眼前的利益，而忽视了事情背后的潜在危险。发展是一个长期和持续性的过程，我们绝对不能只看眼前的利益。如果只追求眼前的利益，不会统筹兼顾、综合平衡，可能会忽视长远的发展和未来的机会。许多时候，眼前利益再大再诱惑人，也得果断放弃，这是一种勇气，是一种能力，更是一种智慧。

3. 不要畏惧于一时困难。信心堪比黄金贵，办法总比困难多。没有哪一项重要改革创新，尤其涉及切身利益、动“奶酪”的改革创新，会轻轻松松、顺顺当当，总会遇到各种各样的阻力，碰上所谓的“绊脚石”“拦路虎”，这很正常。但我们不要因为路上有“绊脚石”“拦路虎”，就裹足不前，甚至停滞下来，而是要想方设法攻克它、搬掉它。实践一再证明，只要用心去做，就没有翻不过的火焰山、蹚不过的通天河。

四、要有迎接惊涛骇浪的本领

“没有金刚钻，揽不了瓷器活；没有铁肩膀，担不起硬担子。”当下，世界百年未有之大变局加速演进，以美国为首的西方国家团伙对我们的打压遏制不断升级，各行各业到处在“卷”，前所未有的各种困难与挑战接踵而至。我们该怎么办？唯有用实力说话、靠本事立身。

1. 把发展基础夯扎实。国家之间的较量拼的是综合国力。如果我们的经济实力、军事实力、科技实力、金融实力等远超美国，它还敢挑衅吗？打科技牌、台湾牌、新疆牌还有用？就如一只苍蝇叮在大象身上，尽管恶心，但无关大局。具体到企业和个人也是如此，手有余粮心中不慌，财大才能气粗。不管未来怎么样，你有雄厚的家底，你能耗得起、拖得久、躲得开、站得稳，你就会底气十足、信心满满。

2. 把发展能力提上来。发展才是硬道理。龟兔赛跑，排除意外，谁能获胜，傻瓜都能看明白。当下正处在发展的“快”时代，科技进步日新月异，知识更新不断加速。要想接得住惊涛骇浪，你要有实力、能力和方法。对个人而言，你的专业能力、创新能力、应变能力、沟通能力等都是你打拼的资本。对国家来说，国家治理能力、科技创新能力、军事保障能力等都是克敌制胜的关键要素。

3. 把斗争水平提上来。敢于斗争是战胜风险挑战的前提，善于斗争是战胜风险挑战的保障。有实力有能力不一定赢得最后的胜利，还得有策略有方法有手段有毅力。我们必须着力提升见微知著的能力，能够透过现象看本质，把握先机、趋利避害。要把握大势大局大事，增强底线思维、风险意识，科学排兵布阵，始终牢牢掌握斗争主动权。更要经一事长一智，举一反三，练就斗争的真本领、真功夫。

12 干事业就要“刻、舟、求、剑”

幸福都是奋斗出来的！当前正处于百年未有之大变局，要在这个时代中脱颖而出和取得成功，就必须具备“刻苦耐劳的黄牛精神、同舟共济的团队精神、实事求是的较真精神、剑走偏锋的创新精神”。从好懂易记角度概括，这四种精神可简称为“刻、舟、求、剑”。当然，我们也要注意不要掉入“刻舟求剑”的陷阱。

一、必须发扬刻苦耐劳的黄牛精神

“天将降大任于是人也，必先苦其心志，劳其筋骨，饿其体肤，空乏其身”，世界上从来没有毫不费力就得来的成功，有付出才会有收获。如今社会发展变化快，社会越发心浮气躁、急功近利。但心急吃不了热豆腐、欲速则不达。事业发展始终需要遵循一定的规律。“厚积薄发”“十年磨一剑”。我们现在正处于爬坡过坎、滚石上山的关键阶段，改革进入深水区，经济发展进入新常态，各种矛盾叠加，风险隐患集聚，更要做好吃大苦、长期吃苦的准备，唯有咬紧牙关，坚持坚持再坚持，始终以奋斗的状态面对每一个挑战，才能拿下一个个拦路虎，我们为之奋斗的各项事业才能从一个胜利走向另一个胜利。

二、必须发扬同舟共济的团队精神

集众智者、事无不成，聚合力者、业无不兴。团结协作始终是一切事业成功的基础，是立于不败之地的重要保证。面对越来越细的专业化分工，面对越来越复杂的难题，对于协作的要求也越来越高，团结协作既是一种良好的道德品质，更是一种解决问题的方法。它体现了人们的集体智慧，是推进事业发展不可缺少的一环。通过发扬同舟共济的精神，我们可以在目标一致的前提下团结起来，同心协力，取长补短，群策群力，心往一处想、劲往一处使，工作中互相支持，生活上互相关心，每个人都能发挥特长、发挥优势，超越个体认知以及个体力量的局限性，从而产生 1+1>2 的效果，共同把事业干好干成干大。

三、必须发扬实事求是的较真精神

实事求是是中国共产党的思想路线，是马克思主义中国化理论成果的精髓和灵魂。一百多年来，我们党带领人民进行革命、建设和改革，所取得的一切成就都是靠实事求是。当下，世情、国情、党情深刻变化，各种新问题新矛盾亟待我们破解。如何破解？前提就是要实事求是、基本方法也是实事求是。无论多么复杂的问题，都有对应的最优解。关键是我们要搞清楚问题到底是什么、现实资源具体有哪些、怎么解决最合理。也就是说，我们要把握客观真实性，能透过现象看本质，抓住真问题、找到真原因；要把握客观规律性，在认识规律、遵循规律的基础上开展工作。

四、必须发扬剑走偏锋的创新精神

《孙子兵法》云：“凡战者，以正合，以奇胜。”在市场竞争白热化的今天，创新是企业生存的刚需。没有创新，再伟大的企业，也会被竞争对手赶超。但大家都在创新，你如何异军突起？我们可能不得不考虑剑走偏锋、换道超车，跟显而易见的道理反着走。比亚迪在国内率先全面暂停燃油车的整车生产，握指成拳，在新能源车赛道迅速爆发；华为面对以美国为首的西方国家的全面封锁，断臂求生，进一步加大研发力度，沉寂 3 年，Mate60 横空出世。有瑕疵的剑走偏锋，也胜过安全的平庸。如今传统的技术、产品、营销等路线拥挤不堪，按部就班地迭代很难在竞争中脱颖而出，我们要有勇气不走寻常路。

“刻、舟、求、剑”，不是“刻舟求剑”！我们在发扬“刻苦耐劳的黄牛精神、同舟共济的团队精神、实事求是的较真精神、剑走偏锋的创新精神”的同时，必须摒弃“刻舟求剑”的惯性心态。

13 干好工作不妨“勾、心、斗、角”

汉字真是高妙，不同语境，不同角度，意思完全可能是天壤之别。“勾心斗角”一词，出自我国唐代诗人杜牧的《阿房宫赋》，本指宫室建筑艺术高超，结构复杂精巧。如今却被用于形容人与人之间各用心机，明争暗斗。同样，说起工作我们当然反对“勾心斗角”，但这四个字拆开来理解，如果是“用心勾画未来、保持必胜信心、时刻充满斗志、明白角色定位”，这不是干好工作的指南吗？如此理解,“勾、心、斗、角”四个字我们应该铭记在心、化为行动！

一、用心勾画未来

预见未来，才能更好遇见未来！我们可以通过设定目标，勾画未来，为自己提供长期的聚焦点，激励现在的行动，让自己的未来变得更有意义与价值。勾画未来需要我们综合考虑自身情况，分析自己的职业、知识和技能状况，了解自己的优缺点，以及未来的挑战和机遇；要根据自己的兴趣、理想和价值观，设定长远的愿景和短期目标，只有设定了目标，才能清晰地走向未来，实现个人价值；要制订具体的计划，包括培训、学习、实践等方面，以获取必要的知识和技能；还要定期检查自己的强项和弱项，并对计划进行修正。蓝图在手，路虽远行则将至，事虽难做则必成。

二、保持必胜信心

信心堪比黄金贵、办法总比困难多。看看这些年国家的发展，每项成绩无不是克服困难而成。只要努力到了，一切都是水到渠成。“当今世界，要说哪个政党、哪个国家、哪个民族能够自信的话，那中国共产党、中华人民共和国、中华民族是最有理由自信的。”经过数代人的努力，我们找到了最适合自己发展的道路，拥有了科学的发展理念、较为完善的制度体系、门类齐全的工业体系、数量充足的人才资源与资源禀赋，等等。中华民族伟大复兴已经进入不可逆转的历史进程。身处这样一个伟大的时代，机遇无处不在，只要我们始终铭记正念、坚守正心、怀抱正义、坚走正道，每个人都前途光明！

三、时刻充满斗志

斗志是每个人迎接挑战、战胜困难的精神支撑和动力来源。在生活和工作中，我们常常会遇到各种各样的挑战和问题，如果没有强烈的斗志，就难以有足够的动力去克服它们。与此相反，当一个人有了斗志，意味着他已经切实地意识到了自己的目标、价值和使命，对于实现这些目标和使命，他愿意付出努力和承受痛苦。斗志可以激发人的内在潜能和能动性，让人走出舒适区，努力拼搏，不断提升自己，实现自我价值和成就感。但也需要指出的是，斗志并不等于盲目地进攻和冲动，而是在明确自己的目标和信念的基础上，运用智慧和方法，制定合理的行动方案和有效的策略。

四、明白角色定位

人生就是一个大舞台，每个人都是这个舞台上的演员。而不同的角色要求我们表现出不同的能力和态度。在家庭中，我们可能扮演着子女、父母或配偶，肩负着不同的使命和责任。只有明白自己的角色定位，才能更好地维护家庭和谐和幸福。在社会中，不同的职业也让我们扮演着不同的角色，如教师、医生、工程师、公务员等，肩负着不同的社会责任。只有履行好自己的职责，尽心尽力做好本职工作，才能获得别人的信任和尊重，并促进社会的发展。总之，只有演好自己的角色，才能诠释自己的人生价值和目标，创造丰富和充实的人生，让自己收获成就感、幸福感。

14 干工作“马、到、成、功”的秘诀

在这个快节奏的时代，人人都渴望马到成功。但成功并非一蹴而就，它需

要我们掌握一些关键策略和思考方式。今天，就让我们一起来揭开“马到成功”的秘诀吧！

一、马上就办：效率为王

“马上就办”意味着果断、迅速地行动。在竞争激烈的现代社会，时间就是金钱，效率就是生命。那些能够快速做出决策并付诸实践的人，往往更容易取得成功。要提高效率，我们可以优化工作流程，减少不必要的步骤和干扰。同时，要养成良好的时间管理习惯，合理分配时间，优先处理重要任务。记住，拖延是成功的大敌，只有马上就办，才能抢占先机。

二、到位到底：关注细节

“千里之堤，溃于蚁穴”，细节决定成败。在追求成功的道路上，我们要做到到位到底，关注每一个细节。无论是工作还是生活，都要以高标准要求自己，力求每一个环节都做到尽善尽美。只有这样，我们才能避免因小失大，确保工作的质量和成果。要学会在细节中发现问题，解决问题，不断提升自己的能力和水平。

三、成在勤奋：刻苦努力

“勤能补拙”，勤奋是成功的基石。没有人天生就有过人的才能，只有通过不断地努力和学习，才能提升自己的能力。成功的人都懂得付出，他们愿意花费时间和精力去钻研，去挑战自我。所以，让我们以勤奋为座右铭，不断进取，努力向着目标前进。

四、久久为功：坚持不懈

“锲而不舍，金石可镂”，成功需要坚持。在实现目标的过程中，我们可能会遇到各种困难和挫折，但只有坚持不懈的人，才能最终取得胜利。要有长远的眼光，不被眼前的困难所吓倒，相信自己的坚持终将得到回报。

总之，想要马到成功，我们需要马上就办，效率为王；到位到底，关注细节；成在勤奋，刻苦努力；久久为功，坚持不懈。这些秘诀就像一匹骏马的四蹄，让我们在成功的道路上飞奔。让我们一起驾驭这匹骏马，向着成功的彼岸奋力驰骋吧！

15 “顺、理、成、章”干工作

没有谁不想把工作干好。但干好工作必须讲究方式方法，遵循客观规律，这样工作才能“顺理成章”，成绩“水到渠成”。“顺、理、成、章”这四字展开来，也进一步告诉了我们怎么干工作才能“顺理成章”！

一、“顺”字提示我们要：顺应大势干工作

“天下大势，浩浩荡荡，顺之则昌，逆之则亡。”时代在发展，生活在变化，拿着旧地图，找不到新大陆。柯达公司盲目自信，固守自己先进的胶卷技术，最终被市场淘汰；诺基亚无视智能手机时代的到来，只能将市场拱手让出。海尔张瑞敏说：“没有成功的企业，只有时代的企业。所有的企业所谓的成功，只不过是踏上了时代的节拍。”人也是如此。个人在时代大势面前，过于渺小，要想活得好、干得成功，实现自己的人生价值，唯有跟着时代的大潮往前走，密切关注社会动态、国家政策、市场需求和行业发展，积极学习了解最新的信息与知识，练就过硬本领，寻觅并及时抓住各种宝贵的发展机遇。

最近因“小作文”事件而备受关注的东方甄选就是顺应大势发展的典型。随着国家“双减”政策的落地，曾经靠教培辉煌的新东方公司股价一度跌去90%，市值蒸发2000多亿元，营收减少80%，辞退了6万名员工，关停了1500个教学点，近三十年的心血一朝梦碎。国家政策就是大势，大势面前，新东方无力抗争，唯有转型发展一条路。作为新东方“舵手”的俞敏洪，顺势而为，推出了“东方甄选”，开始尝试直播带货，主推高品质、高性价比的农

产品，支持乡村振兴事业。直播带货、乡村振兴、高品质生活就是大势，俞敏洪抓住了，并结合自身特点，融入“情怀”“双语带货”“知识直播”成为新的卖点，东方甄选终于火了。

如今，世界正处在百年未有之大变局。大国之间博弈加剧，保护主义和民粹主义逆流涌动，贸易“逆全球化”愈演愈烈；新一轮科技革命和产业变革方兴未艾，大数据、物联网、人工智能、新能源等新技术广泛应用并渗透到各行业各领域，新产业新业态新模式不断涌现，正在加速形成新的增长点。这些都是发展大势，大势中当然既有风险更有机遇，关键看我们怎么做。明者因时而变，知者随事而制。大势面前，适者生存。我们必须拥抱大势，积极改变自己，主动出击，方能抢占机遇，迎来新的更好发展。

二、“理”字提示我们要：有条有理干工作

古人云：“事有先后，用有缓急。”在这个急速发展的“快”时代，事情头绪多、变化大，忙是常态，更要讲逻辑、分层次、抓重点、会授权，学会十个指头弹钢琴，有条有理干工作。否则，心浮气躁，东一榔头西一棒子，眉毛胡子一把抓，只能越忙越乱，顾东管不了西、忙南找不着北，按下葫芦浮起瓢，结果事倍功半、效果不佳。俗话说，思路决定出路。遇到任何事情，我们首先要静下心动脑筋，分清主要矛盾与矛盾的主要方面，分清轻重缓急，理出做事的具体计划，明确先干什么后干什么，哪些事由哪些人来干，科学部署兵力、配置火力，绝对不能闭着眼睛、缺乏计划、没有章法、不讲规律、横冲直撞打乱仗。

新中国发展之所以取得举世瞩目的巨大成就，很大一部分原因就是我们有一轮又一轮的“战略部署”“五年规划”“十年规划”在推动工作。我们可以看到，中国共产党每进入一个新的发展阶段，都会进行相应的总结，并做好对新使命的规划。比如，党的十九大提出新时代“三步走”战略；党的二十大对全面建成社会主义现代化强国作出“分两步走”总的战略安排。如今，我们正在实施的就是第十四个五年规划。美国耶鲁大学高级研究员斯蒂芬·罗奇就曾建议：“中国的一些方法，是我们美国也需要考虑的。”“美国可以学习中国采取

更宏观的经济规划，如制定策略、进行五年规划等，解决本国问题。”

无论是一个国家还是一个组织，要取得良好发展，都得有条有理推动工作，个人也是如此。干工作，我们要学会全盘考量、精心谋划，什么是长线工作，什么是眼前必须解决的问题，什么是容易出岔子的难题，都要预判到位、了然于胸。要学会长计划、短安排，总体把握、分步实施，既要抓好行业本职工作，也要兼顾当前重点工作；既要科学整合工作力量，把集中攻坚和分工负责结合起来，也要集中优势力量办大事，搞好“集团冲锋”；既要坚持发扬钉钉子精神，定下来的事干一件成一件，决不能“猴子掰玉米”，也要对突发情况有前瞻性考虑，把问题想在前头、把措施定在前头，才能遇事不慌、处之泰然，避免“计划赶不上变化快”。

三、“成”字提示我们要：众志成城干工作

“能用众力，则无敌于天下矣，能用众智，则无畏于圣人矣”“众力并则万钧举，人心齐则泰山移”“撼山易，撼岳家军难”“一个篱笆三个桩，一个好汉三个帮”“一箭易断，十箭难折”……关于团结的金句俗语俯拾皆是。团结始终是我们干事创业的生命线，是我们奋进力量的最大源泉，是我们战胜一切困难的法宝。建功新时代，奋进新征程，有效应对“黑天鹅”“灰犀牛”“惊涛骇浪”等风险挑战，把不确定难预料的因素变成确定性、可预判、能转化的条件，我们更要讲团结善团结，方能凝聚力量释放“叠加效应”“乘数效应”，形成雷霆万钧之势，穿越征途上的崇山峻岭、战胜赶考路上的艰难险阻。

中国共产党是最讲团结、最能奋斗的先进政治力量。“一百年来，党和人民取得的一切成就都是团结奋斗的结果，团结奋斗是中国共产党和中国人民最显著的精神标识。”想想当年的旧中国，为什么落后挨打？孙中山痛苦发出感慨：“四万万中国人，一盘散沙而已。”后来，正是因为有了中国共产党，把人民组织起来了，团结起来了，我们才有了推翻三座大山的滔天伟力！小米加步枪硬生生战胜国民党军的“飞机加大炮”、战胜武装到牙齿的“日本鬼子”“美国鬼子”。总结淮海战役的胜利，陈毅元帅发出肺腑之言：“淮海战役的胜利，是人民群众用小推车推出来的！”遥望未来，14 亿多中国人心往一处想、劲

往一处使，同舟共济、众志成城，就没有干不成的事、迈不过的坎。

团结对国家、政党、组织都极为重要，对我们个人也是如此，单枪匹马、单打独斗绝对成不了大气候、干不成大事业。古话说："千人同心，则得千人之力；万人异心，则无一人之用。"工作中，我们一定要树立团队意识，主动将自己融入团队，和他人搞好团结。要懂得尊重和欣赏别人多姿多彩的个性，讲民主、守原则、顾大局，不要争你大我小，不要搞个人说了算，要相互补台补位；要多关心理解、帮助、激励他人，多交朋友少树敌人，把支持自己的人搞得多多的、反对自己的人搞得少少的。当然，团结也要讲规则、守底线，大家如不是基于正确价值观团结在一起，不但干不成事，还会有其他的破坏性。

四、"章"字提示我们要：遵章守纪干工作

人不以规矩则废，家不以规矩则殆，国不以规矩则乱。法律和规则是社会与组织运行的基石，是工作与生活有序运转、人与人和谐共处的基本元素。遵章守纪也是每个公民的基本素质。《吕氏春秋》中说，"举事必循法以动"；《礼记》中说，"入境而问禁，入国而问俗，入门而问讳"。越是文明的社会，越是讲究在法律与规则下运转。拿交通安全来说，如果没有交规，大家视红绿灯为摆设，我们整个城市就会陷入瘫痪。拿我们党来说，如果没有规则，大家各行其是，9600 万名党员怎么可能步调一致？

纪律严明是中国共产党的鲜明特征，也是不断从胜利走向胜利的重要保证。早在党成立时，《中国共产党第一个纲领》就作出关于纪律方面的规定。土地革命战争时期，就提出并践行了"三大纪律八项注意"。毛泽东同志曾指出，我们党有三件"战胜敌人的主要武器"，第一件就是"一个有纪律的，有马克思列宁主义的理论武装的，采取自我批评方法的，联系人民群众的党"。为了严明纪律，杀人犯黄克功、贪污犯刘青山、张子善功劳再大也被处决。党的十八大以来，我们党一再强调全面从严治党，一大批违反党纪国法的领导干部锒铛入狱。正是纪律与规矩保证了我们党的团结统一，保证了其具备强大的凝聚力与战斗力。

今天，全面推进依法治国已经成为举国上下的共识，成为解放和增强社会活力、促进社会公平正义、维护社会和谐稳定、确保党和国家长治久安的根本要求。作为公民，我们必须牢固树立“法治思维”“红线意识”，从我做起，严格遵章守纪，依法合规干工作。法律法规要求我们做的必须去做，法律法规禁止我们做的坚决不做。绝对不能为了眼前利益，破坏规则，牺牲原则。同时，我们还要自觉遵守职业道德，保持廉洁自律，诚实守信。可以说，遵章守纪地干工作，不仅是对工作的负责，也是对自己的保护。

“顺应大势、有条有理、众志成城、遵章守纪”相辅相成，都是干好工作的必要条件。我们只有认真做到了，付出的汗水才可能结出累累硕果。

16 “设、身、处、地”干工作

成语“设身处地”，出自《礼记·中庸》，意思是站在别人的处境替别人着想。这是人与人融洽相处之道。如果我们将目光转向自己，站在自己的位置替自己着想，再来看“设、身、处、地”这四个字，其意思不妨扩展理解为“想方设法、身体力行、处变不惊、脚踏实地”，这又何尝不是我们干好工作之道呢？

一、“设”字提示我们：干工作就得能“想方设法”

矛盾和问题是事物发展的根本动力，问题无处不在、无时不有，社会永远在发现问题、解决问题中前进。工作中有问题很正常，工作的实质就是解决问题。如何解决问题？有的手到擒来，有的费尽周折，有的可能百思不得其解。实践最终证明“没有解决不了的问题，只有积极地想办法才会有办法”。

俗话说，“发动机只有发动起来才会产生动力”。工作中，我们必须让大脑高速运转起来。如果停止思考，即使天才遇到问题时也会一筹莫展。我们必须把大家的积极性、创造性激发出来，“三个臭皮匠，赛过诸葛亮”。我们必须把各项资源调动起来，“众力并则万钧举、人心齐则泰山移”。我们必须积极行动起来，“道阻且长，行则将至”。“坐在办公室碰到的都是问题，深入基层看到的全是办法。高手在民间。”

世上无难事，只怕有心人。做任何事情都必须下定决心，不怕吃苦，不怕劳累，只要你认认真真“想方设法”地去做了，事情总会有结果。我没有见过心灰意冷、垂头丧气就能将问题解决得很漂亮的人，也很少见积极应对、全力以赴却将问题解决得很糟糕的人。在问题和困难面前，持有怎样的心态，往往就已经决定了能将事情处理到怎样的水平。

二、“身”字提示我们：干工作就得能“身体力行”

“纸上得来终觉浅，绝知此事要躬行”“知者行之始，行者知之成”“喊破嗓子不如干出样子”“其身正，不令而行；其身不正，虽令不从”“人不率则不从，身不先则不信”……中国古人为我们留下了大量有关哲思与经验的总结。实践也反复证明，工作成绩都是干出来的，身体力行是最有效的示范，以上率下是最有力的引导。

“小马过河”的故事告诉我们，河水既不像老牛说的那样浅，也不像松鼠说的那样深，别人的经验只可以作为参考，而不能照搬照抄。“盲人摸象”的故事告诉我们，大象不是一把大蒲扇、一堵墙，也不是一根大柱子、一根绳子，看问题不能凭自己主观的片面了解就作判断，应了解事物的全貌。实践出真知，许多事情不去亲身经历体验，我们了解得就会非常片面，甚至与实际相差十万八千里。

身处新时代，一切“新”的理念、技术、模式能不能用、管不管用、好不好用，基于新知识与工作实践思考总结归纳得出的想法经验方法对不对、行不行、好不好，勾画的美好蓝图、制定的政策举措能否落地，等等，都需要我们身体力行在实践中验证、修正、升华。党员干部作为干事创业的“风向标”“领头羊”，更要身体力行，才能树立威信，发挥引领作用。

三、“处”字提示我们：干工作就得能“处变不惊”

古人云：“为将之道，当先治心。泰山崩于前而色不变，麋鹿兴于左而目不瞬，然后可以制利害，可以待敌。”自古杰出之人，越是遇到惊天动地的大事、险事，越能处变不惊。身处百年未有之大变局，变乱交织，不稳定不确定因素大幅增加，形势可能瞬息万变，在这样的环境下干事创业，更得有定力与耐心，更要能处变不惊。

如何做到“处变不惊”？关键是自身要有硬实力。手有金刚钻就敢承揽瓷器活，手有余粮心里就不慌。应对这个世界，我们要时刻不忘学习和提升素质，让自己变得强大，在能力上真正有两把刷子；要学会积累，不断夯实自身的财富家底，财大才能气粗；要能未雨绸缪、提前谋划、精心规划，对遇到的各种情况做好最充分的准备；要手脚干净、内心光明，平生不做亏心事，就不怕半夜鬼敲门。

当然，我们也要明白“是福不是祸、是祸躲不过”，一切既来之则安之。遇到各种意想不到的新情况、新问题、新矛盾，慌张、害怕、胆怯、责怪、隐瞒是没有用的，顶着头皮也得上。越是“急难险重”越是考验人、锻炼人、成就人。只要我们把处置每一次突发情况作为历练自己的机遇，并从中总结发现规律，丰富自己的工具箱，遇事就会越发淡定从容。

四、“地”字提示我们：干工作就得能“脚踏实地”

“万丈高楼平地起”“不积跬步，无以至千里；不积小流，无以成江海”。大楼是砌出来的，路是走出来的，江海是河流汇聚而来的。工作上成绩怎么来？就得依靠一步一个脚印，不畏艰难，不怕曲折，坚韧不拔、持之以恒地干出来！不脚踏实地干，再好的目标、再好的蓝图、再完美的部署，也只能是镜中花、水中月。

当下，我们正处在发展的“快”时代。这是一个以速度和效率为自豪的时代，一夜成名、一夜暴富的故事满天飞！受此影响，许多人变得浮躁，变得急功近利，都期待成功变得快一些再快一些。这种心态与现象完全可以理解，但我们别忘了“心急吃不了热豆腐”，“揠苗助长”只会适得其反。没有谁的成功来得轻轻松松，大都是厚积薄发、水到渠成、瓜熟蒂落的结果！临渊羡鱼，不如退而结网！

如今中国能够在电动汽车、高铁、光伏等领域突飞猛进，正是由于我们持之以恒“脚踏实地”深耕制造业。具体到个人，又何尝不是如此？饭要一口一口吃，事要一件一件做，路要一步一步走，聚少才能成多，积小才能致巨。社会越是“浮躁”，我们越要务实，越要发扬工匠精神、钉钉子精神。没有扎实的基础，就无法实现质的飞跃。

世界在变、人心也在变！但干好工作、做好人的底层逻辑没有变。“设身处地”为他人着想、为自己着想的内涵与外延更加宽广。关键我们要正面去理解、去思考、去笃行！只要心怀正念，在“想方设法、身体力行、处变不惊、脚踏实地”干工作上足够努力，命运自会打赏。

17 “事、在、人、为”乃成事之道

俗话说，事在人为。我们干工作结果如何，关键要看一个人的主观努力程度。同样的一件事让不同的人来干，因为思维和处理事情的方式不同，办事能力存在差异，结果往往大相径庭。“事在人为”，强调了人的不同素质、能力、努力程度对事情结果的影响，也提示我们干工作必须顺应事物的规律，否则就会徒劳无功。“事在人为”四个字展开来，也给出了如何能为、作为、有为的方法论。

一、“事”字提示我们干工作要“实事求是”

实事求是是干好工作的根本保证。工作的本质是在了解对象、了解环境真实情况的基础上，对相关事物变化做出正确的研判，并给予适当的协调处理和安排，最终要使事物朝着正确的方向和预期发展，达到正确的预期目的。在工作的整个过程中，没有一处能够离开实事求是，一旦脱离实事求是，就会犯主观主义或经验主义的错误，导致工作误入歧途。任何时候，我们都必须坚定实事求是的信念、坚守实事求是的原则，把实事求是贯彻到工作全过程。

二、“在”字提示我们干工作要“成竹在胸”

成竹在胸是干好工作的重要基础。凡事预则立，不预则废。开展工作前，应当科学评估工作中会遇到的困难和问题，打破瓶颈制约，提前找准突破思路、策略、途径、方法和措施，提前制定切实可行的推进方案和工作预案，提前把各项准备工作做实做细做深入。工作开展起来，面对困难和压力，我们就会充满自信，不慌不乱，有条不紊。无疑，“成竹在胸”对工作结果具有先导性、基础性和牵引性作用，是我们应该遵循的工作方式。

三、“人”字提示我们干工作要“以人为本”

以人为本是干好工作的关键所在。民惟邦本，本固邦宁。事业是靠人干出来的，任何时候，我们都要把人作为发展的主体、作为发展的根本动力，为发掘人的潜能、发挥人的聪明才智创造良好条件。要把维护与发展员工群众的利益作为一切工作的出发点和落脚点，善于及时了解、随时掌握他们的思想动态和工作表现，帮助他们解决实际困难，改善他们的劳动环境和工作条件，维护好各方面的民主权利，努力营造出一家人一条心一起干的氛围。

四、“为”字提示我们干工作要“竭力而为”

竭力而为是干好工作的前提条件。古人云：“功亏一篑，未成丘山；凿井九阶，不次水泽；行百里者半九十。”意思是，差一筐土的努力，也会堆不成山丘。打井即便打了九成，也打不到泉水。一百里走了九十里，只能算是走完了一半路程。干工作也是如此，差半点劲都不行，必须全力以赴。只有努力到极致了，努力到无能为力了，努力到自我感动了，我们面对工作的成效，无论好与坏、大与小、多与少，才能问心无愧，才不会懊悔自责。

综上所述，要干好工作，我们必须“实事求是、成竹在胸、以人为本、竭力而为”。“事、在、人、为”，可以说既是我们干好工作的方法论，也是我们干好工作应该坚持的原则和应有的态度。

18 强管理就得“抓、耳、挠、腮”

管理是企业永恒的主题，没有最好只有更好。今天的市场竞争是全方位的，产品不新不行、服务不优不行、质量不硬不行、品牌形象不亮不行、人才不强不行……况且，各类“黑天鹅”“灰犀牛”事件时常出现。作为管理者，时时放心不下，整天“抓耳挠腮”很正常。关键是要能在“抓耳挠腮”中抓住龙头干、揪住耳朵拧、挠到痒痒处、托着腮帮想。

一、抓住龙头干

龙头怎么摆，龙尾怎么甩。工作总是千丝万缕，管理不能陷于琐碎的矛盾和繁杂的事务中，如果眉毛胡子一把抓、苛求“面面俱到”，结果只会按下葫芦浮起瓢，越发手忙脚乱。我们必须学会抓主要矛盾与矛盾的主要方面，找准“突破口”，达到“牵一发而动全身”“落一子而满盘活”的决定性成效。要抓牢主攻目标。善于“弹钢琴”，安排部署要主次有别，推进落实要缓急有序，既主业主抓，也急事急办。要抓强主干力量。工作靠人落实，任务靠干完成。要遵循“80/20”原则，重点把主干力量的积极性、创造性调动发挥好。要抓正主导风向。风气影响士气。管理要把严明纪律摆在突出位置，摒弃“宽松软”，落实“严紧硬”，营造出良好的干事创业氛围。

二、揪住耳朵拧

树不修不直，人不教不才。“低老坏”问题频发，根源还是在教育上。管理的过程也是教育人的过程，就得较真认真顶真，“揪住耳朵拧”，让干部员工感觉到“疼”、感觉到“痛”，长记性，真正树立起入心入脑的规范意识。必须耳提面命提要求，不放空炮。落实制度，要铁面无私；根除隐患，要铁腕治患；管住现场，要铁鞋踏破。必须耳聪目明查隐患，不留盲区。要时时眼观六路、耳听八方，要善于发现问题，从源头上解决问题，做好安全防范，不留隐患。必须耳熟能详宣制度，不挂空挡。进一步强化红线意识、风险意识、责任意识，切实把从严管理责任落实到各环节、各方面、全过程。

三、挠到痒痒处

管理的对象是人和事，其中管“事”也是通过管“人”来实现的，所以归根结底，管理的中心是“人”。人是讲感情的，人心换人心，你真我也真。管理者必须去了解群众、体贴群众、帮助群众，和群众以心换心、以心暖心、以真情换真情。要用良言热语叩开群众的心扉。只有叩开百姓的心扉，拉近彼此的距离，才能产生推心置腹的沟通。要用细心关爱拨动百姓的心弦。管理者要打动人，就必须“挠到人的痒痒处”“帮在急需处”，让你的关爱符合其需要。要用实事好事进入百姓的心田。只有多办这些实事好事，才能真正赢得他们发自内心的支持和拥护。对于那些百姓希望办、具备条件办的事，应当毫不迟疑、尽心竭力去办。

四、托着腮帮想

思路决定出路，格局决定结局。柳传志先生曾说：治理一家公司是一个系统设计，应该系统思考。做管理是一个持续改进的过程，在改进迭代的进行中，深度思考始终是关键。一位合格的管理者，必须具备思考能力，而且要时时处处不忘思考。要常思做得对不对。方向错了，停下来就是进步。要始终确保自己是在做正确的事和在正确地做事。要常思做得好不好。虽然说条条大路通罗马，但其中有大路小路之分、近路远路之别、好路坏路之差，选择走合适的路当然效率会大增。要常思下步怎么做。预见未来才能遇见未来。管理者必须居安思危、未雨绸缪，努力抓住事物发展规律、踏准时代发展的节拍。

19 抓管理要有“八解八戒”意识

1. 用心理解上级意图，戒自以为是乱弹琴。失之毫厘，谬以千里。基层管理人员带队伍关键在执行，最怕带错方向。上级叫你向东你向西，叫你撵狗你却去抓鸡。那上级还需要你吗？作为基层管理人员，首先要搞清楚自己的角色定位，当好准确宣贯上级组织和领导意图的执行者。为防止工作方向发生偏差，管理者必须用心理解上级意图，不清楚的要多请示多汇报，切忌自以为是乱弹琴。

2. 用心分解任务指标，戒鞭打快牛不公平。正确地分解任务和指标，不仅可以提高组织的绩效，还可以激励员工的工作积极性和创造性。如果任务和指标的分配不合理、不公平，员工会感到不满和不公，在感情上产生抵触情绪。这种情绪不仅会影响员工的工作效率，而且会降低组织的凝聚力。根据“80/20”原则，我们尤其要保护“快牛”的积极性，否则“快牛”总是被鞭打，更会产生抵触情绪，从而失去火车头作用。

3. 用心了解真情实况，戒凭空想象瞎决策。耳听为虚，眼见也不一定为实。现实中的问题往往是复杂的、五花八门的，很多时候没有亲眼看过都想不到会发生这样的事，会出现这样的问题。基层一些同志怕被处罚、怕影响单位形象、怕耽误个人进步，常会粉饰门面、数据注水，故意迟报、瞒报、谎报一些情况。只有通过深入调查研究，我们才能透过现象看本质，识破假象、认清真相、把握本相。

4. 用心讲解形势任务，戒糊涂兵打糊涂仗。利莫大于治，害莫大于乱。形势清任务明，队伍才能有统一的思想、统一的步伐。工作中，管理者在自身对大局大势大事做到了如指掌的同时，也要高度重视对干部员工进行形势任务教育，要对整个团队进行充分的学习和宣传，让每个成员都能理解当前形势和任务的重要性，以及他们在其中的角色和责任。从而让大家各司其职，同心同德、同向同行。

5. 用心调解矛盾纠纷，戒按下葫芦浮起瓢。在工作和生活中，矛盾和纠纷时常发生。作为领导者，我们在面对这些问题时，必须用心去进行调解，不能草率从事，否则就会使矛盾进一步激化，成为更大的问题。用心调解矛盾纠纷，要坚持公正原则，不能有偏袒；需要善于倾听，要仔细听取双方的意见和诉求。此外，我们还需要运用智慧和经验，确保问题得到圆满解决，要坚决防止一波未平一波又起。

6. 用心化解风险隐患，戒针眼漏过斗大风。千里之堤，溃于蚁穴。凡事从最困难、最坏处准备，努力去争取最好的结果，是我们党治党治国很重要的政治经验和政治智慧。前进道路上，我们会遇到各种可以预见和难以预见的风险挑战，管理者必须强化风险意识，增强工作的预见性，善于“图之于未萌，虑之于未有”，做到防患于未然，尤其要时刻警惕“黑天鹅”，防范“灰犀牛”，绝对不能让针眼漏过斗大的风。

7. 用心破解发展难题，戒闭门造车死脑筋。干事创业，遭遇前进道路上的困难挑战，可谓家常便饭。事业的发展，往往就是在破解一个个问题，化解一个个难题中，一步步推向前进的。遇到难题不可怕，怕的是我们缺少解决问题的视野与办法。工作中，我们一定要明白“三个臭皮匠，赛过诸葛亮”的道理，秉持开放思维，学会群策群力、集思广益，善于集中大家的力量和智慧来破解发展难题。

8. 用心求解光明未来，戒小富即满眼光短。“小富即安、小进即满”是一种躺在“舒适区”的自我满足，从本质上讲是一种缺乏上进心、毫无远虑的狭隘自闭心态。在竞争异常激烈的今天，发展犹如逆水行舟，不进则退，慢进也是退。作为管理者，站位要高、目光要远，要能走一步看三步，站在未来的角度看一看现在做的事，去总体规划将来要做的事，始终保持与时俱进，唯有如此才能赢得发展主动权。

20 夺市场就得“出、其、不、意”

当网友都还在期待华为 Mate60 系列与 iPhone15 系列同一天发布的时候，2023 年 8 月 29 日，华为 Mate60Pro 出其不意，真机突然开卖了，引发全网热议。笔者不得不为华为的操作叫好！在竞争激烈的市场中，为了吸引人们的注意和赢得竞争优势，就需要采取一系列出其不意的策略。“出其不意”每一个字也都在提示着我们怎么开拓市场！

一、“出”字提示我们要：尽可能让宣传别出心裁

在大众媒体泛滥的时代，平凡的宣传很难引起人们的注意。因此，与众不同的宣传方式尤为重要。传统广告可能让人感到审美疲劳，而创意宣传则能激发消费者的好奇心。通过引入新颖的广告语、有趣的宣传视频或突出产品特点的展示与互动，我们能够更好地吸引目标群体的关注，从而为产品树立与众不同的形象，提高市场曝光度。

二、“其”字提示我们要：尽可能让产品名副其实

产品质量和性能始终是赢得消费者信任的关键。产品的宣传应当与其实际表现相符，避免虚假宣传。当消费者购买了一个名副其实的产品后，他们会更有信心并且更愿意与品牌建立长期的合作关系。否则，只会是一锤子买卖，既丢了客户也砸了自己的招牌。因此，我们必须在确保产品的质量和性能达到或超越所宣传的标准上下足硬功夫。

三、“不”字提示我们要：尽可能让服务一丝不苟

优质的服务能够为消费者留下深刻的印象，增加他们对品牌的好感和口碑推荐。尤其在同质化商品数量激增的市场中，企业更要以服务质量来区别于竞争对手。工作中，我们应切实建立起高效的售前售后支持体系，主动倾听顾客反馈并进行积极响应和改进，尽可能让服务超出顾客的预期，为企业树立起与众不同的竞争优势。

四、“意”字提示我们要：尽可能让价格诚心实意

价格策略是影响消费者购买决策的重要因素之一。过高的价格可能让消费者望而却步，而过低的价格可能会被认为是劣质产品的标志。因此，制定一个合理的定价策略至关重要。价格应当充分反映产品的价值，让消费者认为所支付的价格是物有所值的。同时，透明的价格政策也能够建立起消费者的信任，

增加他们购买的意愿。

“出、其、不、意”这四个字为我们提供了一个全面而独特的市场营销策略。通过创新宣传、实事求是的产品表现、卓越的服务以及合理的价格，我们能够使品牌在激烈的竞争中脱颖而出，赢得消费者的青睐，从而在市场上取得成功。只有不断挖掘和实践这些策略，企业才能在竞争激烈的商业环境中获得长期的竞争优势。

21 创新就得“死、缠、烂、打”

在当今竞争激烈的社会中，创新已经成为企业和个人取得成功的重要因素。而要实现创新，我们需要具备“死、缠、烂、打”的决心和勇气。

首先，创新要“死盯预设目标不动摇”。认定了目标，就要保持定力，不争论、不动摇、不迟疑、不分心，坚定地死盯着它。尤其面对挑战和困难时，更不能退缩或放弃，而是要坚持奋斗。只有保持目标的一致性和持久性，我们才能持续地创新，并取得成功。

其次，创新要“缠住关键问题不放手”。念念不忘，必有回响。创新过程中总会遇到各种难题和困扰，尤其一些关键问题成为必须拿下的“拦路虎”。只要我们不放弃，缠住这些关键问题不放手，通过深入研究、思考和实践，我们必然可以找到解决问题的办法。

再次，创新要“砸烂禁锢枷锁不犹豫”。创新就是要打破传统思维模式和束缚，不能受到禁锢，要勇敢地尝试新的方式和方法。即使会犯错误或失败，我们也要毫不犹豫地去尝试，敢于冒险追求创新。只有敢于打破束缚，我们才能寻找到潜在的机会，推动事物的改变和进步。

最后，创新要“打开纳智大门不保守”。创新需要我们具备开放的思维和态度，不固守陈旧的观念和方法。我们应该与人交流、学习和合作，吸纳各种智慧和观点，打开我们思维的大门。只有积极主动地与他人进行交流和互动，我们才能从各个方面获取新的灵感和想法，推动创新的发展。

总之，创新离不开坚定的决心和勇气，这就是“死、缠、烂、打”的精神所在。只有坚持不懈地死盯目标，缠住问题不放手，砸烂禁锢枷锁，打开纳智大门，我们才能在创新的道路上不断取得成果。让我们拥有“死、缠、烂、打”的勇气和决心，迎接创新带来的挑战和机遇，开创更加美好的未来。

22 强作风就得“当、头、棒、喝”

作风建设永远在路上。成就风清气正的政治生态，离不开每一个人的努力。尤其是领导干部，更要以身作则，从我做起，对各种不良现象与行为“当头棒喝”。“当、头、棒、喝”每个字都在提示我们怎样强化作风建设，值得我们用心思考与实践。

一、“当”字提示我们：挑起担当防纠一切错

担当作为一种责任和精神状态，是党员干部职责所在，是推进作风建设必备的品质之一。党员干部必须时刻挑起担当，以实际行动和坚定信念，推进全面从严治党。

1. 在建章立制上下功夫。作风建设中，建章立制非常重要。牛栏是关不住猫的，空隙太大，猫可以出入自由。关“牛”用“牛”栏，关“猫”用“猫”栏，才能起到制度的约束实效。为推进作风建设，我们必须实实在在把权力关进制度的笼子里，精心制定和完善制度规范，要使规范具有可执行性、可操作性，从制度上约束党员干部，让工作更有针对性和实效性，防范和遏制一切违纪违法行为。

2. 在宣传教育上下功夫。思想是行动的先导，有什么样的认识就有什么样的行为。工作中，我们必须紧紧扭住思想这个总开关，高度重视思想政治建设和理论武装。始终把政治教育、党性教育、纪律警示教育摆在突出位置，通过集中学习、个人自学、撰写学习心得、组织专题交流、文化熏陶等多种方式，不断向干部员工传递新风正气，使党员干部补足“精神之钙”，筑牢“思

想之魂”。

3. 在勤于监督上下功夫。监督是防止干部员工犯错、违法，落实全面从严治党的最有效手段。各级领导干部和纪检监察机关要发挥作用，加强对队伍的监督和管理，及时发现问题和错误。强化监督，重在日常、贵在有恒，我们必须拿出滴水穿石的劲头、铁杵磨针的功夫，从点滴小事抓起，从具体问题管起，及时发现问题、纠正偏差，才能使大家习惯在受监督和约束的环境中工作生活。

二、“头”字提示我们：掐住苗头阻断即将错

作风问题是渐进式的，大多从一个小小的细节偏离治理轨道开始。及早发现问题、及时制止，就是防止后患的最有效做法。我们得从苗头扼杀开始，维护好新风正气。

1. 阻断要“快”。疾病初发，最易治疗。抓早抓小，防微杜渐，是我们党在作风建设中始终坚持的一条基本原则。我们必须时刻保持敏锐的警觉性，多听多看多检查，力争第一时间发现队伍中存在的思想、工作、生活、作风和纪律等方面的苗头性倾向性问题，以及一些制度上的漏洞、体制机制上的缺陷，迅速对出现的不良苗头与倾向采取断然有效的措施进行纠正和处理，避免小问题拖成大毛病。

2. 阻断要“准”。小姐生病就得小姐吃药，而且得什么病就得吃什么药。发现问题首先得找准原因。不要把问题简单化，而要深入挖掘问题的本质和原因，对症下药。例如，如果发现有员工迟到早退，仅仅责备并不能解决问题，必须找出迟到早退的原因，给予适当的帮助和引导。再如，发现某个领导对下属整天唠叨，挫伤员工的积极性时，应该深入分析该领导的管理方式是否存在问题。

3. 阻断要“狠”。斩草要除根，否则春风吹又生。苗头性、倾向性问题一旦被容忍、放任，就会在组织内部滋生蔓延，导致组织运作的混乱，破坏组织的形象和信誉。所以，我们决不能纵容问题存在，更不能姑息养奸。狠，可以树立起组织内部的权威性，让员工牢记组织制度，保证组织的正常运行。当然，在处理问题的过程中，也要充分尊重员工的尊严，用心维护组织的稳定和

团队的和谐。

三、“棒”字提示我们：高举大棒严惩已过错

教育百遍不如问责一次。问责一个，可以警醒一片。在防止作风问题上，绝不能对已经犯错误或违规的人进行袒护，必须严肃追究责任。但也不能无限放大，矫枉过正，还得坚持原则，从惩前毖后、治病救人，亡羊补牢、为时不晚的角度出发。

1. 坚持原则。不以规矩，不能成方圆。“党的干部都要有秉公办事、铁面无私的精神，讲原则不讲面子、讲党性不徇私情。”坚持原则是具体的，在失责必问、问责必严成为常态的情况下，依规依纪问责、科学问责、精准问责，显得尤为重要。在实施问责过程中，既要把“严”的主基调长期坚持下去，又要善于做到“三个区分开来”，充分运用好“四种形态”，让被问责的干部和周边的群众都能心服口服。

2. 治病救人。毛主席曾经说过：“党员干部犯了错误就要正视错误，只要知错就改，还是好同志。关键是从犯下的错误中吸取教训，引以为戒。”“惩前毖后、治病救人”是我们党的一贯方针，也是我们党加强自身建设，教育挽救犯错误党员干部、帮助其认识和改正错误的重要法宝。惩的目的是治。我们党和组织培养一名干部或员工不容易，一名干部成长也不容易，我们要尽量去挽救他。

3. 亡羊补牢。亡羊补牢，为时未晚。错误在所难免，很多时候是我们的制度出了问题。制度好可以使坏人无法任意横行，制度不好会使好人无法充分做好事，甚至会走向反面。我们要深刻汲取身边发生的典型问题的惨痛教训，对于发现的问题，要一个一个去研究分析，一个个去解决，通过完善制度、堵塞漏洞，全方位提升风险防控体系化、制度化、信息化水平，着力构建作风建设长效机制。

四、“喝”字提示我们：厉声高喝制止正在错

城门失火殃及池鱼。我们每个人都生活在家庭之中、团队之中、社会之

中，对那些错误的言行、错误的现象，我们都有责任挺身而出、高声喝止，以共同维护好的环境与生态。

1. 挺身而出。有这样一段大家耳熟能详的话："当初他们（纳粹）杀共产党，我没有作声，因为我不是共产党；后来他们杀犹太人，我没有作声，因为我不是犹太人……最后，当他们开始对付我时，已经没有人为我讲话了……"反思这段话，面对不良现象，我们是该沉默还是发声？风气都是斗争的结果，就看是东风压倒西风，还是西风压倒东风。作风建设你我他，携手共建靠大家。

2. 不讲情面。"严是爱，宽是害。"人非圣贤，孰能无过，出现缺点、错误，是难免的，知错能改善莫大焉。在作风建设中，严格管理，及时让人红红脸、出出汗是好事，是在挽救他人，是在对组织负责。我们不能碍于情面，对不良现象听之任之，睁一只眼闭一只眼，充当老好人。不能眼睁睁地看着我们的同志滑向错误甚至是犯罪的深渊，而无动于衷，还当好好先生，这样是在犯罪！

3. 迅速有效。喝止错误，"喝"是基础、"止"才是关键。面对正在进行的错误，我们必须彻底把它停下来。为了让错误停下来，不仅要第一时间"喝止"，必要时还得采取强有力的措施。否则，你说你的，他做他的，有什么用？就如马路上的飙车，交警发现后第一时间必须用喇叭喊话，同时要求它立即停下来。如果不听，该拦截的拦截。为了防止再犯，事后还得对当事人进行严肃的处理。

23 整治形式主义不妨"断、章、取、义"

风成于上，俗形于下。为什么形式主义顽疾久治不愈？谁都知道病根子在上层、在高层，甚至在顶层！ 2023 年 6 月 15 日，中央层面整治形式主义为基层减负专项工作机制会议在京举行，犹如一缕清风拂面，全民为之叫好。大家期待全党上下来一次实实在在的形式主义大清理、大整治。整治形式主义要取得预期效果，当然要做到态度断然、措施章明、取信于民、义无反顾，也就是要抓住“断、章、取、义”四个字下功夫。

一、态度断然

冰冻三尺非一日之寒，当下形式主义的泛滥，很大程度上是因为我们各个层级的纵容，是好人主义盛行的外在表现，是官僚主义存在的必然现象。早在革命战争年代，毛泽东主席就严厉批评形式主义是一种“幼稚的、低级的、庸俗的、不用脑筋”的东西，一针见血地指出“形式主义害死人”，号召全党必须“揭破它”。实现中华民族伟大复兴的中国梦，我们最需要的是实事求是、真抓实干。形式主义同我们党的性质宗旨和优良作风格格不入。对待它，我们必须亮明“零容忍”的态度。面对“文山会海”“作秀式调研”“资料大比武”等不良现象，我们必须露头就打、及时叫停。尤其要从中央开始表明断然态度，从我做起，以上率下，让形式主义真正变成人人喊打的过街老鼠。

二、措施章明

这些年似乎年年都在安排为基层减负，大会小会都在强调反“四风”，但总是收效甚微。很大一部分原因是说的多做的少，措施不够章明，也不够得力。即使措施制定了，也是放在案桌上、锁到抽屉里、挂在嘴皮上！老百姓不知道，自拉自唱，声音越喊越小，雨过地皮湿、风过了无痕，这本身也是形式主义！我们整治形式主义，就得制定实实在在的措施，并要张榜公布，大肆宣传，做到家喻户晓、人人皆知、深入人心。把那些哗众取宠、投机取巧、粗枝大叶、走马观花、潦草应付、高喊口号、虚张声势、欺上瞒下、表面文章等形式主义的表现列举出来，把整治形式主义的具体举措以清单形式公布于众，让大家知道哪些事是形式主义，如果犯了，谁应该承担责任，如何惩戒，并切实接受监督。

三、取信于民

金杯银杯，不如老百姓的口碑。整治形式主义效果如何，关键看老百姓满意不满意。当前，对形式主义的害处感受最深的在基层。上面千条线，下面一根针，基层同志疲于应付。一位从事油田地质研究的博士曾向我诉苦，说他大部分时间在做PPT，没时间搞研究，主要原因是上级领导隔三岔五就要听汇报。当下这种现象非常严重。领导如此，机关部门也是如此，挖空心思玩花活。说到底，是人浮于事，是闲得发慌。我们可以统计一下现在的各级大机关，人数是不是越来越多？干个专题工作，有几个不从基层抽调人员帮忙的？工作没干两天，就开始出经验！党的根基在人民、血脉在人民、力量在人民，人民是党执政兴国的最大底气，我们整治形式主义可不能一而再再而三让人民失望啊！

四、义无反顾

开弓没有回头箭。整治形式主义，调门越高，百姓越期待有真真切切的成果，感受到实实在在的变化。如果我们依然轰轰烈烈开场、草草收兵，就会让基层同志更加失望。作风问题关系人心向背，这次我们整治形式主义，是党的二十大召开后，作风建设开局之战，事关新一届党中央的威望，事关人们实现第二个百年奋斗目标的信心与决心，事关高质量干事创业的大局，困难再大也不能退缩，只能义无反顾，也必须义无反顾。切不可蜻蜓点水，切不可虎头蛇尾，切不可只是一阵风，必须发扬钉钉子的精神，一锤接着一锤敲，以务求必胜的意志和决心一抓到底、抓出成效。尤其对基层反应强烈、存在比较普遍的突出问题必须出重拳、下狠招，确保取得治理成效，给人们以信心。

上行下效，上下同心。整治形式主义，中央已经开始，全党上下只要勠力同心、义无反顾、持之以恒，就一定可以取得取信于民的成效。

24 岁末年初工作要：十“实”在“再”

空谈误国，实干兴邦。岁末年初，既要收好官又要起好步，工作进入大忙季节，头绪繁多，压力山大。但越是头绪多、压力大，越能锻炼人、考验人。

看着满眼的果实，能不能颗粒归仓？眺望来年，我们可否抢得先机？这些都取决于我们的工作实不实！我们决不能让煮熟的鸭子飞了，让自己输在来年的起跑线上。此时“实实在在”四个字再怎么强调也不过分。具体来讲，我们要重点在以下十个“实”上“再”发力。

1. 要用铁脚板搞实真情实况，在调查研究上再发力。没有调查就没有发言权，调查研究始终是谋事之基、成事之道。全年工作收官进展具体如何、还存在哪些困难与挑战、干部员工的期盼是什么、明年形势怎么样，等等，这些都关系着我们工作收官与明年开局的质量。耳听为虚，眼见不一定为实，我们必须走出办公室、走进生产一线、走到员工身边，将真情实况搞清楚，切实把调查研究作为认识问题、解决问题与谋划工作、推动工作的过程，才能在决策时有充分的依据。

2. 要用众人智谋实前行思路，在群策群力上再发力。集众智事无不成，聚合力业无不兴。三个臭皮匠，赛过诸葛亮。我们每个人只有一个脑袋，看问题因为专业、经历、思维等局限，都存在一定的片面性。如果把大家的意见与智慧集中起来，就完全不一样了。大家可以围绕共同的目标与话题，从不同角度、层面，头脑风暴，各抒己见，思想碰撞，解决问题的思路必然大大开阔，我们可以优中选优、集成创新，探索到最精准解决问题的路线。明年工作怎么干，一定要多听听大家的意见。

3. 要用快动作落实工作部署，在抢先一步上再发力。一步跟不上，步步跟不上。当下，处处充满竞争。工作就如田径赛场，发令枪一响，起步就能看出结局，落后半拍就可能错失奖牌。放眼明年，市场就那么大、机会就那么多，谁抢先谁占先，谁动作慢谁被动。“今天再晚也是早，明天再早也是晚”，工作部署一经确认，我们就要立即行动起来，落实一个“快”字，不找借口，不谈条件，雷厉风行、立说立行、言出必行，把各项工作往前推、把进度往前赶，力争干一项是一项，办一件成一件。

4. 四、要用大培训扎实业务素质，在训技提能上再发力。部署要靠人来落实，任务要靠人来完成，员工的业务素质与工作能力直接决定着工作的质量与成效。我们要根据全年工作的总体安排，依据发现的短板漏洞与下步业务重点，分级分类精准开展“大培训”，有侧重地组织理想信念教育、形势任务教育、素质能力培训；要立足工作实际，深入开展“岗位大练兵”，强化基本功训练、应急处置演练，促进干部员工适应岗位、精通技能、胜任职责；并广泛开展“技能大竞赛”，实现以赛促学、以赛促练。

5. 要用数字化夯实基础管理，在提质提效上再发力。数字化是适应信息革命趋势的必然选择，也是提升管理水平、改善服务质量的内在要求。我们必须在数字化转型上持续加大投入，高效推动生产、经营、管理等方面全业务、全环节数字化，让企业运营中的一切信息进网，能用计算机替代人工的尽量替代。要在软件上持续迭代升级，加强横向纵向全过程贯通，彻底打通所有信息孤岛，让内外部信息流动起来、利用起来，努力实现全价值链、全要素资源的动态配置和全局优化，持续提高全要素生产率。

6. 要用硬措施务实重点工作，在纲举目张上再发力。秉纲而目自张，执本而末自从。岁末年初工作千头万绪，只有扭住关键、突出重点，才能以“一子落”带动“满盘活”。我们要盘点一下全年工作还有哪些差距和短板，重点项目进展如何，还需要支持什么？明年工作重点要从哪里着手、往哪里用力，关键从哪里突破、在哪里落脚？针对盘点出的问题，拿出实实在在的硬措施，缺人手的补充人手、缺资金的筹措资金，总的要求就是确保重点工作一项项都有着落，以点带面，推动整体工作的进步。

7. 要用严考核抓实履职尽责，在效果导向上再发力。人无压力轻飘飘，井无压力不出油。时值岁末年初，又到了一年一度的“期末考”，舞好年终考核的“指挥棒”，真刀真枪地考准年度实绩，对提振干部员工干事创业的精气神非常关键。我们必须严格执行考评标准、考核制度，从多个维度给每一名员工全年工作一个公正的评价，该奖励的奖励到位，该处罚的处罚到位，该调整岗位的坚决调整。通过考核，要真正实现“能者上、优者奖、庸者下、劣者汰”，让大家都紧张起来，尽心尽力履职尽责。

8. 要用滚烫心贴实员工群众，在为民服务上再发力。民心是最大的政治，为民造福是最重要的政绩。元旦春节是各级组织和党员干部为民服务的关键节点，我们要始终把员工群众的安危冷暖挂在心上，要带着感情走到员工群众身边，耐下心听一听群众的肺腑之言，聊一聊群众的家常事儿，与群众心贴心交流，情与情互动，在耳闻之中见微知著，把群众的建议和意见收集起来并认真研究，切实想民之所想，急民之所急，行民之所需，把实事办实、好事办好，让员工群众感受到组织的温暖。

9. 要用好产品做实新老市场，在市场营销上再发力。产品是客户体验的入口，也是客户体验的核心。只有产品真正立足了，才谈得上去做市场营销。岁末年初是维护客户关系、开拓市场的关键节点，我们不要总想着喝酒、送礼、拉关系、要点子，而要把心思踏踏实实用在产品迭代升级上、用在做好产品服务上、用在产品细节完善上、用在客户意见征求上、用在品牌形象打造上。在当下这个互联网时代，好产品自己会说话、自带流量！产品不行，口碑就不行，市场营销就不可能搞好。

10. 要用绣花功结实大安全网，在平安和谐上再发力。道路千万条，安全第一条。没有安全稳定的环境，什么事都干不成。岁末年初，正值冬季生产、又处春节元旦，是安全生产压力剧增的重要时点，也是群众集中表达诉求、做好队伍稳定工作的重要时点。全体干部员工必须切实增强安全生产红线意识、忧患意识和风险意识，坚决克服疲倦、松懈、麻痹的思想，扎实开展好安全生产和不稳定因素的大排查，及时消除各类隐患，落实好各项防范措施，确保安全生产、和谐大局形势持续稳定。

25 年底工作就得“熬、更、守、夜”

年底，无疑是一年之中工作最为繁忙的时刻。摸顶全年指标迫在眉睫，实现圆满收官在此一举，厘清明年思路至关重要，大家都在冲刺，谁能笑到最后、笑在最后？唯有超常的付出，才有超常的收获！我们绝对不能赢在起跑线上而倒在终点线前，让之前的种种辛苦付之东流！此时，“熬更守夜”加班加点很正常！“熬、更、守、夜”这四个字也是我们决战决胜全年红的“金钥匙”！

一、熬，就是要咬紧牙关忍受煎熬

最是初心能致远，紧要关头看担当。年底工作千头万绪，大量工作进入收尾阶段，平时积累的欠账要还上、落下的进度要赶上，同时各类总结检查考核扑面而来。许多同志都用“煎熬”来形容这段时间，我完全可以理解。但成功都是“熬”出来的，本事都是逼出来的。越是煎熬越是锻炼人，大家都在熬，此时就看谁沉得住气，谁能越战越勇。熬住了自然出彩，熬不住只能出局。此时此刻，熬不仅是一种工作态度，更是一种智慧！我们每一个人都要坚决克服麻痹思想、厌战情绪、侥幸心理、松劲心态，要给自己鼓劲加油，切实打起十二分精神，该加班的就得加班，该熬夜的就得熬夜，速度不够时间来凑，决不能让到手的鸭子飞了，决不能在最后关头功亏一篑。

二、更，就是要发力更快更稳更好

“取乎其上，得乎其中；取乎其中，得乎其下；取乎其下，则无所得矣。”年底工作质量关乎全年收官能否圆满，关乎明年工作能否高点起步。我们必须把自己的工作标准、要求、目标定得高一些。在速度上要想方设法加快步伐，各项工作收尾宜早不宜迟，早一步工作就会主动得多，拖一拖、松一松，最后想赶也赶不完，只能吃后悔药。在运行上要千方百计保持平稳，忙不能乱忙，干不能瞎干，效率可以提升，速度可以加快，但程序不能逾越，尤其马上船到码头车到岸了，胜利近在咫尺了，你马失前蹄了，岂不后悔死？在工作效果上要全力以赴跳起来“摘桃子”，只“踮脚够”不可能够到高处的“桃子”，必须跳起来。大家看过运动比赛，正常情况下，前几名之间成绩差别都是非常小的，但奖牌的含金量却大相径庭。你愿意为可以超越的一步之差而懊悔吗？

三、守，就是要一以贯之守牢底线

“天下之难持者莫如心，天下之易染者莫如欲”。年底了，我们生产经营进入大忙之节，财务结算将加速运转，与客户往来会明显增加，涉及钱财的内容将大幅增加，形形色色的诱惑必然明显增多。这个时候更加考验我们，考验我们个人能不能始终把纪律规矩挺在前面，始终能够做到遵章守纪、廉洁自律；考验我们组织的风险防范制度及措施管不管用，是不是滴水不漏。防范胜于救灾，在这个时候我们要加大提醒谈话、警示教育、责任追究的力度，大会小会都得对方方面面的纪律作再明确、再提醒、再严格，要让大家始终在思想上绷紧弦，少点一时冲动、一念之差、一时糊涂。同时，对发现的风险隐患、制度漏洞、不良倾向要及时采取措施，坚决筑牢系统安全的防线。

四、夜，就是要昼思夜想来年思路

凡事预则立，不预则废。俗话说得好：不打无准备之仗。我们无论做什么，都要提前做好准备，这样才有可能达到期望的目的。如果总想着“临场发挥”，很可能会现场“抓瞎”。所谓“胸有成竹，方能妙笔生花”，道理亦是如此。新的一年怎么干？越早厘清思路越主动。我们要利用年底这段时间，扎扎实实做好调查研究工作，把方方面面的情况摸清楚；要认真盘点全年工作的得与失，弄清楚今年哪里做得不到位，明年怎么改进，今年哪里做得好，明年如何继续强化；要在综合分析研判的基础上，提出明年的工作目标、具体措施，并广泛征求意见，在集思广益群策群力的基础上不断加以完善；要积极为明年工作的开展筹措资源，为行动备好“粮草”！

总之，年终是一个充满挑战的时期，“熬更守夜”是状态也是常态，希望我们能够咬紧牙关忍受煎熬、发力更快更稳更好、一以贯之守牢底线、昼思夜想来年思路。今日的辛苦付出必将转化为明日的成就与自豪！加油干吧，同志们！

26 年底工作就得“挂、图、作、战”

转眼之间，全年工作又到了决战决胜的阶段。为高质量完成年初设定的目标任务，也为明年工作开好局，当下按照“时间倒逼进度、目标倒逼任务、督查倒逼落实”的工作思路“挂图作战”非常必要！“挂图作战”四个字更提示我们领导干部年底工作务必要：挂起风帆，开足马力；图画来年，厘清思路；作出表率，身先士卒；战胜困难，披荆斩棘！

一、挂起风帆，开足马力

东风吹、战鼓擂，决战全年目标的冲锋号已经吹响。全年工作能不能圆满收官、能不能再创新纪录，此时的工作速度、效率至关重要。我们绝不能有“歇歇脚、松口气”的懈怠思想，要时刻保持前有“标兵”、后有“追兵”的警醒，把思想和行动统一到完成全年目标任务上来，切实上紧弦、拉满弓，使出浑身劲，拼指标、拼晋位；要始终保持战斗状态、冲刺姿态，逐级拧紧责任“链条”，做到尽锐出战、全员参战、扛责冲锋、查漏补缺，全力加快各项工作进度，不断巩固拓展战果，为夺取“全年红”奠定坚实基础。

二、图画来年，厘清思路

凡事预则立，不预则废。年底是工作冲刺的关键阶段，也是总结盘点、谋划明年工作的重要时间节点。我们要在总结中反思、在反思中提升，仔细研判和复盘分析存在的问题，评估面临的形势，为明年工作提前制定可行的针对性措施，以先行一步推动领先一层，努力为明年开好局、起好头，奠定基础。尤其要认真领悟党的创新理论，最新的方针政策，从中探寻基本规律，掌握基本路径，形成基本思路；要多走下去调研、走出去学习，了解真情实况，在对比对照、集思广益中，找到差距、找准方向、找对措施。

三、作出表率，身先士卒

“人不率则不从，身不先则不信。”在这个岁末年初的关键时刻，作为领导者和管理者更要强化身份意识、目标意识、团队意识，躬身入局、担当作为，身先士卒、实干立身，一级带着一级干、一级做给一级看，以钉钉子精神抓好重点工作落实。要牢记岗位就是责任，恪尽职守，始终保持一心为公、勤勉敬业的工作状态，事不避难、义不逃责，敢于较真碰硬，绝不能在看一看、等一等、缓一缓中贻误战机、坐失良机、丧失先机，绝不能把说了当做了，把做了当做成了，必须把路线图、规划图变成施工图、实景图。

四、战胜困难，披荆斩棘

狭路相逢勇者胜，勇者相逢智者胜！时近年末，诸事纷繁，许多工作剩下的都是“难啃的硬骨头”，突破它必须拿出勇气、智慧与决心。我们要始终相信没有克服不了的困难、没有完成不了的任务、没有战胜不了的敌人，只要精神不滑坡，办法总比困难多，任何时候都必须树立必胜的信心。再者，我们要知道“积力之所举，则无不胜也；众智之所为，则无不成也”，千难万难发动群众就不难。面对困难，只要我们主动问计于民，“三个臭皮匠，赛过诸葛亮”，只要大家心往一处想、劲往一处使，就没有移不走的“泰山”。

行百里者半九十！临门一脚能不能踢好，别忘了多想想“挂、图、作、战”这四个字！希望大家都能努力奋斗，抢抓机遇，圆满收官，并高质量开启新征程！

27 企业宣传就得“先、声、夺、人”

企业搞宣传是一件非常重要的事情，它可以让人们了解企业的产品或服务，并增强品牌影响力，提高市场占有率。但是，如何才能做出一次成功的宣传呢？我们就得“先、声、夺、人”，即占先机、造声势、夺眼球、入人心。

一、占先机

要想在竞争激烈的市场中获得优势，就必须占领先机。在产品还未发布或其他公司开始做同样的宣传活动之前，我们就要制订好宣传计划，提前准备好宣传材料，并尽早发布宣传消息。这样我们就可以在竞争中占据有利位置，先于其他人获得用户的青睐。

二、造声势

想要做好宣传，就一定要造声势，压过类似宣传，让人们记住我们的品牌和产品。比如，通过在网上、报纸、电视等不同的渠道宣传，增加宣传的频次与覆盖范围，用铺天盖地之法，提升品牌的知名度和美誉度，或请权威专家和部门为我们站台。

三、夺眼球

宣传活动一定要夺取人们的眼球，吸引人们的注意。可以尝试利用图片、视频、音乐、文字等多种元素来创造视觉冲击和感官体验。为了让人们一窥我们的产品，我们还可以进行一些促销活动，如优惠券、特价商品等，引发人们购买的欲望。

四、入人心

最后，宣传不仅仅是为了让人们知道我们的产品，更是为了让人们喜欢上我们的产品。这就需要我们在宣传中加入一些有情感的因素。可以通过讲述产品的故事、体现品牌理念，来引起人们的情感共鸣。同时，通过提供一些有用的信息、知识、技能，提高品牌在用户心目中的位置，让用户愿意长期使用我们的产品。

总之，要想做好宣传，就需要我们在“先、声、夺、人”四个方面下功夫。只有全方位、多角度地宣传我们的品牌和产品，才能让更多的人认识并接受我们的产品。让我们不断创新，不断提高，保证我们宣传活动的成功！

28 干群要“守、望、相、助”

在社会发展的进程中，干群关系的和谐与互动不仅关乎组织的稳定运行，更是构建和谐社会的重要一环。要想实现干群关系的良好互动，就应发扬“守望相助”的精神，同心同德，一家人一条心一起干。“守、望、相、助”，我们更可以延伸理解，为强化干群关系提供路径参考。

一、“守”就是守本分

《易经》中讲：“无妄，元亨，利贞。其匪正有眚，不利有攸往。”意思是，人们要安守本分，不要去做超出自己能力范围的事情，否则大祸必至。干部和群众都应该明确自己的职责和任务，恪守本职工作，安分守己，各归其位，各尽本分。当干部就要有干部的样子，要有强烈的公仆意识、表率意识、奉献意识，做到忠诚、干净、担当，全心全意为人民服务！做群众，也要明白自己的权利和义务，不盲从、不添乱、不躺平、不摆烂，认真践行公民义务，用好公民权利，积极参加集体与社会建设。

二、“望”就是望长远

干群同是一家人，目标都是把我们这个单位建设好！但有人的地方就有矛盾。这很正常，关键是如何处理这些矛盾。大家都应该望长远、顾大局、算大账，不能把个人的利益置于集体利益之上，要共同追求集体利益、整体利益最大化。尤其干部要发挥引领示范作用，不仅要关注眼前的问题，更要思考长远发展。要能树立目标导向，善于把个人、部门和地区的工作融入党和国家事业大棋局，做到既为一域争光、更为全局添彩。当然，做群众也得顾大局、望长远，在“全局之图”中找准个人坐标，服从大局、少计私利。

三、“相”就是相互督

古人说：“拒谏者塞，专己者孤。”没有谁天生就正确，圣人也有犯糊涂的时候。况且，一般我们很难发现自己的错误，“不识庐山真面目，只缘身在此山中”，对同一事物，局外人由于冷静、客观，往往比当事人看得清楚和全面。所以，无论是干部还是群众，都需要别人监督自己，及时提醒自己，以防止腐败、权力滥用以及不当行为的发生，或在错误的道路上渐行渐远。如果把监督当成挑刺儿，或者当成摆设，就听不到真话、看不到真相，有了失误、犯了错误也浑然不知，那是十分危险的。

四、“助”就是助对方

俗话说：“三个臭皮匠，赛过诸葛亮。”“一个好汉三个帮，一个篱笆三个桩。”“集众智者、事无不成，聚合力者、业无不兴。”团结是至宝，干部和群众之间应该相互扶持，共同促进各自的发展。干部要牢记为民服务的宗旨，主动与群众交心做朋友，体察民情，了解民意，做好对党和国家政策的解疑释惑，主动帮助群众解决实际困难，让群众的获得感、幸福感更加充实、更有保障、更可持续。群众也要能够理解干部的工作压力，提供支持，以共同营造和谐的工作氛围，共同把集体的日子过得红红火火。

29 主题教育要在“想、方、设、法”上下功夫

主题教育意义重大，是党想方设法贯彻落实党的二十大精神的关键一招，是党想方设法统一全党思想、解决党内存在的突出问题、始终保持党同人民群众血肉联系、推动党和国家事业发展的关键一招。作为党员干部，必须深刻领会党的良苦用心，也要“想方设法”让主题教育走深走实。“想方设法”既是党员干部应有的学习态度，其每个字背后蕴含的道理也给出了我们学思践悟的路径。

一、努力把理论问题想透彻

“只有理论上清醒，政治上才能坚定。”新时代，文化多元、思想纷呈、众声喧哗，理论上的清醒是我们干好一切工作的前提和保证。作为党员干部，马克思主义理论无疑是我们必备的思想武器，我们必须真正懂得它、掌握它，才

能信仰与践行。要把理论问题想透彻，必须阅读和研究大量的文献资料，包括相关的理论、实践案例以及这些问题的历史沿革等，要一篇篇读，一本本读，反反复复地读，只有这样才能真正了解马克思主义的精髓和真谛；必须结合自身工作、自身经历悟，用理论去分析曾经的得与失，当下的矛与盾，才能深化对理论的理解和掌握，从而更加深刻地认识到理论在实践中的意义；必须揪住关键困惑问题不放手，要深入钻研，细细咀嚼，独立思考，以点带面，通过点上的打通，形成线上的贯通，达到面上的融通。

二、努力把前进方向校正确

方向错了，再努力也是白搭。这些年来，我们在发展方向的把控上，正面的经验与反面的教训都不少。新中国成立后，我国发展曾经顺风顺水、高歌猛进；后来方向错了，带来了十年浩劫；再后来拨乱反正，我们坚持改革开放的正确发展方向，国家迎来了又一轮发展黄金期。当下依然如此，方向至关重要。党的二十大科学谋划了未来一个时期党和国家事业发展的目标任务和大政方针，围绕加快构建新发展格局、着力推动高质量发展作出重大部署，为推动我国经济不断迈上新台阶、开创事业发展新局面指明了前进方向。我们必须把思想统一到党的二十大精神上来，完整、准确、全面贯彻新发展理念。切实通过学习，进一步用习近平新时代中国特色社会主义思想全面校正我们的发展方向，确保前进方向正确。

三、努力把发展路径设计好

虽说条条大路通罗马，但不同的道路付出的代价、到达的时间却是大相径庭。我们要通过对党的创新理论的学习，为高质量发展找到大道、近道、安全的道。首先，要深入开展调查研究，通过对市场、行业和客户的深入分析，基于真实的数据和信息，找出符合实际情况和需求的发展路径。其次，要综合考虑企业内部的资源配置、优势和劣势等自身因素以及外部竞争环境和政策法规等因素，扬长避短，最大限度地发挥自身优点，避免弱项成为发展限制因素。

最后，要建立全流程控制和反馈机制，通过监测节点和成效，及时调整路径，保证发展路径得以实施。

四、努力把高效打法找出来

古人云："治大国如烹小鲜。"同样的食材，不同的做法，口味却有天壤之别。同样的事情，处理的方法不一样，结果可能迥然不同。在这个充满竞争的时代，我们向同一个目标前进，有的人步行，有的人乘火车，有的人乘飞机，到达的先后顺序肯定不一样。不同的单位有着不同的境况，没有包打天下的简单答案。总之，方法对路，事半功倍；方法不当，事倍功半。我们要通过学习、调研、研讨等，群策群力、集思广益，画出重点，破解难点，打造亮点，管控热点，找出最适合事情本身的各种高质量的打法，切实做到"打鼓打到重心处、工作抓到要害上"。

30 主题教育关键要"开、花、结、果"

开展一次主题教育不容易，全党上下花费的人力、物力、财力、精力算下来都是天文数字，务实管用最为关键。否则，只会劳民伤财，适得其反，教育非但没有效果，还会损害党的形象。所以，我们必须高度重视主题教育，务必让"学思想、强党性、重实践、建新功"的要求落地生根，更要"开花结果"。"开花结果"这个词尤为关键，其每个字背后蕴含的要求更为我们提供了做好本次教育的路径指南。

一、务必要开动脑筋学到思想精髓

学习越深入、理解越深刻、掌握越透彻。小和尚念经有口无心，永远学不到真东西。学习就得把脑筋开动起来，坚持读原著、学原文、悟原理，全面系统学，及时跟进学，深刻领会真谛要义，准确把握方向要求，努力做到知其然，知其所以然，知其所以必然。要把相关理论学习融会贯通起来，深刻掌握贯穿其中的马克思主义立场观点方法，准确把握这一思想的理论逻辑、历史逻辑、实践逻辑，真正做到学深悟透，以新思想解放思想。要大力弘扬理论联系实际的优良学风，在知行合一、学以致用上下功夫，自觉用这一思想指导解决实际问题，切实把学习成效转化为做好本职工作、推动事业发展的生动实践。要创新学习的方式方法，把经常性自学与专题性研讨交流、主题党课、系统培训等结合起来，久久为功、常学常新，增强学习效果。

二、务必要花费精力做好调查研究

“没有调查研究，就没有发言权。”调查研究是中国共产党的优良传统，是传家宝，也是党员干部推动工作的有效方法和必备能力。2023 年 3 月中旬，中共中央办公厅印发了《关于在全党大兴调查研究的工作方案》。4 月 3 日，中央主题教育工作会议再次强调，要把大兴调查研究之风作为这次主题教育的重要内容。做好调查研究必须力戒“走秀式”调研，“蜻蜓点水式”调研等形式主义、官僚主义，要实打实地花精力、下功夫，直面矛盾最突出的问题，去问题最集中的地方，发扬“解剖麻雀”精神，解决群众最期盼最关切的难题，绝不能做把头埋进沙子里的鸵鸟，自己骗自己。要多采用“四不两直”方式，尽可能不给基层添麻烦，同时扎实推动调研成果有效转化，用心制定问题清单、责任清单、任务清单，认真抓好问题整改销号。

三、务必要结合实际拿出具体举措

实事求是是马克思主义的精髓，是我们共产党人的重要思想方法。开展好主题教育，很重要的一条就是从实际出发，坚持实事求是，注重实际效果。我们必须始终立足实际，也就是围绕中心服务大局，坚持学思用贯通、知信行统一，针对本单位本部门实际，制定具体学习方案，千万别上下一般粗；要聚焦解决思想根子问题，发扬刀刃向内的自我革命精神，广泛听取意见，认真检视反思，突出对照对标对表，增强学习教育针对性、实效性、感染力。要突出问题导向，奔着问题去、带着问题学、对着问题改，搞清楚问题是什么、症结在哪里，拿出破解难题的实招、硬招。要把“改”字贯穿始终，立查立改、即知即改，能够当下改的，明确时限和要求，按期整改到位；一时解决不了的，要盯住不放，明确阶段目标，持续整改。

四、务必要果敢果行争创最好效果

一分部署，九分落实。主题教育能否取得成果，取得好成果、大成果，关键还是在落实，在于各级党员干部是否闻风而动，雷厉风行，说干就干。主题教育中，广大党员干部要以领跑者的姿态、开拓者的气魄，敢闯敢试、敢为人先，把“小事”作为大事来办，把“难事”作为急事来抓，把“愁事”作为心头事来解决。始终把心思集中在想干事上，把胆识体现在敢干事上，把能力体现在会干事上，把硬核彰显在干成事上。切实把该办的事办好，把能做的事做实，把定下的事干成。对问题清单要紧盯不放，一个问题、一个问题抓整改，对情况复杂、整改缓慢的，多来几次“回头看”，多杀几次“回马枪”，不见成效不收兵，推动问题清单见底清零。要把主题教育成果与绩效考核挂钩、与奖励问责衔接，推动大家切实树立目标导向、效果导向。

31 主题教育要抓住“全、神、贯、注”下功夫

主题教育是党的一项重大决策，是深化党的自我革命的重要举措。在主题教育中，如何让全体党员聚焦主题、深入实践，是我们需要关注的重点问题。在这个过程中，抓住“全神贯注”四个字，是我们落实主题教育的关键。

首先，我们要抓住“全”字下功夫。即做到全身心投入、全方位比照、全过程从严。只有在全身心的投入中，才能够真正感悟主题教育背后的深刻内涵；只有在全方位的比照中，才能够体会到与实际工作的差距，并深入探讨对策；只有在全过程的从严中，才能够真正加强自我修养，提高思想理论水平。

其次，我们要抓住“神”字下功夫。即发扬斗争精神、拼搏精神、工匠精

神。只有从斗争中汲取力量，才能够真正实现改革创新；只有在拼搏中发挥潜能，才能够让个人进步与组织发展相得益彰；只有在工匠精神的要求下，才能够真正做到以客户为中心、持续改进。

再次，我们要抓住“贯”字下功夫。即把调查研究贯穿始终、群策群力贯穿始终、统一思想贯穿始终。只有在调查研究中找准问题、提出解决方案，我们才能够真正解决实际问题；只有在群策群力的过程中，才能够汇聚众人力量，形成整体效应；只有在统一思想的基础上，才能够实现团结向心力、统一战线。

最后，我们要抓住“注”字下功夫。即注入履职尽责的压力、注入加速前进的动力、注入咬定青山的定力。坚持从严要求，在压实责任中，让每个人都能尽心尽力履职；坚持用好奖惩机制，坚决为干事者鼓劲加油，让想干事者能干事干成事；坚持目标导向，在算大账中，让大家前行中始终牢记初心使命。

总之，只有抓住“全神贯注”四个字，才能够深入推进主题教育，确保落地见效。我们要一步一个脚印，坚定前行，为实现中国梦而不懈努力。

32 主题教育要抓住“一、针、见、血”下功夫

“一针见血”顾名思义就是：一针刺进去，马上可以见到血流出来；比喻说话、写文章、看问题、干工作能抓住本质、切中要害。当下全面展开的新一轮主题教育，是新时代深化党的自我革命、推动全面从严治党向纵深发展的生动实践，根本目的是解决问题、推动发展。务求实效就得力戒形式主义、官僚主义，“一针见血”指出问题所在、靶向发力直击病灶，见人见事见思想见措施见成效。“一针见血”四个字展开来，更提示我们要抓住重点与关键。

一、要在“知行合一”上下功夫

“知者行之始，行者知之成。”知行合一是干任何一项事业、达成预期目标必备的素养和准则。“捍卫‘两个确立’、增强‘四个意识’、坚定‘四个自信’、

做到‘两个维护’”，是具体的而不是抽象的，党员干部必须从知行合一的角度审视自己、要求自己、检查自己。

1. 知要真知。习近平新时代中国特色社会主义思想内容涵盖改革发展稳定、内政外交国防、治党治国治军等方方面面，构成了一个完整的科学体系，内容博大精深。必须坚持历史和现实、理论和实践、国际和国内相结合的办法，从整体到局部、再从局部到整体进行反复揣摩，做到知其言更知其义、知其然更知其所以然，做到整体把握才能融会贯通。

2. 知要真懂。懂是学的结果，更是学的收获。真懂不仅是懂字面、懂文义，更是懂旨趣、懂精神。如果望文生义，或者以我为主，强加其义，不仅无利，而且有害。主题教育中，我们不仅要学、要知，更要悟。要真正理解和掌握这一思想的基本观点，把握这一思想的世界观、方法论，能够坚持和运用贯穿其中的立场观点方法。

3. 知要真信。学习不仅要入眼入耳，更要入脑入心，要在灵魂深处敲响鼓，在思想深处起共鸣，内化为心性、外化为言行，真正做到学思用贯通、知信行统一，把伟大思想的力量变成自己内心的力量，坚定理想信念，自觉把思想变成推动高质量发展的实际行动。

二、要在“磨杵成针”上下功夫

凡事都要下功夫，这是古训，也是普遍经验。小学的一篇课文在我们每个人心里播下了一个终生受用的深刻道理：“只要功夫深，铁杵磨成针。”奥斯卡获奖电影《聚焦》里面有一句话：“当聪明人用笨办法下功夫，这才是优秀的可怕。”学习习近平新时代中国特色社会主义思想更要明白“学而不思则罔，思而不学则殆”的道理，下足硬功夫、苦功夫。

1. 下功夫研究科学规律。任何事物都有规律，不按规律办事就会适得其反。认识规律、把握规律、遵循和运用规律，从规律层面把握和解决问题，是马克思主义的基本要求。学理论下功夫首先是在研究规律上下功夫。规律隐藏于事物的背后，都需要下一番去粗取精、去伪存真、由此及彼、由表及里的功夫方能发现它、把握它。

2. 下功夫找准关键问题。矛盾无处不在，问题时有发生。问题是创新的起点和动力源。主题教育要有大成效，必须突出问题导向，本着“不怕亮丑、敢于揭短”的态度，真正查出那些影响科学发展的政绩观，挖出那些掺杂在漂亮口号中的私心杂念，遏制那些盲目发展、粗放发展的“欲望”，等等。

3. 下功夫克服困难阻力。党的二十大报告指出：“今天我们所面临问题的复杂程度、解决问题的艰巨程度明显加大。”但是“困难再多，多不过我们的汗水和智慧；困难再大，大不过我们的勇气和担当”。主题教育中，我们就得树立“咬定青山不放松”的信念，对准焦点、难点、热点问题精准发力、持续发力，想方设法打掉那些躲不开绕不过的“拦路虎”。

三、要在“集思广见”上下功夫

李强总理说：“坐在办公室碰到的都是问题，深入基层看到的全是办法。高手在民间。”中共中央办公厅印发了《关于在全党大兴调查研究的工作方案》，提出在全党大兴调查研究，作为在全党开展的主题教育的重要内容。工作中，我们必须坚持开门搞教育，多走一走、看一看、议一议，集思广益、群策群力。

1. 常跑上级。上级领导和部门掌握的信息多，对大政方针理解深，看待基层工作站位高。我们对拿不准的决策、遇到的疑难杂症要多听听上面的意见，避免鲁莽行事；对理解不深的政策措施要多主动请教，寻求上级指点迷津和政策支持；遇到重大事项更要及时汇报，如实反映情况，听取工作指导和要求，避免自以为是。

2. 常跑基层。“知屋漏者在宇下，知政失者在草野。”问计于民、问需于民、问策于民是我们党的优良传统。实践证明：破解难题，创造在基层，办法在群众；千计万计，群众路线是第一计；千难万难，问计群众就不难。耳听为虚，眼见不一定为实，只有亲自去查看、去甄别、去比对、去溯源，才能掌握真情实况。

3. 常跑外部。“山外有山、人外有人！”坐井观天、闭门造车永远干不成大事业！党员干部必须跳出小圈子、放眼大格局，走出去拜师学艺，接受新思路的启迪、新理念的熏陶、新做法的教育。尤其要到先进发达的地区去看一看，能够从别人的经验中，从别人的成效中看到自身的不足，能够从中有所感悟。

四、要在“一腔热血”上下功夫

“态度决定一切，有什么样的态度，就有什么样的结果。”主题教育首先要改变人的思想，其次要改变人的行为，归根结底要改变人的状态，通过学习能使党员干部激发起雄心壮志，对事业充满一腔热血，争做敢为人先、敢于担当、敢争上游的“三敢”干部。

1. 敢为人先，大胆创新。时间不等人，机遇稍纵即逝！党员干部必须坚决摒弃“庸懒散浮拖”的懈怠思想，充分发扬冒险精神和创新精神，转变传统观念，改变惯用的工作思路和工作方法，主动识变应变求变，全面推动体制创新、制度创新、管理创新和技术创新，在新时代里敢于第一个吃螃蟹，敢于闯出新路子、干出新事业。

2. 敢于担当，坚守责任。“在其位，谋其职。”党员干部要深刻认识到自身岗位的职责所在，明晰自己该做什么、不该做什么，始终坚定理想信念，在困难面前身先士卒、激流勇进，以“不破楼兰终不还”的气势去攻坚克难，去担负起自身肩上的神圣使命，挑起历史重任，为国家、为群众不断贡献力量。

3. 敢争上游，鼓足干劲。既然已经“为官一任”，就要“造福一方”，不要总想着“甘为中游”，在工作上得过且过，只说不干。党员干部要充分用好自己手上的权利，真抓实干，以勇争上游的积极进取精神大胆开展各项工作，立足自身岗位在群众和组织面前“发光发彩”，更好地实现个人价值，为社会创造出更多的财富。

33 主题教育要抓住“时、不、我、待”下功夫

思想是行动的先导，理论是实践的指南。党的二十大为我们擘画了美好的

发展蓝图、作出了具体工作部署，为实现全国一盘棋、一条心、一起走，当务之急是要用党的创新理论武装全党，统一思想、统一意志、统一行动。党中央现在开启新一轮主题教育正当其时。党员干部作为干事创业的急先锋，更要在理论武装上先人一步、实践应用上快人一步，时不我待学思想、强党性、重实践、建新功。

1. 抓住“时”字下功夫。时间不等人，任务催人紧。新时代充满竞争，知识迭代加速，时间更为宝贵。必须珍惜学习的机会。要把学习当成一种行动自觉、一种政治责任、一种内在需求，切实增加学习的主动性和紧迫感，变“要我学”为“我要学”。必须攒够学习的时长。学习是一个从量变到质变的过程，时间少了，积累不到，滴水就穿不了石。所以学习要保证时间和精力的投入。时间就像海绵里的水，别把忙当借口。必须用好学习的时效。学习的效果在于实践、在于应用，在学习中我们要能及时做好知识的迭代更新，用新知识新理论去校正自身的行为，真实做到学思用贯通、知信行统一。

2. 抓住“不”字下功夫。学习就要有学习的态度，学习就要有学习的样子。这次我们要和形式主义彻底说声再见！学习不走马观花。不设身处地地去领悟就不会明白文字间蕴含的力量，我们必须下得马来、蹲下身子，拿起放大镜，学原文、悟原理，才能知其然更知其所以然。学习不囫囵吞枣。要做到应知应会，学得精髓，做到知行合一。没有下功夫的学习都是应付了事，没有调研的举措都是泛泛而谈。文章千古事，得失寸心知。学习不脱离实际。实践是检验真理的唯一标准。我们千万不能让“主题教育”变成“离题教育”，背离了主题教育的初衷。只有遵循“学以致用”的目标导向，才能体现学习的价值和意义。

3. 抓住“我”字下功夫。党员干部提升学习成效关键是要把自己摆进去，搞清楚我是谁、为了谁、要成为谁，才能真正让理论触及灵魂，转化为自身境界的提升，转化为推进事业进步的力量。要铭“大我”于心。要有不畏浮云遮望眼的态度，胸怀“国之大者”，以党和国家的事业为己任，坚决贯彻党的意志，落实党的各项决议决定，筑牢政治信仰“压舱石”。要践“有我”于行。“行之愈笃，知之益明”，实践出真知，党员干部就是要勇于在实践中历练，在担当担责中磨炼，在创优争先中锤炼，把自己变成“螺丝钉”。要修“无我”于身。“我将无我，不负人民”是我们党宗旨的具体体现，也是不忘初心、牢记使命的具体要求。共产党员要牢记入党誓词，对党忠诚，积极工作，随时准备为党和人民牺牲一切。

4. 抓住“待”字下功夫。学习改变格局，尤其体现在待人处世的态度改变上。通过进一步检视自己，勇于拿起自我革命的利器让自己变得更加优秀。要常以“蝼蚁之穴，溃堤千里”的忧患之心，对待自己的一思一念。谨记“为什么出发”，始终擦亮党员干部的先锋底色；时刻保持“白袍点墨”的敬畏、“退思堂内常思索”的清醒和“要留清白在人间”的笃定。常以“如临深渊，如履薄冰”的谨慎之心，对待自己的一言一行。“敏于事而慎于言”。始终注意自己的言行举止，减少失误、减少损失，少走弯路、少犯错误，多做少说，先做后说，处事勤谨。常以“夙夜在公、寝食不安”的公仆之心，对待自己的一职一责。恪守“时时放心不下”的精神，在机遇面前主动出击，在矛盾面前敢于迎难而上，在危险面前敢于挺身而出，履职担责。

34 抓住“源、远、根、深”四个字破解当下舆情

舆论是社情民意的焦点，是人们思想的“风向标”。近期“孔乙己的长衫”“政法大学教授郭某被骂出 B 站”“评论员杨某被骂上热搜”“深圳退休老干部孙女炫富”等话题成为网络上的热点，反映了人们对某些问题的关注。星星之火，可以燎原，舆论不可轻视，众声喧哗背后绝对“源远根深”。要消解疏导好，还得抓住“源远根深”四个字：追根溯源、为长远虑、从根上正、向深里改。

一、追根溯源

当下这些话题成为网民热议，许多人的言辞还非常激烈，我认为主要原因是“三个化”：干部腐化、阶层固化、教育僵化。

1. 干部腐化。干部在干，群众在看。其身正，不令而行；其身不正，虽令不从。尽管腐化堕落的党员干部是绝对少数，但一泡鸡屎坏一缸酱。尤其现在爆出的腐败案似乎越来越多，一个比一个行为恶劣，严重败坏了党的形象。为官不为，道德沦丧，让老百姓伤了心。

2. 阶层固化。现在这种情况越来越严重。资源被极少数人垄断，普通人靠个人奋斗取得成功将越来越艰难。阶层固化不仅会导致社会公正和公平的缺失，也会影响整个社会的稳定和发展。当社会上躺平、摆烂的人越来越多，仇官仇富声音自然会大起来。

3. 教育僵化。大学生曾经是多么令人羡慕的身份，粘贴着有知识、有文化、有理想的标签，一度被标榜成“天之骄子”！如今，持续的扩招、教育产业化，导致学生培养与社会需要严重脱节。家长含辛茹苦，倾其所有把孩子送进大学，毕业后却找不到工作，他们能不骂吗？

二、为长远虑

既然“干部腐化、阶层固化、教育僵化”已经成为社会的毒瘤，我们就得正视它，想方设法去治愈它，以打造风清气正的社会。这就得持之以恒地抓好三件事：反腐倡廉、选贤任能、共同富裕。

1. 反腐倡廉。“只要存在腐败问题产生的土壤和条件，反腐败斗争就一刻不能停，必须永远吹冲锋号。”当前，反腐败斗争形势依然严峻复杂，遏制增量、清除存量的任务依然艰巨，必须时刻保持清醒头脑和战略定力，坚决打赢反腐败斗争攻坚战持久战。

2. 选贤任能。为政之要，唯在得人。选贤任能不仅关系干部自身发展、关系人民群众利益，更关系到党和国家事业的兴衰成败。必须从体制机制上破除始终阴魂不散的山头主义、裙带关系、马屁文化，保证选好干部、好干部能被选拔使用。

3. 共同富裕。实现共同富裕不仅是经济问题，而且是关系党的执政基础的重大政治问题。不断扩大的贫富差距，必然加剧社会矛盾，带来严重的社会危机，甚至造成政治动荡和政权崩溃。我们决不能允许贫富差距越来越大、穷者愈穷富者愈富。

三、从根上正

思想是行动的先导，只有思想上保持清醒，才能有行动上的自觉。要消解网络上人们的愤怒和不满，扎扎实实抓好反腐倡廉、选贤任能、共同富裕等得民心之事，我们必须始终保持思想上的清醒，坚决做到“三不”：不丢理想信念、不减斗争意志、不忘宗旨意识。

1. 不丢理想信念。“理想指引人生方向，信念决定事业成败”。理想信念之于个人，是脊柱是筋骨，之于一个政党一个民族，是干事创业的基石，是迎难而上的精神动力。任何时候，我们都要坚守正确的理想信念，抵制歪风邪气的侵袭，积极向社会传递正能量。

2. 不减斗争意志。敢于斗争是我们党的鲜明品格，共产党人就得讲党性、讲原则，不能见了困难绕道、见了歪风避行、见了坏人低头，更不能丧失原则，而是要挺起腰杆子，理直气壮，与社会一切不良现象做坚决的斗争，勇做新时代的“劲草”“真金”。

3. 不忘宗旨意识。江山就是人民，人民就是江山。为民造福是立党为公、执政为民的本质要求。我们必须始终坚持以人民为中心的发展理念，全力以赴在发展中保障和改善民生，团结带领干部群众共同奋斗创造美好生活，不断实现人民对美好生活的向往。

四、向深里改

国家一切权力属于人民。我们必须始终把人民拥护不拥护、赞成不赞成、高兴不高兴、答应不答应作为衡量一切工作得失的根本标准，着力解决好人民最关心最直接最现实的利益问题。这是去除负面舆情的关键，也是我们努力的重点。我们必须抓住三个导向：需求导向、问题导向、效果导向。

1. 需求导向。李强总理指出“政府工作就是要贴近老百姓的实际感受去谋划、推进，真正做到民有所盼、政有所为”。我们各级干部要多到一线去，广开言路，广纳群言，倾听民声民意，了解群众所思所想所盼，把群众急难愁盼的现实问题放在心上、抓在手中。

2. 问题导向。问题是时代的声音，找准问题才能对症下药。当下我们要按照中央的要求，大兴调查研究之风，瞪大眼睛、竖起耳朵，把问题搞准，并坚持有什么问题就解决什么问题，什么问题难就重点解决什么问题，什么问题突出就着力攻克什么问题。

3. 效果导向。目标就是方向，标准决定质量。无论是反腐倡廉，还是选贤任能、推进共同富裕，关键就在于抓落实、求实效。广大党员干部要以“咬定青山不放松”的韧劲、“不破楼兰终不还”的拼劲，一个山头一个山头地攻，把问题一个个解决掉，努力让人民满意。

35 党务干部培训要围绕“引、人、入、胜”设置课程

党务干部培训如何摆脱枯燥问题？可以围绕“引人入胜”做文章。怎么“引人入胜”？需要聚焦实现单位高质量发展把纲举起来、把目张开来，既实用又管用，凸显针对性和有效性。具体来说就是要回答“四个如何做好”，即如何做好政治引领、如何做好以人为本、如何做好融入中心、如何做好战胜困难，也就是培训可以设置“引、人、入、胜”四个模块。

1. 围绕“引”字，设置“政治引领”模块。党务干部作为党的事业的中坚力量，要在政治立场、政治方向等方面做好引领。在这个模块中，可以包括习近平新时代中国特色社会主义思想、党的基本理论知识、党史、党章党规等方面的培训，以加强党务干部的政治思想和政治意识，提高他们的政治能力和党性修养。

2. 围绕“人”字，设置“以人为本”模块。党务干部是为人民群众服务的，因此，要始终将人民群众的利益放在首位。在这个模块中，可以包括与人民群众的沟通技巧、民意调查、问题解决能力等方面的培训，以提高党务干部的服务意识和实践能力，让他们真正做到心系群众、为群众办实事。

3. 围绕“入”字，设置“融入中心”模块。党务工作的核心是中心工作，党务干部需要深入贯彻中央和上级党组织的决策部署，将个人工作融入中心工作中去。在这个模块中，可以包括中心工作的理念与方法、工作协调与合作能力等方面的培训，以提高党务干部的组织协调能力和实践能力，确保中心工作的顺利推进。

4. 围绕“胜”字，设置“战胜困难”模块。党务干部在工作中常常面临各种挑战和困难，因此，他们需要具备解决问题的能力和应对困难的勇气。在这个模块中，可以包括问题解决的态度、思维、方法与技巧、应对压力的心理调适等方面的内容，以提高党务干部的应变能力和执行力，让他们在工作中能够勇往直前、战胜困难。

通过围绕“引、人、入、胜”设置党务干部的培训课程，可以在项目开发、课程设置上更加结构化，更加聚焦重点，更便于学员理解培训的初衷与目标。

四 安全管理篇

1 抓安全生产必须“穷、追、猛、打”

“宜将剩勇追穷寇，不可沽名学霸王。”抓安全生产亦如此，工作中我们都会发现，安全管理稍有放松，“三违”现象便会抬头，必须“穷追猛打”不停歇！“穷追猛打”是抓好安全生产应有的态度，展开来更提示我们要：穷安全问题之根源、追安全职责之压实、猛安全管理之狠劲、打安全稳固之根基。

一、穷安全问题之根源

“万物得其本者生，百事得其道者成。”要抓好安全工作，一定要搞清楚问题的本源，搞清楚其中蕴含的规律。许多安全问题为什么一而再、再而三地发生？拿电瓶车引发的火灾来说，2023 年全国共接报电动自行车火灾 2.1 万起，相比 2022 年上升 17.4%。进入 2024 年，此类事故依然频繁发生。2 月 23 日，江苏南京某居民楼地面架空层电动自行车引发火灾，又造成 15 人死亡，44 人入院接受治疗。如果不把这类事故的根源找出来，从根上治理，此类事故还会上演。

当下，许多高层负责安全管理的人员，根本就没在生产一线干过，抓安全只知道唯命是从，捧着书本拍脑袋，看问题鼠目寸光，这才是安全管理最大的问题。拿石油企业来说，从 2003 年左右开始接近 20 年不招工。现在现场操作人员严重断档，钻井工人过去要上 3 年技校、现场实习 1 年才能顶岗。后来变成 90 天速成，再后来变成 3 周速成。这样的用工状况，不出问题才不正常！

再者，这些年太过于强调效益成本的考核。硬件设施必要投入这一块严重不足。最近某石化企业发生的火灾，就是因为设备严重老化，装置还是 1987 年投产的。当然，作为企业必须讲效益，关键是要处理好当前与长远的关系、处理好面子与里子的关系。这些年，我们在形式主义上付出的代价太大了，如果把投在面子工程上的人财物投入硬件设施上该多好！

二、追安全职责之压实

这几年，我们一直强调安全生产“党政同责、一岗双责、齐抓共管、失职追责”和“管行业必须管安全、管业务必须管安全、管生产经营必须管安全”，效果如何？我感觉是大会小会讲安全确实成了一项必不可少的环节，领导下基层安全检查确实增加了，在各类调研中最后总就安全生产再作强调与提醒。但有几个领导是用心思考后讲的呢？几乎都是大话套话！就算讲得切合实际、抓住了要害，又有几个听者把话听进去了呢？绝大多数在自欺欺人。

安全职责的压实道阻且长！2019 年 3 月 21 日，响水天嘉宜公司发生爆炸事故，造成 78 人死亡，640 人受到不同程度的伤害。据官方公布的事故主要原因是天嘉宜公司违规长期储存、处置硝化废料，企业管理混乱；盐城市环境监测中心等 6 家中介单位出具虚假材料；部分公职人员受贿。可以说在其安全管理的全链条中，职责都存在缺失。

当下，在安全职责落实上最需要的是发扬钉钉子精神。从上到下把职责链条捋清楚，把层层的责任真正落实压实。特别是出了安全事故，必须严格落实“四个不放过”，做到“事故原因未查清不放过、责任人员未处理不放过、责任人和群众未受教育不放过、整改措施未落实不放过”，并以此为范本，举一反三，警示教育与立行立改。

三、猛安全管理之狠劲

安全生产工作最忌大而化之、蜻蜓点水，最忌虎头蛇尾、半途而废，最忌抓而不紧、抓而不实，最忌高高举起、轻轻落下。近年来许多事故的发生，与管理上“雷声大、雨点小”不无关系、与隐患排查治理上“一阵风、走过场”不无关系、与监管执法上“软绵绵、轻飘飘”不无关系。检查不执法、执法不处罚、处罚不到位和执法信息不公开等问题依然比较突出，“宁听骂声，不听哭声”还没有成为许多管理者的行动自觉。

笔者曾经管理过负责配送成品油的运输车队。严禁司驾人员抽烟本是安全管理的常识，但就是执行不好。领导班子讨论认为，成品油车的司驾人员抽烟现象屡禁不绝，根本原因是处罚轻了，没有让违章的司驾人员心痛。于是决定大幅增加处罚力度，按月计罚，当月发现一次扣罚 1000 元，再次发现则扣罚加倍。其中一个驾驶员当月被监控发现抽烟三次，罚款 7000 元。一下子把那些烟民震慑住了，第二个月开车抽烟情况就绝迹了。

这说明什么？人怕狠、鬼怕恶。管理不能全靠人的自觉。尤其在基层一线，有些员工的素质非常差，要让他长记性，必须触到他的痛处。人是有惰性的，没有规矩不成方圆。安全生产是人命关天的大事，严是爱、松是害，不管不问要变坏。抓之就得愿意唱“黑脸”，敢用雷霆手段，不搞“下不为例”，问题不彻底解决就誓不罢休。

四、打安全稳固之根基

基础不牢地动山摇！安全生产是一项长期的系统工程，“人机料法环测”环环相扣，万有一失、一失万无。我们决不能搞流沙上建大厦那一套，华而不实，随时可能倒塌，必须从点点滴滴抓起，立足当下放眼未来，做到人人讲安全、事事为安全、时时想安全、处处要安全，让安全理念深入所有人的骨髓、安全操作成为集体的行为习惯、安全的设施样样固若金汤，才真正能安全。

早在 1964 年，党中央和毛主席发出了“全国工业学大庆”的号召。大庆人创造的“当老实人、说老实话、做老实事”“严格的要求、严密的组织、严肃的态度、严明的纪律”“黑夜和白天干工作一个样、坏天气和好天气干工作一个样、领导不在场和领导在场干工作一个样、没人检查和有人检查干工作一个样”等“三老”“四严”“四个一样”的工作作风，以及加强以党支部建设为核心的基层建设，加强以岗位责任制为中心的基础工作，加强以岗位练兵为主要内容的基本功训练的三基工作，是多么好的传家宝啊！

这些年，我们的作风有些飘了。我们必须痛定思痛，把好传统捡回来。同时也要根据形势的变化，对其持续进行迭代升级。尤其要结合实际，根据人员素质、设备设施、工艺流程、法律法规情况，大胆地推进生产标准化、信息化、数字化、自动化、智能化改造，要从本质上来提档升级安全生产与管理的条件、手段与环境，切实打牢安全生产的根基。

唱戏的要天天吊嗓子，习武的要日日站马步。安全生产既要打歼灭战、攻坚战，也要打持久战！要以问题为导向，穷追猛打！希望大家铭记“穷追猛打”这个词、这四个字，真正穷安全问题之根源、追安全职责之压实、猛安全管理之狠劲、打安全稳固之根基，切实为单位高质量发展保驾护航！

2 抓安全生产就得“严、管、厚、爱”

俗话说，“严是爱、松是害，不管不问要变坏”“严格要求安全在，松松垮垮事故来”。安全生产事关人民生命财产安全，事关社会和谐稳定大局，严管就是厚爱，厚爱就得严管。“严管厚爱”互为表里、辩证统一，从严管理出战斗力、真诚关爱出凝聚力。“严管厚爱”四个字既是抓安全生产工作的应有之义，展开来更蕴含着我们应该如何抓安全生产的方法。

一、“严管厚爱”的“严”字，提醒我们抓安全生产就得“严过程、严制度、严执行”

“千里之堤，溃于蚁穴！”安全生产是由诸多环节环环相扣连接而成的系统，每个环节都相互作用、相互依赖，一个环节出问题，很可能会造成全局被动，真的是“万有一失、一失万无”“一着不慎，满盘皆输”。所以，抓安全首先要做到“严丝合缝”，要确保生产全过程要素之间的无缝衔接，无论是工艺、设备、材料，还是人员、环境等，每一个过程要素都要考虑到，并严格管控起来，任何一个节点都不能出问题。

怎么把过程要素严格管控起来？国有国法，家有家规，无规矩不成方圆。一个单位那么多人与事，没有统一的思想就没有统一的行动，没有正确的思想就没有正确的行动。制度就是一个单位人员统一的思想标尺、共同的行事准则。安全生产每一个环节、每一个岗位要做什么、什么能做、什么不能做、做好了会怎么样、做错会有什么后果，要靠刚性的制度将其严肃约定下来、严谨规范起来、严密组织起来。

制度有了，不执行就是摆设，执行了才有用。领导强调了、指出了、要求了，得到贯彻才有用。否则，这耳朵听那耳朵出，说了也等于白说。中国人讲“一分部署，九分落实”，外国人讲：“最伟大的是执行。”安全生产上“令行禁止”更显重要。看看我们新近发生的事故，有几个不是“违章指挥、违章操作、违反劳动纪律”造成的？许多还是明知故犯、一犯再犯。说教千遍，不如问责一遍。有规可依，还得有规必依、执规必严。

二、“严管厚爱”的“管”字，提醒我们抓安全生产就得“管风险、管隐患、管治理”

管安全就是管风险，遏事故就得除隐患。安全生产风险是在生产过程中可能出现的与劳动作业息息相关的，不以人的意志为转移的，突然发生的，可能对员工的人身造成危害、对设备造成损坏或对环境造成污染的因素。要防范好风险因素关键要“想得到”“看得出”“管得住”，要把一切可能的安全风险识别出来，对其逐一展开等级评估，对高级别风险一定要标识好并采取切实可行的防控措施、确保其始终处于可控、在控、受控状态。

相比安全风险，安全隐患具有确定性，是在日常的生产过程或社会活动中，由于人的因素、物的变化以及环境的影响等产生的各种各样的问题、缺陷、故障、苗头等不安全因素。这些不安全因素有的是疵点、缺点，如果不发现、不查找、不消除，就可能会导致安全生产事故。安全隐患猛于虎，对于重大隐患一定要时时放心不下，切实把管控责任落实到人头，如果思想上对隐患不重视，那就是最大的隐患。

风险识别了、隐患查出了，后续工作当然就是治理了。安全管理重在形成闭环。落实风险防范措施、整改安全隐患工作本身就是贯彻预防为主的方针，就是在预防和消灭事故。制订治理措施时，我们既要立足当下也要放眼长远，既要抓现象治理更要抓源头治理，既要明确责任主体也要落实监管措施，既要提要求更要给资源，尤其在花钱上不能总是斤斤计较，要尽可能采用新技术、新材料、新设备，少搞一些半拉子工程。

三、“严管厚爱”的“厚”字，提醒我们抓安全生产就得“厚知识、厚能力、厚氛围”

《安全生产法》第二十七条明确规定：生产经营单位的主要负责人和安全生产管理人员必须具备与本单位所从事的生产经营活动相应的安全生产知识和管理能力。到了生产一线，面对复杂的人、物、环境，哪些操作是对的、哪些操作是违章、哪些措施需要迭代升级、哪些需要许可审批，等等，作为管理者都要知道个所以然。如果不懂业务、不懂流程、不懂法规、不懂人性，必然抓不了也抓不好安全生产。

具备较厚的安全生产知识，只是抓好安全生产的基础和前提，而能力水平更为关键。同样的环境，有的人能甄别出一堆风险与隐患，一针见血指出化解之道；有的人就如同盲人摸象，不知道问题在什么地方。组织同样的生产，有的人做得井井有条、科学高效；有的人则手忙脚乱，把工作搅成一锅粥。同样一个问题，有多种解决方式，每一种解决方式带来的效果千差万别。没有两把刷子，抓安全生产真的不行。

蓬生麻中，不扶而直；白沙在涅，与之俱黑。抓好安全生产不仅是领导干部的事，也是所有人的事。如果每个人都重视安全，都把安全生产作为头等大事，都能自觉变“要我安全”为“我要安全”，那么安全生产工作抓起来就会非常顺。所以，工作中我们必须大力营造安全生产的好氛围，要从环境布置、培训教育、制度完善、责任追究等多方面下手，真正把安全意识植入大家的大脑，使安全第一的理念变成众人的习惯。

四、“严管厚爱”的“爱”字，提醒我们抓安全生产就得“爱调研、爱琢磨、爱唠叨”

没有调查就没有发言权。抓安全生产首先要知道真情实况，这就要求我们到一线去、到群众中去、到标杆单位去。耳听为虚眼见为实，不到现场，许多情况你根本无法想象。不到标杆单位学习，你都不知道什么叫差距。我们常讲思路一变天地宽，好的思路往往就藏在员工群众之中，往往就需要调研时得到的一个火花来点燃。同时，到现场调研还能拉近与群众的距离，体现对安全工作的重视。

了解情况的目的是找准问题、找出因由、找到对策。安全生产各个因素之间关系如何、哪些地方存在薄弱环节、如何让安全意识成为员工的本能反应、如何做好岗位练兵等都需要深度思考才能得出最优的答案。工作中，我们会发现小改小革、金点子、小发明在安全生产上作用巨大。而这些小改小革、金点子、小发明并非凭空而来，都是爱琢磨、刻苦钻研的结果，都是精益求精精神的体现。

如果你真的用心琢磨安全生产，那么你就会发现，安全管理核心全在于六个字：反复抓、抓反复。也就是说，要在反反复复中，把正确的理念树立起来、把安全的习惯培养起来、把正确的操作固化下来。尤其在工作提醒、安全教育上更要不厌其烦，得用“铁嘴”时时讲安全、事事讲安全、处处讲安全，对个别员工还得开小灶，真正通过苦口婆心说、拉下脸来批，促使大家自觉做到规范操作、精心操作，自觉消除“三违”行为。

安全管理极端重要，但抓起来并不复杂。如果我们真正把“严、管、厚、爱”这四个方面做到了，做深了，做精了，我们的严，员工会理解并配合；我们的爱，员工会懂得并珍惜。人心齐泰山移，众志成城抓安全，我们一定可以构建起守护安全生产的“铜墙铁壁”。

3 抓安全生产就得“理、直、气、壮”

道路千万条，安全第一条。安全生产是一切工作之首、没有安全就没有一切，抓安全生产当然可以“理直气壮”，也应该“理直气壮”！“理直气壮”这四个字既是抓安全生产的态度，展开来更蕴含着方法。“理”字提示我们抓安全生产：既要能理念先进，也要能条理清晰；“直”字提示我们抓安全生产：既要能直插基层，也要能直抒己见；“气”字提示我们抓安全生产：既不能盛气凌人，也不能灰心丧气；“壮”字提示我们抓安全生产：既要有强壮本领，也要有壮士之魄。这四个方面做到了，抓起安全生产何愁理不直气不壮？

一、用心理解“理”字：既要能理念先进，也要能条理清晰

思路决定出路。理念是管全局、管根本、管方向、管长远的东西，理念领先是最重要的领先，观念滞后是最致命的滞后。当下，科技进步日新月异，员工自主意识越发强烈，我们面对的安全生产的条件、环境处在迅速的变化之中。因循守旧、按部就班，数着老皇历抓安全生产，肯定不行，必须与时俱进更新迭代管理理念，以先进的理念引领管理变革。尤其在新技术、新材料、新模式、新方法等方面要敢于大胆应用，大力推进生产优化、简化、智能化、高端化，只有如此才能真正大幅提升企业的本质安全水平。

那是不是有了先进的安全生产理念，安全工作水平就上来了？不尽然，理念再好还在于落实落地，在于能够抓住工作的主要矛盾与矛盾的主要方面，以点带面，带动整体工作的提升。安全生产工作千头万绪，如果胡子眉毛一把抓，就会顾此失彼，按下葫芦浮起瓢。邓小平同志就为我们作出了很好的榜样示范。“文化大革命”结束后，百废待举、百业待兴，遗留的难题堆积成山。怎么办？他从反对“两个凡是”入手解放全国人民思想，再利用土地承包、搞经济特区破局，引领全国实现改革开放，条理非常清晰。安全生产工作也是如此，我们只有抓重点抓主线，才能实现纲举目张。

二、用心理解“直”字：既要能直插基层，也要能直抒己见

耳听为虚，眼见为实。基层一线的状况千奇百怪，如果不亲自到现场，你可能都不会相信有这样的事、这样的人、这样的状况。媒体曾经多次曝光，一些地方为了应付环保检查，竟然在开采出来的石材上涂绿漆。一些企业为应付消防检查，竟然安装假消防喷淋头。还有许多说一套做一套的，不到现场你只能被蒙在鼓里。所以，我们党一直强调调查研究是谋事之基、成事之道。没有调查，就没有发言权，更没有决策权。要抓好安全生产工作，就得采

取“四不两直”直接到基层一线去，看看“后院”与“角落”，才能掌握真情实况。

直插基层既是调查研究，也是工作指导。看到风险隐患、违章现象、不良苗头倾向、不妥做法，就得敢于及时指出来，能改的马上纠正，一时改不了的，也能采取有效控制措施。现实中，一些领导确实做到了直插基层、直插现场，但走马观花、蜻蜓点水，并没有真正发现问题；有的虽然发现了问题，但碍于面子，闪烁其词，语不达意，问题并没有被揭示出来。这样的做法显然与实事求是原则背道而驰。作为管理者，就是要管人理事，如果连真话都不敢讲，想法也不敢说，一味和稀泥，要你干啥？你这样既对不起组织的重托也对不起群众的信任。

三、用心理解“气”字：既不能盛气凌人，也不能灰心丧气

俗话说：“良言一句三冬暖，恶语伤人六月寒。”每个人都有自己的尊严和价值，只有尊重别人，才会获得别人的尊重。尤其在强调人人平等的当下，人们的自我意识非常强烈。尊重员工已经是人性化管理的必然要求，当然也是回报率最高的感情投资。管理者千万别觉得自己高人一等，说起话来可以飞扬跋扈、盛气凌人、颐指气使，即使你是对的也不能这样。否则，你说的话没人听，听了也进不到心里去。有时，甚至会使员工产生抵触情绪，即使你说得再好再对，员工就非要和你对着来，你的威信只会降低不会增强。

当然，我们尊重员工，不盛气凌人，不是说非得和颜悦色，就事论事态度严厉也是必要的。关键要把握一个度。但是，作为管理者，任何时候说话做事，传递给别人的，应该是信心、决心。气可鼓不可泄！即使我们在推进安全生产时遇到了巨大阻力或重大挫折，也要保持必胜的信心。信心堪比黄金贵，办法总比困难多。安全生产涉及面广、需要的投入大、监管的婆婆多、规则规范严，做起事来，不太可能从心所欲。好在，现在上上下下都很重视安全，只要你的意见建议货真价实，把利害关系讲清楚，没有谁敢在这上面使绊子，你的想法终会逐步变成现实。

四、用心理解“壮”字：既要有强壮本领，也要有壮士之魄

“没有金刚钻，别揽瓷器活。”安全生产工作专业性非常强，不同领域有不同的特点，不同的单位有不同的情况。抓好安全生产，既要懂工艺流程也要懂装备特性，既要了解政策法规又要了解人员情况，既要懂得沟通协调又要懂得查漏补缺，既要能发现问题又要能解决问题，总之必须有较高的综合素质能力，本领不强是做不好的。所以，抓安全生产工作必须始终绷紧强壮本领这根弦，要抓住一切可以利用的时间去给自己充电加油，掌握大量的知识点，要经常深入一线调查研究，努力成为熟悉基层具体情况的“活字典”。

当然，要抓好安全生产，理念、能力、方法、态度等都非常重要。我最后想特别强调的是，抓好安全生产还得有“壮士断腕”的气魄。对于发现的问题、风险、隐患，是否能采取一些革命性、决断性的举措，非常考验一名管理者的格局与魄力。如，断然淘汰落后设备、工艺，关停高危装置，敢于前瞻性高额投入，敢于清除害群之马，敢于把尖锐矛盾揭示出来，这些都需要魄力。作为管理者就得有这样的斗争精神，敢于面对矛盾解决问题，如果前怕狼后怕虎，犹豫徘徊，只会坐失良机、贻误大事，也做不成大事。

安全你我他，努力靠大家。我们每一个人都是安全生产的责任人，都应该“理直气壮”参与安全生产管理，尤其是党员领导干部更要从我严起，积极行动起来，把“理、直、气、壮”这四个字蕴含的提示、方法落实好，确保一方平安！

4 安全生产要抓住“开、花、结、果”下真功夫

2024 年 1 月 23 日凌晨，山东济南市银座佳驿发生火灾，有 4 人送医后不治身亡；1 月 24 日，江西新余市渝水区一临街店铺发生火灾事故，造成 39 人死亡、9 人受伤；2 月 9 日，四川内江隆昌市响石镇龙凤村发生一起较大亡人火灾，过火面积约 80 平方米，造成 4 人遇难。

安全生产事故接二连三、呈现高发多发频发的态势。这背后的原因到底是什么？是我们的制度不完善、措施不过硬、培训不到位、管理不严格，还是领导不重视、检查不密集、人员素质差？

应该说，严格计较起来，这些因素都或多或少存在。但我们这些年，从上到下，对安全生产都格外地重视。“发展决不能以牺牲人的生命为代价”“党政同责、一岗双责、齐抓共管、失职追责”已经深入人心。安全生产总体形势在好转，但物极必反，人们在强压高压、严厉追责之下已经开始变得神经兮兮的了，怕没要求到，就大会小会没完没了开，没完没了讲；怕没监管到，就不断增加监管的人手与频次，搞得一人干活，一堆人旁观；怕最后挨板子，发现问题能推则推，能躲则躲，事不关己高高挂起；怕被批人员培训不到位，就要求这也取证那也取证，今天培训、明天培训，搞得人人不胜其烦。现在从领导到员工，大家都重视安全，都怕安全，都在埋怨安全，把大量的精力花在内耗上。安全生产的管理又到了一个瓶颈期。

做好新形势下安全生产工作，不动脑子不行，不投入精力不行，搞花架子脱离实际不行，躲避不行，靠层层加码也不行。要让自己的努力不付诸东流，就得突出“真”字，在“真开动脑筋、真花足精力、真结合实际、真果敢作为”上做文章。唯有如此，我们的上上下下的努力、巨大的投入才能真正“开花结果”，结出平安稳定之果。

一、真开动脑筋

汉代刘安在《淮南子·汜论训》中记载：“苟利于民，不必法古；苟周于事，不必循俗。”不同企业的安全生产情况千差万别，同一个企业的安全生产工作情况也是处在不断的变化之中。抓好安全生产工作，没有包治百病的良方，没有千篇一律的办法。我们必须因地制宜、因时制宜、因事制宜、因人制宜。这就得时时开动脑筋才行。

思路决定出路。许多事情变个思路效果就完全不一样。大家可能听说过这么一个故事：“二战”期间，美国空军的降落伞开始时安全性能不够好，不时地会发生安全事故。后来，经过生产商的努力，合格率逐步提升到99.9%。似乎这样合格率已经到头了，不可能达到 100%。但是，军方提出了一种检测方式：从每一批降落伞中随机抽取一个，由生产商装备上身，再亲自从飞机上往下跳。新的质检方法实施后，奇迹出现了，降落伞的合格率立刻变成了 100%。

安全管理中，许多问题看似无解，实则是没动脑筋。工作中，我们还常讲“千难万难，发动群众就不难”。一个人的脑袋容量有限，一群人的智慧不可估量。尤其一线干部员工是生产实践的主体，对安全生产体验最直接，对安全问题认知最准确，对安全需求感受最深刻。他们拥有取之不尽、用之不竭的智慧宝藏。作为管理者，不管自己的脑子够不够用，都应该多听听大家的想法，三个臭皮匠，赛过诸葛亮，大家一起开动脑筋，我相信许多安全生产难题都会迎刃而解。

二、真花足精力

只要功夫深，铁杵磨成针。当前，围绕安全生产似乎大家都投入了大量的时间与精力，实则许多是花拳绣腿，是形式主义，是自欺欺人。管理者们可以扪心自问，我们花在安全生产上的时间与精力有多少？领导者的安全会议讲话稿有几篇是自己写的？至少有 99% 是手下代劳。领导们深入现场，有几个提前做过功课，提前熟悉要检查的内容与对象？

这次江西新余火灾几乎就是 2022 年河南安阳“11·21”火灾事故的翻版。我们讲“一地出事故、各地受教育，一地有隐患、各地受警示”。同样的事故，换个地方又在上演，血淋淋的教训在其他地方根本没有发挥教育警示作用。见诸报端有关违规动火引发火灾的事故也有很多，如，2022 年 6 月 9 日，浙江杭州冰雪大世界工地内工人违章电焊切割作业时，熔渣引燃管道保温材料残片和装饰装修材料，事故造成 4 人死亡、2 名消防员牺牲、19 人受伤，建筑物过火面积 600 平方米，直接经济损失 3057 万余元。2021 年 12 月 31 日 11 时 11 分，辽宁省大连市鞍山路一市场地下二层违法建设冷库，违规使用易燃保温材料，违规使用电焊动火作业，造成保温材料着火，产生大量有毒气体，致 8 人窒息遇难、1 名消防员壮烈牺牲。

《中华人民共和国消防法》第二十一条规定：因施工等特殊情况需要使用

明火作业的，应当按照规定事先办理审批手续，采取相应的消防安全措施；作业人员应当遵守消防安全规定。规定有，但不遵守；事故案例有，但教训没被吸取。这说明什么？说明我们并没有让规定与事故案例刻到人们的头脑中。究其原因，还是在教育上花费的精力没到位。我们在安全管理上花费了多少精力，尤其花费了多少真精力，要看实际效果。

三、真结合实际

当下的中国，人们喜欢搞一刀切，搞花里胡哨的大场面。这次江西新余火灾后，新余市教育局要求所有校外培训机构暂停培训活动。这就是典型的懒政、蠢政、霸政行为。事故是校外培训造成的吗？如果二楼是宾馆、饭店，是不是要让该市所有宾馆、饭店都停业？如果二楼是歌厅，那么全市的歌厅都要停业吗？

安全领域的问题只是社会层面问题的一个缩影，反映的却是政治生态。现在许多企业，尤其是国有企业，上班第一件事是政治学习，学进去了吗？是人都知道大多是小和尚念经。谈到具体工作，总要开个大会，来个拉网式检查，似乎只有场面越大才越显得重视。上面领导一句话，基层同志跑断腿。尤其一些领导什么都不懂，拿个鸡毛当令箭，张嘴闭嘴“某总强调”“某报告指出”“要打赢安全生产的人民战争”，说的都是套话、空话、大话。领导干部们，要抓好安全生产，必须到一线蹲点去，去认认真真开展调查研究，许多时候现场的实际情况超乎你的想象。不能搞得小姐得病，丫鬟吃药；一人得病，众人吃药。

实事求是是马克思主义的根本观点，是中国共产党的基本思想方法、工作方法、领导方法。抓安全生产也必须讲究实事求是，不能脱离实际。现在的基层，人员非常精干，一个萝卜多个坑，再者人的许多观念已经和过去不一样了，用于生产的技术与装备也是越来越先进。我们在安全生产上采取哪些措施，必须结合实际情况进行。当务之急，是把大家从形式主义的怪圈中解放出来，让大家多把时间放在解决具体问题上。

四、真果敢作为

俗话说："小洞不补，大洞吃苦。""机不可失，时不再来。"安全生产问题的解决有时间窗口期。问题如果没有及时得到解决，可能小病拖成大病，大病拖成绝症。抓安全生产就得果断勇敢，积极作为。遇到事情，首先想到的是解决问题，而不是躲避、敷衍、拖延、推责。唯有如此，安全生产才能真正实现抓早抓小，把风险隐患扼杀在萌芽阶段。

现实中，许多干部头脑中存在严重的好人主义，不愿意得罪人。对那些低老坏、庸懒散、三违现象习以为常，结果只能是导致事故一而再、再而三发生。一些干部目光短浅，做一天和尚撞一天钟，对设备更新、技术升级漠不关心，为一时的经济指标好看，不愿意在安全生产上投入真金白银，总把问题留给下一任。据笔者了解，当下基层最大的安全隐患还是人的问题，尤其国企。曾经十来年不招技术工人，导致现在生产一线人员严重断档，老的老小的小，青黄不接。当务之急是向一线输血，加强员工岗位练兵，而不是一直强调人均劳效。

道路千万条，安全第一条。安全是一切工作进步的基础和前提。涉及其中的每一名干部都应该充满"时时放心不下"的责任感，做到在矛盾面前不回避，在困难面前不推诿，能够叫响"我的事情我负责、我的地盘我做主"，不让问题传递下去、拖延下去。要敢于善于发扬斗争精神，预见不良苗头、错误行为敢于当头棒喝，宁听骂声不听哭声。定下来的规矩、举措就得坚决执行起来，做到不打折扣、不搞变通、不阳奉阴违。

总之，在安全生产上不能虚头巴脑，不能花拳绣腿，必须动真碰硬，要在"真开动脑筋、真花足精力、真结合实际、真果敢作为"上下功夫，确保安全生产工作取得更加显著的成效。

5 安全生产如何"逆、天、改、命"？

2024年1月下旬，全国大的安全生产事故不断发生。1月19日晚，河南省方城县独树镇英才学校一宿舍发生火灾，事故造成13人遇难，1人受伤；1月20日凌晨，江苏常州一企业发生车间粉尘爆炸，共造成8人死亡、8人轻伤；1月20日19时许，山东省菏泽市鄄城县的一个废旧粮库突然发生剧烈爆炸，起火面积约为300平方米。

在安全检查铺天盖地、要求层层加码、天天三令五申的情况下，重特大安全生产事故依然频繁发生。许多抓安全生产的同志不禁感慨“安全事故真的防不胜防，就看命好不好”！同情安全管理之难的同时，我想我们整个国家都得反思了。当下的安全生产形势充分说明我们的安全管理有问题，方式方法不对头。如果还沿着老路一根筋抓下去，只会在“南墙”上撞得头破血流！

那如何扭转严峻的安全生产形势，实现“逆天改命”呢？“逆天改命”四个字就蕴含着基本答案，也就是抓安全：管理逆着人性不行、检查三天两头不行、制度改来改去不行、领导自命不凡不行。

一、管理逆着人性不行

华为任正非说：“管理就是洞察人性，激发人的欲望。一家企业的成与败、好与坏，背后所展示的逻辑，都是人性的逻辑、欲望的逻辑。欲望是企业、组织、社会进步的原动力。欲望的激发和控制构成了一部华为的发展史，构成了人类任何组织的管理史。”对此，我深感认同，也许这就是华为如此成功最为关键的密码。

而我们当下的安全管理，全是居高临下的颐指气使，强调这不能那不可，强调严格监管，严肃考核问责。为了提升员工的安全生产意识与技能，培训与考核层层加码、不断变换花样，不管不顾员工的心理生理状态，基层苦不堪言，只能学小和尚念经有口无心，培训量是有了，总结是好写了，但效果呢？大家都心知肚明！一旦哪个地方发生事故了，整个地区、整个系统马上来上一场声势浩大的拉网式检查，可谓是“一人得病，所有人都得吃药”！基层能不反感吗？

安全生产的大道理人人都知道，但走不走心却完全不一样。最好的管理绝对不是高压、强压、管得多，关键是激发人的积极性主动性，让人自觉自愿地、积极主动地配合管理。只有你把员工的“毛”捋顺了，才能讨其欢心。人开心了，什么都好说。有句话说得好“不用管就是最好的管理”。当下的安全管理应该换条路试试了！

二、检查三天两头不行

和一位当领导的同学聊天，他说：“每天不是在迎接检查，就是在检查别人，没有时间思考，没有功夫踏踏实实做事。”也许他说出了当下中国的政治生态。现在是全国人民都在骂形式主义害死人，但又天天搞形式主义，全国上下都在“卷”，严重陷入内耗之中。这种状况不改变，中华民族就没有希望、没有未来，安全生产也不可能抓好！

2023 年 12 月，笔者身边某厂发生大火，损失惨重。令人讽刺的是，就在大火发生前两天，其上级领导带着一大批所谓的主管部门及专家刚刚到这里进行过安全大检查，还对他们的安全管理给予充分肯定。这样的检查不是形式主义、官僚主义？据悉，该厂在 2020 年 6 月曾发生一起火灾事故，造成 2 人死亡、4 人受伤，直接经济损失 264 万元；在 2022 年 4 月又曾发生氢气泄漏着火，造成连续多套装置紧急停工。这几年，该单位一直被列为所在省的重点安全监管单位，检查肯定是三天两头，但又起到了多大作用呢？

频繁的安全检查不仅不能提高安全生产水平，反而可能引发基层干部员工的反感和抵触，还严重干扰了正常的生产生活秩序，浪费了大量的人力物力财力。最近网上有很多关于一人干活，一群人在监管的照片，相当滑稽可笑！要想从根上改变这种天天换着花样检查的现状，就应该大幅精简机关部门与领导，让他们到车间去、到生产一线去帮忙干活，而不是瞎指挥！

三、制度改来改去不行

“治国无其法则乱，守法而不变则衰。”对于一个单位而言，规章制度是用来规范员工行为的规则、条文，是单位发展过程中，对自身管理经验、智慧的积累和沉淀，是各项工作有序推进的重要保证。没有规章制度，单位运行就会失序、指挥就会失灵。规章制度也不是一成不变的，如果我们发现其中漏项缺项，有些地方不合时宜，有的表述不准确不清楚不规范，当然得马上作出修改。

但规章制度也应该具有稳定性，一旦形成，便不能轻易或频繁变动。如《中华人民共和国安全生产法》自2002年颁布实施以来，也只在2009年、2014年、2021年做过三次修改。而我们基层单位的安全管理制度，却出现了频繁改动的现象。一会要求这样做，一会要求那样做。尤其现在单位的安委会会议开得很频繁，月度开，出了事故开，迎接检查还得开，每次会议好像不搞点新说法、新要求出来就等于没开会。每次总打着完善制度的口号，给制度打补丁，搞得制度越来越长、越来越多。

制度频繁地修改不仅会影响其权威性，还会让基层员工无所适从，导致工作效率下降。好的制度不是越长越好、越多越好，而是越管用越好。毛泽东主席当年拟定的"三大纪律八项注意"，内容多么简单明了、生动贴切，短短几十个字，却切实管用，易懂好记，不仅人民军队的官兵"个个要牢记"，就连普通老百姓都知道。抓安全生产制度建设也应如此。

四、领导自命不凡不行

领导也是人，不是神，不是什么都懂，什么都会，什么都看得清清楚楚。但是，现实中许多领导，在长期曲意逢迎中，完全丧失了自己，自我感觉特别良好，好像样样在行，什么事情不指手画脚就不过瘾，不发表一通高见就不是领导了。正是印证了著名历史学家邓拓说过的一句话："越是没有本领的就越加自命不凡。"

安全生产专业性很强，人命关天，领导不能不懂装懂，瞎指挥、胡咧咧。上级部门来我们这安全检查，一位专职抓安全的专家向我诉苦。他说："这几年，集团公司主管安全生产的副总经理连续换人，换一个人就搞一套做法，前面一任一心一意搞安全管理体系。搞得挺好的，我们基层也跟着做，效果不错。现在新上来这位，完全否定那一套，自搞另一套，搞得我们云里雾里，这样下去，不出事才不正常。"

安全搞得好不好，关键在领导。领导者的态度和行为对安全生产有着至关重要的影响。如果领导者自命不凡，对安全生产的重要性认识不足，那么整个企业的安全生产水平就会受到严重影响。领导者要对自己的能力与身份有清醒的认识，要认识到术业有专攻、上行下效、不为不知，在安全管理上一定要多听听专家的意见、一线干部员工的意见，多搞点调查研究。领导谦虚一点，务实一点，背后说其是草包的只会更少！

安全生产形势严峻复杂！能不能“逆天改命”，让安全生产自然而然、固若金汤。越高层的领导层越要反思，越要转变观念，越要发力自我革命！必须清醒认识到：管理逆着人性不行、检查三天两头不行、制度改来改去不行、领导自命不凡不行，从现在开始就回归科学务实管理，别再自欺欺人，丢了良心、丢了党性、丢了民心！

6 抓安全就得“眼、见、为、实”

“耳听为虚，眼见为实。”安全生产工作来不得半点马虎大意，只有到现场，亲眼去看，才能掌握第一手资料，才能实实在在感受到风险，看到隐患。“眼见为实”是抓安全工作应有的态度，也是必备的方法，提示我们到现场去要“瞪大眼睛找隐患、见到问题就报告、小心慎为不马虎、实实在在抓治理”。

一、瞪大眼睛找隐患

安全隐患往往隐藏在不易察觉的角落，非得瞪大眼睛才能发现。所谓瞪大眼睛，就是要做好安全生产的检查观察工作，全面查、查全面，看仔细、仔细看，在鸡蛋里挑骨头，不放过一个环节、一个角落、一块物料、一台设备、一个岗位、一个动作，把人的因素、物的变化以及环境的影响等会产生各种各样的问题、缺陷、故障、苗头、隐患等不安全因素找出来。

二、见到问题就报告

该发现的问题没有发现就是失职，发现问题不处理不报告就是渎职。安全生产人人有责！我们任何人发现安全隐患时，都不能置之不理，更不能掩盖事实。要有勇气和责任心将问题立即报告给相关部门或领导，让专业人士来处理。也只有大家都关注安全、参与安全管理，让安全风险隐患成为“过街的老鼠”，才能真正构建起安全生产的铜墙铁壁。

三、小心慎为不马虎

麻痹大意是最大的安全隐患。纵观这些年发生的重特大事故，许多就是因为一时的麻痹大意。一个不当操作、一个不小心，让之前所有为保障安全做出的努力付诸东流。所以，我们必须认识到一个阶段安全不等于长久安全，安全之弦一刻也不能放松。在日常工作和生活中要时刻提醒自己，必须始终严格遵守安全规章制度，时时处处增强防范意识。

四、实实在在抓治理

千招万招，不能落实就是虚招；千条万条，不去落实就是白条。抓安全生产必须实实在在，要不得小聪明，风险防范、隐患治理绝不能搞形式主义。即使风险隐患找到了、具体问题反映上来了、治理措施列出来了，但最后还是要看我们采取的措施落实落地了没有，风险被排除了没有，隐患被根治了没有，漏洞被堵住了没有。

“**眼、见、为、实**”四个字的内涵环环相扣，最终落脚点还是在一个“实”字上，希望大家能走进现场、走进一线，瞪大眼睛找隐患、见到问题就报告、小心慎为不马虎、实实在在抓治理，从自己做起，从现在做起，为安全生产贡献一份积极的力量。

7 “严、丝、合、缝”抓安全

“万有一失，一失万无！”安全生产来不得半点马虎，各项措施必须严丝合缝，才能保证滴水不漏。把工作做到“严丝合缝”是抓安全应有的态度，这四个字展开来，更进一步提醒我们要能“严肃认真做培训、一丝不苟查隐患、同心合力控风险、见缝插针搞宣传”。

一、抓安全，必须严肃认真做培训

安全生产培训是提高员工安全意识、规范操作行为的重要手段。我们要严肃对待安全生产培训工作，加大投入，创新方法，提高培训质量。对企业员工进行系统化、专业化的安全知识培训，使员工真正掌握安全生产的基本技能和应对突发事故的方法，增强自我保护能力。同时，要加强安全生产管理人员的教育培训，提高其安全管理能力和水平，为企业的安全生产提供有力保障。

二、抓安全，必须一丝不苟查隐患

隐患是事故的根源，一丝不苟地查找隐患是预防事故的关键。我们要深入开展安全生产大检查，细致入微地发现和排查隐患，对发现的隐患进行梳理、分析、评估，制定整改措施，严格落实整改责任，确保整改到位。此外，要建立隐患排查长效机制，将隐患排查纳入企业日常管理，实现隐患排查常态化，防患于未然。

三、抓安全，必须同心合力控风险

风险管控是安全生产的重要组成部分，同心合力才能确保风险可控。首先，要建立健全风险防控体系，对企业各类风险进行识别、评估、分类，制定相应的风险防范措施，确保风险不失控。其次，要加强企业内部协作，部门之间要密切配合，形成合力，共同防控风险。最后，要与企业周边环境相适应，加强与政府、社会团体、从业人员等各方的沟通与合作，共同维护安全生产。

四、抓安全，必须见缝插针搞宣传

安全生产宣传是提高全员安全意识的有效途径，我们要充分利用各种宣传手段，见缝插针地进行安全生产宣传教育。一是要创新宣传形式，运用新媒体、传统媒体等多种渠道，普及安全生产知识，提高广大员工的安全生产意识；二是要紧密结合企业实际，有针对性地开展安全生产主题活动，营造浓厚的安全生产氛围；三是要树立典型，表彰先进，发挥示范引领作用，推动企业安全生产水平不断提高。

安全生产是一项系统工程，每一个环节都很重要，无论是培训还是检查、治理、宣传，都得环环相扣、严丝合缝，才能真正构建起保障安全生产的铜墙铁壁！“严丝合缝”四个字值得铭记！值得细想！

8 抓安全就得“变、本、加、厉”

近年来，尽管安全问题得到高度重视，但各种安全事故依然频繁发生，给人们的生命财产安全造成了巨大威胁和损失。为了有效应对和消除安全隐患，我们必须采取“变、本、加、厉”的措施。

首先，要抓住“变”字，在“及时识变”上再下功夫。安全，顾名思义，无危则安，无缺则全。抓安全，重点任务之一就是要识别“危”在何处、“缺”在哪里。“危”与“缺”总是处在变动之中，而且致危导缺的要素之间往往相互关联，耦合牵动。稍有不慎，出现瑕疵、漏洞，就可能引发事故。既然变化不可避免，我们就得向扁鹊的哥哥学习“治未病”，敏锐地觉察安全形势与要素的变化，及时把风险识别出来，并采取断然措施进行化解。这也是对国家安全生产方针“安全第一、预防为主、综合治理”的理解与落实。

安全风险无处不在且动态变化，怎么识别？“千难万难，发动群众就不难。”安全生产人人有责，同心合力始终是抓好安全最强大的力量。任何人都有发现安全风险、上报安全风险、防控安全风险的义务，绝对不能有“事不关己高高挂起”的心态。管理者更要动员一切可以动员的力量去识别与管控风险，对各方反馈过来的安全提示、建议要能“声声入耳”，用心甄别、科学采纳。这样就相当于给安全生产装上了无数个报警器，上了无数道安全锁。

其次，要抓住“本”字，在“苦练本领”上再下功夫。武艺练不精，不是合格兵。安全生产是万有一失、一失万无的事。没有过硬的岗位技能、安全应急技能，很容易因为不熟练误操作、不清楚瞎捣鼓犯下错误，造成不可挽回的损失。“错把油门当刹车”导致的交通事故屡见不鲜，“有毒有害、易燃易爆环境下，因操作不当造成伤亡、火灾等”年年都有。当然，也有大量因为技术娴熟、本领过硬，转危为安的正面案例。例如，2018 年 5 月 14 日，川航 3U8633 航班飞行中前风挡玻璃破裂脱落，如果不是机组人员业务娴熟、操作得当，后果真的不敢想象。

当下，基层一线生产中，操作人员断档现象非常突出。部分老员工觉得岗位驾轻就熟，常常自以为是，不愿苦练本领；部分新员工怕苦嫌脏，常常懈怠偷懒，也不愿苦练本领。部分单位为了节约成本，加快生产效率，在岗位技能培训上更是大做表面文章。这样的现象真的让人揪心！希望我们各层级能把培养一线操作工人的事真正高度重视起来，技能培训工作绝对不是可有可无，绝对不能草草了事。基础不牢地动山摇啊！

再次，要抓住“加”字，在“加大投入”上再下功夫。“小洞不补，大洞吃苦。”安全工作是关系到员工生命安危、单位财产安危的头等大事，该花的钱一分不能省、一分不能少，该花的精力一点不能省、一点不能少。有道是，舍得，舍得，有舍才能有得。在安全上进行必要的投入，功在当下，利在长远。要管理到位，就得投入人手、时间、精力、物力，该配备的人员必须配备到位，该开展培训的、该请专业机构咨询诊断的、该配备必要的设施设备的、该大会小会反复征求意见的，等等，都得确保做到位。

如今，社会生产越来越信息化、智能化，智能工厂、智慧矿山、智慧交通等蓬勃发展。对单位进行数字化、智能化改造势在必行，这既是提升生产效率、保证产品质量的迫切需要，也是提升单位本质安全水平、防范和遏制生产安全事故的治本之策。我们应该顺应时代的发展，拿出魄力，围绕加固安全防火墙，做一个长远的规划，从人、财、物、信息化、智能化、安全性、先进性等全方面作出安排，为安全投入足够的保障资源。

最后，要抓住“厉”字，在“严厉问责”上再下功夫。教育千遍，不如问责一次。许多工作，推不动或屡错屡犯，根源还是在问责不够严厉。我常常想起 20 世纪 80 年代邓小平同志主导的严打行动，随着法院一张张带着红叉的处决罪犯布告贴满大街小巷，社会治安迅速得到扭转。

不可否认，当前安全生产中存在着大量形式主义、官僚主义！“狼来了”喊多了，就不会有人记在心上。“蓬生麻中，不扶而直；白沙在涅，与之俱黑。”抓安全关键还在于抓出健康生态，让安全生产成为大家的潜意识、自发自觉的行动。健康生态怎么建？改善硬件、完善制度、加大培训，等等，都非常必要，都有效果。但把长牙的规矩立起来、带电的高压线架起来，做实令行禁止更为重要！

“变本加厉”这个词不好听。但是安全管理就是“宁听骂声，不听哭声”！只要能做到本质安全，确保一方平安，措施多点、严点，我相信人们都会将心比心，能够理解。但是，那些只是为了好看好总结的，“变本加厉”的形式主义、官僚主义，都是“过街老鼠”。我今天写的“变本加厉”，中间是加顿号的，完全是在提醒大家做好“及时识变、苦练本领、加大投入、严厉问责”，如果能给大家带来启发，说我哗众取宠也心甘情愿！

9 抓安全生产要“知、人、善、用”

“知人善用”，顾名思义指的是善于认识人的品德和才能，最合理地使用。安全生产领域也是如此，要让合适的人干合适的工作，才能提升安全生产的本质能力。“知人善用”既是安全生产领域用人的要求，四个字展开来也给出了通过“扩认知、晓人性、善思考、用科技”抓好安全生产的方法，值得我们品味、铭记。

一、扩认知

清楚情况是干好工作的前提。抓安全、保安全，前提就是知情况、懂安全。作为管理者绝对不能两眼一抹黑，啥也不懂就去抓安全，否则只会乱弹琴。我们拿抓危化品公路运输安全生产来说，作为管理者，你起码要知道单位有哪些车辆、承运哪些货物、常跑哪些路线、司驾人员队伍状况、国家与地方相关法律法规要求、重点风险隐患在哪、事故应急预案是什么、重点管理制度有哪些，等等。知己知彼才能百战不殆。安全生产是一项极其复杂的系统工程，涉及方方面面的知识与情况，要抓好它，必须踏踏实实地去实操演练、去调查研究、去接受教育培训、去主动学习相关知识，成为所从事领域的行家里手，只有如此，遇到特殊情况才能胸有成竹、应对自如。

二、晓人性

人始终是安全生产中的最活跃因素，也是导致事故的主要因素。管理就是管人理事，抓安全生产同样是管人理事。而人是各种决策的制定者、执行者、承担者，把人管好了，事就不难了。但人有喜怒哀乐，思想有千变万化。常常是今天表态说得很好，明天毛病又犯了；表面答应，过后又我行我素了；当面说得很好，背后又是一个样。有一种说法是：人管人，累死人。要把千差万别的思想统一到一个相同的价值观上，我们必须晓得人性。人性本无好坏，都是趋利避害自然进化的结果。抓安全生产就得抓住人"趋利避害"的本性，用心去了解观察员工的个性情况及队伍的共性特点，以采取针对性的方式方法，把员工做好安全生产的主动性自觉性创造性调动起来。

三、善思考

成事唯多远虑，败事皆因少想。安全生产事故的发生大多源于管理上与措施上的思虑不周，在一些可能出问题的细节上没有想到位，在确保防范有效性的措施上没有想到位。为什么我们的"三违"现象屡禁不止？为什么"低老坏”现象时有发生？为什么同类事故一再出现？为什么多个部门管不住一件小事？我们有哪些经验值得总结与推广？制度执行不力背后的原因是什么、怎么改进？等等。安全生产上需要思考的问题太多太多，稍有不慎，针眼大的洞可以漏过斗大的风，小小蚁穴可以摧毁千里之堤。客观地讲，安全事故的发生存在一定的偶然因素，但如果我们能够保持“时时放心不下”的态度，常把问题想得深入一些，细节考虑得周全一些，那么很多安全事故还是可以避免的。

四、用科技

科技是解决安全生产问题最直接、最高效的手段。科技产品没有情绪、不会疲劳、不会打盹、不会偷闲、不怕有毒有害气体……能够发挥出人力所无法达到的效果。这些年，已经有一大批新技术、新装备相继问世，走进安全生产一线，为防范事故发生筑起一道道“防火墙”。当下，人的生命最为宝贵的安全理念深入人心，机器换人已是时代发展的大潮，智能化工厂建设方兴未艾。作为管理者，必须顺应时代发展，高度重视用科技手段来强化安全生产。这也是提升自身本质安全水平、提高产品质量、生产效率、降低成本的必由之路。以后愿意且能干苦、累、脏、险岗位的人只会越来越少，各级安全生产的要求只会越来越高，不应用高科技，你也就不能、不会、更不敢抓安全生产。

安全生产责任重于泰山。组织上“知人善用”把我们安排在这个岗位上，抓安全生产是我们的本分工作，我们同样要做到“知人善用”，更要从我做起“扩认知、晓人性、善思考、用科技”，带领大家一起“知、人、善、用”，以确保单位安全生产。

10 抓安全生产需“先、立、后、破”

随着今年中央经济工作会议的召开，词语“先立后破”迅速走红。“先立后破”顾名思义指的是先创造出新机制，然后在此基础上再打破旧机制。这也是“稳中求进”的另一种说法。这是中央的最新精神，是国家高层反思过去、着眼未来的最新判断，也是我们做好当下工作的基本遵循。安全工作也是如此，同样要遵循“先立后破”的原则，更应该把这四个字背后蕴含的观点、道理、方法领悟透。

1.“先”字提示我们要做到防范在先。隐患险于明火，防范胜于救灾。在安全生产中，预防是第一位的。我们必须把安全生产工作的关口前移，超前防范，建立起预教、预测、预想、预报、预警、预防的递进式、立体化事故隐患预防体系，严格抓好设计、施工、采购、监督等各个环节，切实从源头上改善安全状况，预防安全事故。要坚持抓早抓小，把问题消除在萌芽状态，把隐患置于可控状态。要切实加强安全教育培训，提高员工的安全意识和技能。要努力营造浓厚的安全文化氛围，形成“人人抓安全、人人讲安全、人人管安全”的良好局面。

2.“立”字提示我们要立好规章制度。没有规矩不成方圆。无论什么工作，制度都具有根本性、全局性、规范性和稳定性的作用。邓小平同志曾经深刻指出：“制度好，可以使坏人无法任意横行；制度不好，可以使好人无法充分做好事，甚至会走向反面。”安全生产工作也不例外，必须用心抓好规章制度的建设，尤其要在标准化、合理化上下功夫。我们现在不是缺制度，而是制度出自多门，既不统一还漏项缺项，让基层无所适从。好的制度，一定是保障组织内部工作更加有序、规范、高效，而不是增加内耗、降低效率、阻碍发展。

3.“后”字提示我们要及时做好善后。古语有言：“人谁无过，过而能改，善莫大焉。”亡羊补牢，为时未晚。我们最怕的是一个错误一犯再犯，屡错屡犯，屡教不改。任何事故出现后，我们都要及时进行善后处理，尽量减少各类损失与人身伤害，快速消除其不良影响。同时，要严格落实好“四不放过”原则，不能只停留在口头上的表态，应该有具体的实实在在的行动，不仅要做到查清原因、处理责任人、落实整改措施，更重要的是举一反三，深刻吸取教训，让责任人和群众受教育，绷紧大家的安全弦，坚决杜绝类似事故再次发生。

4.“破”字提示我们要敢于创新突破。没有金刚钻别揽瓷器活。现在安全生产的环境条件、装备水平、人员素质、产品工艺的变化越来越快、要求越来越高。抓安全生产必须与时俱进，不断打破旧有的思维模式和习惯做法，引入新的安全生产理念和方法，采取变革性的措施与做法，才能跟得上时代的步伐。我们要顺应生产管理信息化、数字化、智能化与人员个性化的发展，大力推动管理转型，敢于采取新技术、新工具、新的人文关怀措施为管理赋能，从技术和人两个层面着手，大力提升单位本质安全水平。

抓安全生产既要有力度也要有思想的高度。“先立后破”是中央的最新精神，我们必须迅速跟上并响应，更要因地制宜理解并落实好其中的每一个字。处处留心、时时用心，安全工作就一定能抓好。

11 抓安全就得“感、同、身、受”

道路千万条，安全第一条！在企业，抓安全始终是头等大事！领导干部抓安全必须沉下心、扑下身、扎根到一线去，到员工中去，在“感同身受”上下功夫做文章。可以说，“感同身受”是抓好安全工作的必备基础。“感、同、身、受”四个字拆解开来，更可理解为“时时刻刻保持敏感、真心与人同抓共管、经常身入现场一线、心甘情愿受指挨骂”，这既是抓安全的态度，也是抓安全的方法论！

一、时时刻刻保持敏感

“千丈之堤，以蝼蚁之穴溃，百尺之室，以突隙之烟焚。”安全生产事故往往就源自一念之差、一步之错、一点疏忽大意！万有一失，一失万无。随便一场事故就足以毁掉此前千辛万苦的努力和来之不易的成绩。领导干部必须时刻紧绷安全之弦，牢记“防患于未然”的古训，对安全生产涉及的方方面面、点点滴滴要保持极端的敏感性，努力将关口前移，发现不良苗头与隐患要第一时间采取措施进行整治与防控，对闯红线的要严惩不贷、以儆效尤，对安全措施细节要反复推敲完善。

二、真心与人同抓共管

集众智可定良策，合众力可移泰山。安全生产不是哪一个部门、哪一个人的事，人人有责，一岗双责，党政同责，必须同抓共管。也只有同抓共管，才能形成“人人讲安全，人人抓安全”的良好氛围，才能建立守护安全的“铜墙铁壁”。在抓安全生产上，绝对不能自以为是、自作聪明、自命不凡。工作中，往往是当局者迷、旁观者清，多听听大家的意见与建议，只有好处没有坏处。三个臭皮匠，赛过诸葛亮，大家从不同的角度一起为安全生产建言献策，绝对胜过一个脑袋想问题。

三、经常身入现场一线

耳听为虚，眼见不一定为实。基层工作可谓千奇百怪，不深入现场一线，许多情况是打破脑袋也想不到的。有的问题光看表象，只听一面之词，很难得出正确的判断、找到合理的应对之策，非得来个刨根问底的调查研究不可。知己知彼才能百战不殆！抓安全生产要想透过表象看本质，做到对症下药、有的放矢，就必须熟悉现场的真实情况，了解一线干部员工的真实想法。同时，领导在与不在现场一线，工作氛围是不一样的，抓基层管理不能完全靠自觉，信任永远代替不了监督。

四、心甘情愿受指挨骂

宁听“骂声”，不听“哭声”，这是从血的教训中得出的深刻体会。抓安全生产，来不得半点马虎、半点虚假，就得动真碰硬、铁面无私、不怕得罪人。面对违章犯错，如果我们不去制止，一旦发生事故，导致人身伤害与财产损失，我们就是罪人。虽然“骂声”不好听，但那只是少数人暂时的不理解和不满情绪的发泄，而“哭声”则是人民群众失去亲人的巨大悲痛或身体遭受重大创伤的痛楚。只要干部员工幸福安宁，领导干部个人的荣辱得失是区区小事。受指挨骂，恰恰是领导干部敢于严格管理的体现。

岁末年初，又到了大忙季节，安全生产正处在关键节点。领导干部要“感同身受”基层的忙、苦、累，更要知道自身的责任所在，把“感同身受”与“时时刻刻保持敏感、真心与人同抓共管、经常身入现场一线、心甘情愿受指挨骂”联系起来，作为鲜明的态度与方法论，踏踏实实抓好安全生产，确保平安过年！

12 抓安全必须“严、症、以、待”

道路千万条，安全第一条！毋庸置疑，“严阵以待”是我们抓安全生产时刻须有的状态！今天我想把“严阵以待”的“阵”换成对症下药的“症”。组成新的“严、症、以、待”四个字，这四个字能更好地提示我们怎么抓安全。具体来说就是要做到：“严格规范、对症下药、以身作则、时不我待。”希望大家记住这四个字，用心理解、认真践行。

一、做到严格规范抓安全

“严是爱，松是害，松松垮垮成祸害”“没有规矩不成方圆”。很多生产事故往往就是一念之差、一点小错造成的。所以，这些年大家都在加强安全标准化、规范化建设来提升自身的本质安全水平。但这些规范、标准、制度、措施能不能落实，能不能成为干部员工的本能反应，就依赖于我们能不能做到严格标准、严肃纪律、严谨工作，始终把“严”字作为工作的主基调，通过严格岗位职责落实、严格风险隐患管控、严格监控监管，营造出严上加严、一严到底的安全氛围。

二、做到对症下药抓安全

对症下药才能药到病除，否则，用药再多、再久，也难以治愈疾病。做好安全工作，维护安全稳定，如同呵护人的生命、维护人的健康一样，同样需要对症下药，不用药或乱用药，都不会取得好效果。如：对那些认识不到安全生产工作的重要性、必要性、紧迫性的，要用好“清醒剂”；对那些原理不明白、操作不熟练、环境不熟悉、预案不清楚的，要用好“强壮剂”，抓好他们的安全技术技能培养；对那些急于求成的，要用好“镇静剂”；对那些缺乏激情、工作懈怠的，则要用好“兴奋剂”。

三、做到以身作则抓安全

“人不率则不从，身不先则不信。”“善禁者，先禁其身而后人；不善禁者，先禁人而后身。”管理者的安全意识、安全态度、安全行为是广大员工的一面镜子，是规范安全的“示范牌”，管理者“以身作则”就是抓安全最好的执行力。正所谓，喊破嗓子不如做出样子。我们不能整天要求别人这样那样，而自己却成了不安全因素。要求别人做到的事，自己首先要做到，要求别人不能干的事，自己首先不干，这样才能做到一呼百应、群而效之，推进各项安全工作的落实落地。

四、做到时不我待抓安全

安全工作是人命关天的大事，容不得一丝一毫的懈怠。隐患险于明火，防范胜于救灾，抓安全工作的落实，抓安全隐患的掌握与治理，容不得拖拉与延误，必须树立雷厉风行的作风和“时不我待”的紧迫意识，不如此，安全工作就会非常被动，持续稳定的安全生产局面就难以形成。很多事故发生前都是有苗头的，大多是因为发现后抱着侥幸心理，迟迟不办，能拖则拖，能推则推，能糊弄就糊弄，甘当语言的巨人，行动的矮子，没有立即采取坚决有效措施，致使小隐患拖成大事故。

总之，“严、症、以、待”是我们在抓好安全工作中应该秉持的原则。只有严格规范、对症下药、以身作则和时不我待，我们才能够在各个领域全面提升安全水平，确保人民群众的生命财产安全。让我们共同努力，为构建安全稳定的社会环境而不懈奋斗吧！

13 安全管理不妨“想、当、然”

“想当然”无疑是抓安全管理的大忌。但换个角度、换个解释，“想当然”就不仅不是坏事，而是好事、是本事！

我们就是要把“想当然”的“想”转变成：昼思夜想安全管理的风险隐患在哪，坐思行想安全管理的高招妙招从哪来，前思后想安全管理问题多发的根源在哪里，左思右想安全管理的齐抓共管局面怎么实现，千思万想安全管理的新举措是否存在缺陷和漏洞，远思近想安全管理的可靠性与经济效益的现实性如何统筹，等等。安全管理不想没问题，一想全是问题，再想更会感觉责任重大，自然产生如履薄冰、如临深渊的警觉，从而以更高站位、更硬举措、更实作风抓好安全生产各项工作。抓安全不想真不行！

我们就是要把“想当然”的“当”转变成：面对千头万绪的问题，抓当务之急不拖延；面对隐患整治的问题，敢当家作主不推诿；面对靠前指挥的问题，敢当仁不让不躲避；面对不良现象，敢当头棒喝不含糊；面对突发事件，敢当机立断不犹豫；面对人情难却的问题，敢当家立纪不徇私。当断则断，不受其乱；当断不断，必受其难。安全生产面前，“先安全后生产，不安全不生产”的态度必须坚决，“道路千万条，安全第一条”的意识必须树立。抓安全不担当真不行！

我们就是要把“想当然”的“然”转变成：头脑清醒，对安全生产极端重要性深以为然；目光如炬，对风险隐患的蛛丝马迹一目了然；遵章守纪，对越发严格精细的管理习惯自然；不打乱仗，能让生产生活高效运行秩序井然；熟悉预案，在面对突发紧急情况时处之泰然；科学防范，构建出安全铜墙铁壁防患于未然！安全工作要知其然更要知其所以然，不然真不行！

看看这样的“想当然”我们做到了吗？做到了，安全管理就不会想当然，安全生产也就自然而然！

14 抓安全生产就得“兴、师、动、众”

安全生产不同于一般工作，万有一失，一失万无！其重要性不言而喻，为其采取的措施哪怕是“小题大做”、哪怕是“十防九空”、哪怕是“兴师动众”也未尝不可。试想如果不“兴师动众”，不聚合集体的力量，不形成排山倒海的声势，怎么能形成“全员、全过程、全方位、全天候”抓安全生产的局面？“兴师动众”这个词不是放在哪都是贬义，要辩证看、正确用。逐字展开来，更是在提醒我们：抓安全生产必须在“夙兴夜寐”“拜师取经”“动真碰硬”“众志成城”上下功夫。如此理解，“兴师动众”一词更值得我们品味、铭记、笃行！

一、“兴”字提醒我们，抓安全生产就得在“夙兴夜寐”上下功夫

什么叫“夙兴夜寐”？意思是指很早起很晚睡，形容非常勤奋。用在安全生产上，就体现着我们抓安全生产是否具有强烈的“守土有责、守土负责、守土尽责”的责任意识，是不是绷紧了“时时放心不下”的责任之弦。为官一任须保一方平安！安全生产事关群众福祉，事关发展稳定大局。安全是“1”，其他都是后面的“0”。安全生产工作涉及内容非常多，绝对是点多面广战线长，但任何一个点、一个环节出问题都可能引发生产事故，稍有不慎就会带来一堆麻烦。没有金刚钻别揽瓷器活，没有铁肩膀扛不起这副硬担子！但掌握安全生产管理的法律与法规、知识与技能、标准与要求，及时查出风险隐患并落实管控与治理措施，扎实做好安全教育与培训，等等，都需要大量时间与精力，不勤奋怎么行？时间不够，必须努力来凑！

二、“师”字提醒我们，抓安全生产就得在“拜师取经”上下功夫

什么叫“拜师取经”？就是始终保持谦虚好学的心态、状态与姿态，积极主动向先进典型、实战高手、行业专家、一线群众等学习讨教，从他人与自身

身上吸取经验和教训、学得方法与办法、获得启发与警示。都说，“当局者迷，旁观者清”“他山之石，可以攻玉”“智慧在民间、高手在民间”“经验在过往”。抓安全生产就得多看看别人的做法、听听别人的想法，有些好做法好思路可能你坐在办公室打破脑袋都想不到，但一看一交流就会豁然开朗。尤其是一些基层一线的同志，对安全生产的堵点难点在哪，他们了解最清楚、感受最真切，完全可以为我们指点迷津。再有就是历史，前事不忘，后事之师，它永远是我们最好的教科书与清醒剂。可以说，抓任何工作，学习永远是一条捷径，拜师取经始终是必不可少的途径！

三、“动”字提醒我们，抓安全生产就得在“动真碰硬”上下功夫

什么叫“动真碰硬”？就是敢于直面并坚决清除阻碍工作的各类障碍，做到矛盾面前不绕道、问题面前不回避、困难面前不退缩，真啃“硬骨头”，真当“难题解决者”！为什么我们工作中三违现象屡禁不绝、低老坏问题始终存在？根本原因还是我们在工作上缺少动真碰硬的举措、缺少一抓到底的决心。许多时候，我们前怕狼后怕虎，会考虑这个考虑那个，拉不下脸，怕得罪人，表态多、行动少，搞花样、走过场、打折扣，致使问题没有从根本上解决。俗话说，人怕狠、鬼怕恶，动员千遍，不如问责一次。领导干部威信怎么来、如何立？你的一言一行都在大家的眼中。你只要敢迎难而上、动真碰硬，做事雷厉风行，抓落实不走样、不变通、不折不扣，马上就会上行下效，一级带着一级干，好风气自然抬头，难题总能化解。

四、“众”字提醒我们，抓安全生产就得在“众志成城”上下功夫

什么叫“众志成城”？安全生产不是个别部门或个别人的事情，人人都是主角，没有旁观者。我们必须能够把大家团结在一起，一家人、一条心、一起干。工作中，我们既要贯彻“党政同责、一岗双责、齐抓共管、失职追责”的要求，也要落实“谁主管、谁负责”“管行业必须管安全、管业务必须管安全、管生产经营必须管安全”和“分级负责、属地管理”的原则，还要努力把群众

发动起来，着力建设“人人关注安全、人人参与安全”的文化，强化员工的主人翁意识，鼓励员工积极提出安全生产的建议和意见，共同参与到安全生产的管理和监督中来。大家团结一心，共同紧盯最容易出事的领域、最不安全的因素、最不放心的环节，不放过任何一个隐患，不留下任何一个死角，就一定可以构建起保护安全生产的“铜墙铁壁”。

抓安全生产“兴师动众”无可厚非！在“夙兴夜寐”“拜师取经”“动真碰硬”“众志成城”四个方面下功夫更是抓好安全生产的必然要求！“兴师动众”这个词期待大家能记住它、理解它并将其转化为对自身的严格要求！

15 “死、心、塌、地”抓好安全生产

安全生产事关人民群众生命财产安全，事关改革发展稳定大局。抓这项工作必须死心塌地，绝不能心猿意马。“死心塌地”是抓安全生产工作应有的态度，更提示我们工作中要做到“严防死守、铁石心肠、塌实无华、因地制宜”。

一、必须做到“严防死守”

“千丈之堤，以蝼蚁之穴溃；百尺之室，以突隙之烟焚。”安全生产是完整的链条，哪个节点出了问题都可能引发事故，造成“万有一失、一失万无”。正可谓，针尖大的孔能漏过斗大的风。所以，无论是在生产一线，还是在管理岗位，我们都要树牢底线思维、强化风险意识，把安全工作放在首位，严格落实“管行业必须管安全，管业务必须管安全，管生产经营必须管安全”的要求，层层压实责任，以高标准、实举措、严要求做好各项工作，坚决筑牢安全生产稳固防线，不给任何安全隐患留下生存的空间。

二、必须做到“铁石心肠”

“严是爱，松是害，松松垮垮成祸害。”今天在安全生产工作上心慈手软，

明天就会面对安全事故撕心裂肺。纵观这些年发生的安全事故，不难发现，一些看似偶然性的事故，实则有很大必然性，都与隐患的不整改或整改不到位有必然关系。许多时候，你松一松、给个面子，却留下了更大的事故隐患。抓安全生产工作，就得以对党和人民极端负责的精神，敢当黑脸的包公，始终以最严的标准、最严的要求、最严的措施、最严的纪律，不折不扣把安全生产各项工作落到实处，宁听骂声不听哭声，切实扛起“保一方平安”的政治责任。

三、必须做到“塌实无华”

肥皂泡迟早要破的！安全生产工作抓得好不好，最后要靠结果来说话的。就算口号喊得震天响，制度一箩筐，检查满天飞，等等，如果无助于防止安全事故的发生，都是胡掰瞎扯。我们要的安全生产是皮实、结实、扎实、夯实，而不是华丽的外表、热闹的表演、卑躬屈膝的样子。我们要把有限的资源实实在在用在刀刃上，用在“人机料法环测”的安全要素改善提升上，用在思考安全体系的搭建完善上，而不要去搞那些花里胡哨的花架子。否则不仅会浪费时间精力财力，还会伤害老百姓的心，损害单位的整体利益与长远利益。

四、必须做到“因地制宜”

俗话说，“橘生淮南则为橘，生于淮北则为枳”。各单位的情况千差万别，没有包打天下的一招鲜。安全生产工作必须从实际出发，根据自身的情况和生产的特点，以问题为导向，见招拆招，有什么问题就解决什么问题，什么问题突出就重点解决什么问题，什么问题紧急就优先解决什么问题。在响应上级要求时也应如此，不要上下一般粗，为执行而执行，为落实而落实，而要做好上下左右的充分沟通与协调，具体问题具体分析，因地制宜地将上级要求内化为自身的具体措施，做到对症下药。

在安全生产上真正做到“严防死守、铁石心肠、塌实无华、因地制宜”并不容易，必须死心塌地、心无旁骛。希望大家记住“死心塌地”这个词，以及每个字带给我们的提示，切实扛起自身的责任，“死心塌地”确保一方平安！

五 论文摘选

1 词语拆解法在课程设计与项目开发中的应用与探索

摘要：好的培训课程与培训项目模块标题应该让人印象深刻，其中的核心词汇应该就是培训内容的提纲。如此培训，主旨便于理解、内容易于记忆、后续利于应用。本文介绍了江苏油田党校这几年借鉴品牌营销中词语战略深化顾客认知的原理，运用与探索词语拆解法进行课程设计与项目开发的部分案例，为做好培训课程设计与项目开发提供了一种全新的可借鉴的路径与方法。

关键词：培训　词语拆解　课程设计　项目开发

好的培训应该给学员一次强大的认知冲击，像一枚钉子一样钉在学员脑海里，让其记忆深刻，回味无穷；应该让学员带走方法论，可以学以致用，触类旁通！如何做到呢？我们可以从培训概念入手，寻找一个耳熟能详、朗朗上口、易于联想的词并与某类或某次培训画上等号。然后拆解这个词，设计相应的培训内容与模块，并在培训中不断加深学员对这个词语的理解，使得培训后学员能牢记这个词、带走这个词、笃行这个词蕴含的理念与包含的内容，潜移默化中将所学知识与课程设计的理念应用到实践中。

一、思路来源

“碧桂园，给你一个五星级的家”这句经典广告语让20世纪90年代的碧桂园起死回生并迅速走红。“农夫山泉有点甜”助推农夫山泉成为中国最赚钱的卖水企业。“怕上火，喝王老吉”让王老吉火遍大江南北。“千年儒释道，万古山水茶”是武夷山的标志，也为武夷山赢得了世界文化与自然双重遗产的名号。

先知战略营销认为：“品牌战略的落地要有一句清晰而令人信服的口号，品牌要传达出更有价值的信息，最好能用一句话，甚至是一个词把品牌的众多优势说清楚，清晰地传递给消费者。”

分众传媒创始人江南春谈到如何让自己的品牌在顾客的心智中占据最大的优势——你必须在消费者心智中有个清晰而简单的词。奔驰是尊贵，宝马是驾驶乐趣，奥迪是公务，沃尔沃是安全，特斯拉是电动，法拉利是速度，Jeep是越野，其他对手很难抢走这些专属名词。

可以说，不能用一个词或一句话说清的品牌都不是好品牌。那么对应某类某次培训、某门课程，我们也应该追求能用一个词或一句话把它说清楚，让这个词或这句话成为这门课、这次培训的“灵魂”，最好还能进一步拆解这个词或这句话，让这个词或这句话成为这门课、这次培训的“纲要”。

二、应用与探索

（一）词语拆解设计培训课程的内容

课程1：抓住“心想事成”学习贯彻好党的二十大精神

党的二十大为我们擘画了宏伟的发展蓝图，“心想事成”无疑是中华儿女学习党的二十大报告后最热切的期盼。每名党员干部都应该发力“自我革命”，从我做起，助推中华儿女实现“心想事成”。“心想事成”四个字更蕴含着“心强大、想深入、事不避、成榜样”之意，这不就是党员干部学习贯彻党的二十大精神的行动指南吗？

本课程深入挖掘“心想事成”四个字的丰富内涵，结合党的二十大报告具体内容，从“葆有五颗心、常想五道题、勇做五件事、成为五种人”四个方面，辅以具体案例展开阐述，为党员干部如何学习贯彻党的二十大精神提供了一种思路借鉴，见表1。

表1 抓住“心想事成”学习贯彻好党的二十大精神课程提纲

<table>
<tr><th>专题名称</th><th>核心词语</th><th>一级标题</th><th>二级标题</th></tr>
<tr><td rowspan="2">抓住“心想事成”学习贯彻好党的二十大精神</td><td rowspan="2">心想事成</td><td>一、葆有五颗心</td><td>1. 要不忘奋斗的初心
2. 要充满必胜的信心
3. 要树立克难的决心
4. 要保持战略的耐心
5. 要巩固精进的恒心</td></tr>
<tr><td>二、常想五道题</td><td>1. 想清楚我是谁
2. 想清楚为了谁
3. 想清楚依靠谁</td></tr>
</table>

续表

专题名称	核心词语	一级标题	二级标题
抓住“心想事成”学习贯彻好党的二十大精神	心想事成	二、常想五道题	4. 想清楚听从谁 5. 想清楚学习谁
		三、勇做五件事	1. 敢履新事 2. 敢经急事 3. 敢历险事 4. 敢干难事 5. 敢担重事
		四、成为五种人	1. 成为理想远大、信念坚定的模范 2. 成为刻苦学习、锐意创新的模范 3. 成为敢于斗争、善于斗争的模范 4. 成为艰苦奋斗、无私奉献的模范 5. 成为崇德向善、严守纪律的模范

课程 2：抓住“上天入地”抓实基层管理

基础不牢，地动山摇。基层始终是企业一切工作的落脚点。抓实基层管理的重要性毋庸置疑，而如何抓也要有方法论。作为基层管理者，第一位想到的应该是上接天线、下接地气。“上接天线、下接地气”用一个成语来形容就叫“上天入地”。“上天入地”这四个字展开来，其包含的意思，就是我们抓实基层管理的行动指南。

本课程深入挖掘“上天入地”四个字的丰富内涵，为抓实基层管理提供了一种方法论，见表 2。

表 2 抓住“上天入地”抓实基层管理课程提纲

专题名称	核心词语	一级标题	二级标题
抓住“上天入地”抓实基层管理	上天入地	一、抓住“上”字下功夫	1. 能够接得上上级要求 2. 能够跟得上时代节奏 3. 能够追得上典型标杆
		二、抓住“天”字下功夫	1. 知道“天道酬勤”，保持努力不懈怠 2. 知道“天网恢恢”，保持律己不放松 3. 知道“天不绝人”，保持信心不悲观
		三、抓住“入”字下功夫	1. 经常“深入现场”，成为百科全书 2. 努力“深入人心”，成为群众知己 3. 扎实“深入业务”，成为行家里手

续表

专题名称	核心词语	一级标题	二级标题
抓住"上天入地"抓实基层管理	上天入地	四、抓住"地"字下功夫	1. 出因地制宜的政策举措 2. 出人杰地灵的品牌形象 3. 出欢天喜地的和谐氛围

课程3：抓住"雄姿英发"塑造领导力

"雄姿英发"一词出自苏轼的《念奴娇·赤壁怀古》："遥想公瑾当年，小乔初嫁了，雄姿英发。羽扇纶巾，谈笑间，樯橹灰飞烟灭。"形象描绘出了当年周瑜的威武英伟、意气风发、神采飞扬。

置身朝气蓬勃的新时代，领导干部更应是雄姿英发，不输当年周公瑾。"雄姿英发"既是新时代领导干部应保持的形象，其每个字蕴含的寓意也为我们塑造领导力提供了路径指引。

本课程深入挖掘"雄姿英发"四个字的丰富内涵，为塑造领导力提供了一种方法论，见表3。

表3 抓住"雄姿英发"塑造领导力课程提纲

专题名称	核心词语	一级标题	二级标题
抓住"雄姿英发"塑造领导力	雄姿英发	一、用心理解一个"雄"字	1. 激发"雄心"想干事 2. 拥有"雄才"能干事 3. 绘起"雄图"干大事 4. 拿出"雄勇"干成事
		二、用心理解一个"姿"字	1. 摆好爱岗敬业的"坐姿" 2. 摆好腰板挺直的"站姿" 3. 摆好深入基层的"蹲姿" 4. 摆好雷厉风行的"走姿"
		三、用心理解一个"英"字	1. 增强"英明果断"的决策力 2. 增强"英博广知"的见识力 3. 增强"英风亮节"的感召力 4. 增强"英贤频出"的造就力
		四、用心理解一个"发"字	1. 在"发现内部问题"上下功夫 2. 在"发觉外界变化"上下功夫 3. 在"发扬优良作风"上下功夫 4. 在"发掘资源潜力"上下功夫

一门课，用“一个词”让学员深刻理解课程的核心观点，既生动直观、易学易懂，又富有感染力和共情力，摒弃了教条式、填鸭式的教和学，教师的引导加上学员的思考，切实促进了“教”与“学”方式的转变，推进了学用转化。

（二）词语拆解设计培训项目模块

一门课通过一个词语达到了教学效果，同样，一个培训项目也要有主线，有这个项目特有的“魂”，需要让学员通过一场培训在心中留下烙印，能够让学员记住一次培训的主题主旨，记住一次培训的活动环节，为训后付诸实践打好基础、做好铺垫。

近年来，我们总结复盘项目培训的特色亮点，在班组长、企业文化宣讲员、油田中青年干部等培训项目上，就应用拆解词语法打破原有条条框框的模块设计，进行了探索与实践。

项目 1：班组长培训——“唱念做打”

唱念做打是戏曲表演的四种艺术手段，同时也是戏曲表演的四项基本功。班组长培训是最基础的管理培训，关键也是要让其练好“唱念做打”四个基本功，即唱响团队建设之歌、念好安全生产之经、做硬业务操作之功、打开思路创新之门。对应班组长培训模块即为“团队建设、安全生产、业务操作、思路创新”四个方面（见表 4），这也是中国石化班组长培训大纲要求的“班组长基本素质”“班组长通用能力”和“班组工作实务”三个模块与时俱进的再细分、再优化。

表 4　2023 年班组长培训课程设计

序号	培训课程	学时	培训方法
第一模块：唱响团队建设之歌			
1	团队组建	4	讲解、研讨
2	高效执行班组团队建设	4	案例、讨论
3	从管人管事到管心	4	讲授、互动
4	有效沟通	4	讲授、案例
5	结构化研讨：班组管理问题探讨	4	结构化研讨

续表

序号	培训课程	学时	培训方法
第二模块：念好安全生产之经			
1	强化体系思维引领，推动 HSE 管理体系有效运行	4	讲授、案例
2	国内外及石油石化典型安全事故案例	4	讲授、案例
3	事故现场初期应急处置与情景构建	4	讲授、案例
4	主题交流：如何提升员工“五懂五会五能”？	4	经验交流
第三模块：做硬业务操作之功			
1	“三基”工作与班组管理	4	讲授、案例
2	“三标”管理	4	讲授、案例
3	班组基本功训练	4	案例、情景模拟
4	应用文写作（总结等）	4	讲授、案例
5	优秀班组现场参观交流	4	交流座谈
第四模块：打开思路创新之门			
1	党的二十大精神解读	4	讲授、案例
2	端牢能源饭碗	4	讲授、案例
3	案例管理法	4	案例教学
4	优秀班组长经验交流	4	经验介绍
5	传承石油精神、弘扬石化传统：参观江苏油田展馆	4	现场教学
6	从党史中汲取智慧和力量：梅园新村纪念馆、侵华日军南京大屠杀遇难同胞纪念馆、雨花台烈士陵园	8	现场教学

项目 2：文化宣讲员培训——“知书达理”

文化宣讲员培训项目杂，似乎没有逻辑性。但分析下来，内容划分非常清晰，就是四个方面：形势政策知识、写作、表达、礼仪。为此我们提出用“知书达理”四个字来构建四个培训模块，即扩知识、能书写、会表达、懂礼仪（见表 5）。这四个字不但是文化宣讲员竞赛的主要考核依据，而且是学员准确把握企业文化宣讲员核心能力的重要抓手，更能使人过目不忘。

表 5　2023 年文化宣讲员培训课程设计

序号	培训课程	学时	培训方法
第一模块：扩知识			
1	党的二十大精神解读	4	讲授、案例
2	油田形势任务教育	4	讲授、案例
3	与时俱进强“三基”	4	讲授、案例
4	笔试考核	2	笔试考试
第二模块：能书写			
1	如何写出好的企业文化故事	4	讲授、案例
2	怎样创作企业微电影短视频剧本	4	讲授、案例
3	故事创造训练	8	训战结合
第三模块：会表达			
1	讲解观摩：南化公司、高淳新四军纪念馆等	8	现场教学
2	讲解观摩：江苏油田展馆、党性教育馆	8	现场教学
3	演讲技巧训练	4	训练指导
4	宣讲实践	8	训练指导
5	企业文化故事宣讲比赛	8	现场竞赛
第四模块：懂礼仪			
1	宣讲员的礼仪及形象打造	8	演示、训练
2	赛前彩排	4	训练指导

项目 3：油田中青年干部培训——“风生水起”

中青年干部培训目的是让其“头脑更清醒，信仰更坚定，工作更专业，动力更充足”，学以致用，把工作搞得风生水起。“风生水起”四个字就是培训的靶点、要点、焦点，所以其培训可以设计四个模块，分别为：听风声、生感情、提水准、起劲头（见表 6）。听风声，就是要听前沿大势、听上级要求、听企情实况；生感情，就是访红色足迹生爱党爱国之情、访先进标杆生对标追标之情、访基层一线生爱民亲民之情；提水准，就是提发展水准、工作水准、做人水准；起劲头，就是问题找起来，方法议起来，激情燃起来。

表 6 江苏油田中青年干部培训课程设计

序号	培训课程	学时	培训方法
第一模块：听风声			
1	习近平新时代中国特色社会主义思想概论	4	讲授、案例
2	习近平总书记关于政治建设重要论述	4	讲授、案例
3	习近平总书记关于党的建设重要思想	4	讲授、案例
4	学习贯彻习近平全国国有企业党建工作会议重要讲话精神 提高企业党建工作科学化水平	4	讲授、案例
5	牢记殷切嘱托，端牢能源饭碗，在新时代新征程再立新功再创佳绩——学习贯彻习近平总书记视察胜利油田重要指示精神	4	讲授、案例
6	学习贯彻习近平总书记视察九江石化重要指示精神	4	讲授、案例
7	“双碳”战略下中国石化愿景目标与发展规划	4	讲授、案例
8	中国石化打造技术先导型公司的机遇与挑战	4	讲授、案例
9	研讨交流：如何贯彻落实习近平新时代中国特色社会主义思想，提升“政治三力”？	4	结构化研讨
第二模块：生感情			
1	中国共产党在社会主义革命和建设时期的奋斗历程及启示	4	讲授、案例
2	中国共产党在改革开放和社会主义现代化建设新时期的奋斗历程及启示	4	讲授、案例
3	党的十八大以来的历史性成就和历史性变革	4	讲授、案例
4	不忘初心 报国为民——中国石化发展史	4	讲授、案例
5	赓续红色血脉，弘扬石油石化优良传统	4	讲授、案例
6	红色教学：学习井冈山精神	24	现场教学
第三模块：提水准			
1	增强纪律意识 自觉遵规守纪	4	讲授、案例
2	双碳形势与中石化对策	4	讲授、案例
3	江苏油田新能源展望	4	讲授、案例
4	非常规勘探的现状与前景	4	讲授、案例
5	从优秀到卓越——管理者的超越与超脱	4	讲授、案例

续表

序号	培训课程	学时	培训方法
6	管理者的语言表达艺术	4	讲授、案例
7	强化基层党建意识，提升基层党建质量	4	讲授、案例
8	强化体系思维，推动 HSE 管理体系有效运行	4	讲授、案例
9	油田企业法律风险防范	4	讲授、案例
10	年轻干部应急处突能力提升	4	讲授、案例
11	党性分析：增强为党工作意识，切实履行“一岗双责”	8	组织生活会
12	对标参观：胜利油田、镇海炼化、石化机械公司	16	参观交流 分三批开展
第四模块：起劲头			
1	经验交流：经营管理、安全环保、党建工作等岗位工作述评	8	经验交流
2	主题辩论赛	8	辩论
3	主题研讨：如何转观念勇担当善作为，践行“端牢能源饭碗”嘱托，肩负打造世界领先洁净能源化工公司的责任和使命，落实“12345”发展战略？	4	结构化研讨
4	主题研讨：高质量二次创业、精细管理、品牌建设	8	分组研讨
5	优秀研讨成果汇报及培训总结暨培训结业	4	结业汇报
6	编制训后行动方案	4	团队共创

三、结语

大道至简。如今的人们接收的信息量太大了，更需要的是精干浓缩的信息。培训也是如此，不在乎广而在乎精，在于有灵魂，在于能够触发行动、刻下印记。

找到一个词、拆解一个词来设计一门课程、一个培训项目，用其内在逻辑，把培训内容进行分类，是典型的结构化思维。学员通过一次培训、一门课程的学习，在掌握应知应会知识的同时，如果还能够建立一种科学的思维方式，无疑是培训单位与学员共同希望达到的目的。

中华文化博大精深，词语浩如烟海。只要用心，我们一定可以找到合适的词语为各类培训项目、课程贴上标签，给它们一个好懂易记、内涵深刻的名字。长期以此为抓手，处处为培训工作“画龙点睛”，老师们的结构化思维与总结归纳的意识也就容易建立起来，培训课程或培训项目的品牌形象也将更容易形成。

2 发力“自我革命” 实现“心想事成”

——谈党员干部贯彻落实党的二十大精神

摘要：“心想事成”无疑是中华儿女学习党的二十大报告后热切的期盼。如何实现“心想事成”，也就成为每一名党员干部学习宣贯党的二十大精神的必答题。要做好这道“必答题”，党员干部当然要从我做起，发力“自我革命”，要让自己“心强大、想深入、事不避、成榜样”，真正起到引领广大群众为实现党的二十大确定的目标任务而努力奋斗的表率作用。文章深入挖掘“心想事成”四个字的丰富内涵，从“葆有五颗心、常想五道题、勇做五件事、成为五种人”四个方面展开论述，为党员干部如何贯彻落实党的二十大精神提供了方法思路。

关键词：党员干部　二十大　贯彻　心想事成

中国共产党第二十次全国代表大会为我们擘画了新的宏伟发展蓝图，吹响了实现第二个百年奋斗目标的集结号，“心想事成”是每一个中华儿女的热切期盼。要实现“心想事成”，党员干部应当义不容辞，从我做起，发力“自我革命”，做到“心强大、想深入、事不避、成榜样”，具体来说就是要“葆有五颗心、常想五道题、勇做五件事、成为五种人”。

葆有五颗心

心态决定状态，良好的心态是迈向成功的坚实根基。内心强大才能不惑于情、不困于情、不乱于行。当下，我们比任何时候都更接近中华民族伟大复兴的奋斗目标，但同时也面临着各种各样的风险挑战，可谓行至半山路更陡、船到中流浪更急，发展容不得自满、胆怯、迟疑、摇摆、懈怠。

1. 要不忘奋斗的初心。不忘初心，方得始终。为人民谋幸福、为民族谋复兴、为世界谋大同的初心使命，自我们党诞生之日起就牢牢刻进共产党员的血脉基因。正因为初心不改、矢志不渝，中国共产党才能在艰难困苦中带领人民站起来、富起来、强起来。今天我们的生产生活条件好了，外界形形色色的诱惑特别多，由此带来的精神懈怠危险、能力不足危险、脱离群众危险、消极腐败危险前所未有地尖锐和严峻。新的“赶考”路上，我们要摆脱“其兴也勃焉，其亡也忽焉”的命运，“决不当李自成”，就必须慎终如始，初心如磐，保持“守初”的心态、“如初”的状态，踔厉奋发、勇毅前行。

2. 要充满必胜的信心。中国人民在中国共产党的坚强领导下，找到了最适合自身发展的中国特色社会主义道路，历经百年奋斗，国家经济实力、科技实力、综合国力大幅跃升，已经成为世界第二大经济体，国际竞争力空前提高，发展具备了更为坚实的物质基础、更为完善的制度保证、更为主动的精神力量。党的二十大对全面建设社会主义现代化国家、全面推进中华民族伟大复兴进行了战略谋划，为新时代新征程党和国家事业发展、实现第二个百年奋斗目标指明了前进方向、确立了行动指南。环顾全球，风景这边独好！实现中华民族伟大复兴已经进入了不可逆转的历史进程。

3. 要树立克难的决心。党的二十大报告指出：“我们从事的是前无古人的伟大事业”“今天我们所面临问题的复杂程度、解决问题的艰巨程度明显加大”“我国是一个发展中大国，仍处在社会主义初级阶段，正在经历广泛而深刻的社会变革，推进改革发展、调整利益关系牵一发而动全身”“必须准备付出更为艰巨、更为艰苦的努力”。但是“困难再多，多不过我们的汗水和智慧；困难再大，大不过我们的勇气和担当”，只要我们拿出“咬定青山不放松”“不破楼兰终不还”“不获全胜决不收兵”的决心和勇气，知难而进、迎难而上，就一定能够战胜前进道路上的各种困难和挑战。

4. 要保持战略的耐心。一切伟大成就都是接续奋斗的结果，一切伟大事业都需要在继往开来中推进。习近平总书记指出："对长期任务，要保持战略定力和耐心，坚持一张蓝图绘到底，滴水穿石，久久为功。"党的二十大制定的大政方针、战略安排已经明确，"冲锋号"已经吹响，当下最紧要的就是紧盯目标、心无旁骛、狠抓落实，切实发扬钉钉子精神，一锤接着一锤敲、一任接着一任干，扎扎实实把每一颗钉子都钉到位，把每一项任务都圆满完成好，绝对不能打无章法、急功近利的乱仗，把长期目标短期化、系统目标碎片化，把持久战打成突击战，把攻坚战打成消耗战。

5. 要巩固精进的恒心。业精于勤，恒则事成。在这个充满竞争的时代，机遇只会眷顾奋进者，不会等待懈怠者，发展是不进则退、慢进也是退。面对不断涌现的新思想、新事物、新矛盾、新问题，唯有争分夺秒学、持之以恒练、与时俱进干，才可能不"蒙圈"、不退步、不落伍。我们要着力防止思想上的懈怠、斗志上的衰减、作风上的松弛，坚决克服"松口气、歇歇脚"的懈怠思想、"见好就收"的自满情绪，牢固树立"一日不学，面目可憎""一日不为，三日不安"的精进意识，不断地迭代升级自己，只争朝夕克服各种困难，积小胜为大胜、积跬步至千里、把铁杵磨成针。

常想五道题

树立正确的世界观、人生观、价值观，是为人之道、为官之本、为政之要。世界观、人生观、价值观决定着人的精神境界，是一个人理想信念的"总开关"、为人处世的底层逻辑之核心。党员干部要体现党的先进性和纯洁性，三观必须要正。如何正？就必须想清楚"我是谁、为了谁、依靠谁、听从谁、学习谁"这些做人的根本问题。

1. 想清楚我是谁。"知人者智，自知者明。"人生在世，了解别人的同时，更要悟透自己。这世界上没有相同的两片树叶，更没有相同的两个人。我们应该珍惜自己的独特性，活出真我。不要言不由衷、口是心非、伪装作秀，台上一套台下一套、人前一个样人后又一个样。再者，我们都是社会人，有着自己具体的"身份"。可能为子、为夫、为父，可能为生、为师、为官等，是什么角色就要担起那个角色的责任。作为党员干部，我们更要始终明白自己的第一身份是共产党员，共产党员就得坚持真理、坚守理想，践行初心、担当使命，不怕牺牲、英勇斗争，对党忠诚、不负人民。

2. 想清楚为了谁。党章明确指出，中国共产党党员必须全心全意为人民服务，不惜牺牲个人的一切，为实现共产主义奋斗终身。这是每一名党员举起右手庄严向党旗许下的铮铮誓言，也是每一名党员领导干部终其一生要回答好的问题。习近平总书记强调："每个共产党员都要弄明白，党除了人民利益之外没有自己的特殊利益，党的一切工作都是为了实现好、维护好、发展好最广大人民根本利益。""始终要把人民放在心中最高的位置，始终全心全意为人民服务，始终为人民利益和幸福而努力工作。"作为党员干部，就得始终站稳人民立场，强化宗旨意识，坚持人民至上。

3. 想清楚依靠谁。"民心是最大的政治，正义是最强的力量。"积力之所举，则无不胜也；众智之所为，则无不成也；正气存内，邪不可干。在中国革命、建设、改革各个时期，我们党之所以能不断跨越一座座雪山、一片片草地，攻克无数难关，都是因为我们从事的是正义的事业，我们有着人民的衷心拥护和大力支持。历史与现实告诉我们，人民群众是党的力量之本、执政之基和生命之源，是我们党最大的靠山；正义的力量不可阻挡，没有谁依靠歪门邪道胜到最后。任何时候，我们都要铭记正念、坚守正心、怀抱正义、坚走正道，始终同人民同呼吸、共命运、心连心。

4. 想清楚听从谁。"事在四方，要在中央。"党的集中统一是党的力量所在，是实现经济社会发展、民族团结进步、国家长治久安的根本保证。要治理好我们这个大党、治理好我们这个大国，保证党的团结和集中统一至关重要，维护党中央权威至关重要，对党绝对忠诚至关重要。当下百年变局和世纪疫情交织叠加，世界进入不确定的变革期，作为党员干部更要深刻领悟"两个确立"的决定性意义，不断增强"四个意识"、坚定"四个自信"、做到"两个维护"，始终在思想上政治上行动上同以习近平同志为核心的党中央保持高度一致，时刻以大局为重，永远听党话、跟党走。

5. 想清楚学习谁。古话说："跟着好人学好人"。作为党员干部，当然要学习好的榜样和先进典型。习近平总书记讲："各行各业都有很多值得我们学习的榜样，包括航天英雄、奥运冠军、大科学家、劳动模范、青年志愿者，还有那些助人为乐、见义勇为、诚实守信、敬业奉献、孝老爱亲的好人，等等。榜样的力量是无穷的。大家要把他们立为心中的标杆，向他们看齐，像他们那样追求美好的思想品德。”“向先进典型学习，可学者多矣！最关键的是要学精神、学品质、学方法。”我们要遵循习近平总书记的谆谆教导，真正见贤思齐，将榜样的力量转化为自身前进的动力。

勇做五件事

为官避事平生耻，重任千钧惟担当。不经一番寒彻骨，哪来梅花扑鼻香！新时代是担当者、奋斗者的时代。敢担当有作为，是党和人民对新时代党员干部的基本要求和殷切期盼，也是新时代党员干部的职责所在和价值所在。凡是有利于党和人民的事，我们就要事不避难、义不逃责，大胆地干、坚决地干，并在干事担事中经风雨、练本领、出成绩。

1. 敢履新事。刀要在石上磨，人要在事上练。没有吃过螃蟹，怎么能够真正知道螃蟹的美味？人生总有无数个第一次，没有谁天生就会做事，都是学中干、干中学，逐步成长的。一棵安于温室的幼苗是无法长成参天大树的，一个习惯于待在舒适圈的干部是难以突破自我的。当下正处在发展的“快时代”，技术革新日新月异，新事物层出不穷，新情况随时发生、新挑战接踵而来，老经验常常不管用，旧方法常常不顶用，但万变不离其宗，精诚所至金石为开，只要我们用心用情用力，勤学好问，探索创新，就一定能够从一件事的生手变成熟手，从某专业的门外汉变成行家里手。

2. 敢经急事。苏东坡在《晁错论》中讲：“古之立大事者，不惟有超世之才，亦必有坚忍不拔之志。”从心理学上讲，人遇到危急情况，应激反应就是心跳加快，极度恐慌，但类似的事经历得多了，心理应激反应就会明显减弱，适应性和耐受力就会显著增强，这就是一个人的成长过程。党员干部特别是年轻干部，要想加快自己的成长成熟，就得多当一当热锅上的蚂蚁，经常接一接烫手的山芋。无论当热锅上的蚂蚁，还是接烫手的山芋，一定是很难受、很煎熬、很恐慌，但越是这样的处境，越容易磨炼人的意志，砥砺人的品质，激发人的潜能，催生人的才干，增长人的智慧。

3. 敢历险事。沧海横流，方显英雄本色。危险是检验党员干部品质素质的

"试金石"，是照见党员干部作风形象的"透视镜"。中国共产党是中国工人阶级的先锋队，同时是中国人民和中华民族的先锋队。紧要关头、危险时刻，只有共产党员冲在最前线，才能充分发挥先导、先锋、示范和榜样的作用，才能展现党组织的先进性和党员的战斗力。先锋队不是放在嘴上说说的，而是要真刀真枪率先迎敌的。党员干部，要在群众中树起威信，赢得信赖，就得越是艰险越向前，在危险面前敢于站出来、豁出去。尤其在生与死的考验面前，更要敢于挺身而出、不怕牺牲，担当作为。

4. 敢干难事。艰难困苦，玉汝于成。"天将降大任于是人也，必先苦其心志，劳其筋骨，饿其体肤"，更高的成就总在千辛万苦之后。"天下事有难易乎？为之，则难者亦易矣；不为，则易者亦难矣。"面对困难与挑战，唯有敢于斗争、善于斗争，才能不断开创事业发展新局面。当下，中国各领域的改革都进入了深水区，剩下的都是难啃的硬骨头。这更要求党员干部保持一种坚忍不拔、百折不挠的斗志和锐气，"明知山有虎，偏向虎山行"，迎难而上、敢于担当，遇上刺、便披荆斩棘，碰陷阱、便填平沟壑，撞坎坷、便架桥铺路，真正成为带领员工群众攻坚克难的主心骨。

5. 敢担重事。"冬麦要压，越压越发。"这句经典农谚揭示了一个朴实道理，一棵小苗只有经常压一压，根系才会扎得更深，抗倒伏能力才会更强。党员干部的成长也是如此，只有多承担重要的任务，才能在应对重大挑战、抵御重大风险、克服重大阻力、解决重大矛盾中练就"独当一面"的能力与水平。重要任务不仅锻炼一个人也考验一个人，干部、干部，"干"字当头，要让群众服气敬重，喊破嗓子不如做出样子，就得有一副"扛千斤、负万石"的"铁肩膀"，关键时刻能喊出"我能行、向我看、我来干"，主动挑大梁、扛重担、打硬仗，以舍我其谁的责任感对待工作。

成为五种人

在庆祝中国共产主义青年团成立 100 周年大会上，习近平总书记强调，新时代的广大共青团员，要做理想远大、信念坚定的模范；要做刻苦学习、锐意创新的模范；要做敢于斗争、善于斗争的模范；要做艰苦奋斗、无私奉献的模范；要做崇德向善、严守纪律的模范。这既是对广大共青团员提出的要求，也是对党员干部发出的号召。

1. 成为理想远大、信念坚定的模范。理想指引人生方向，信念决定事业成败。习近平总书记指出，理想信念是共产党人精神上的“钙”。理想信念坚定，骨头就硬，没有理想信念，或理想信念不坚定，精神上就会“缺钙”，就会得“软骨病”，就可能导致政治上变质、经济上贪婪、道德上堕落、生活上腐化。作为党员干部就应该“革命理想高于天”，坚守共产党人的精神追求，始终坚持正确政治方向，心怀国之大者，经受住各种风险和困难考验，自觉抵制各种腐朽思想的侵蚀，一心一意为国家富强、民族振兴、人民幸福、事业发展去拼搏、去奋斗、去献出全部精力乃至生命。

2. 成为刻苦学习、锐意创新的模范。学习是人成长进步的阶梯，创新是引领发展的第一动力。当今世界与中国正经历百年未有之大变局，科技进步日新月异，知识更新迭代全面提速，在这样的大背景下，无论是推动高质量发展，还是应对重大问题与挑战，对党员干部来说，只有通过刻苦学习，持续加快知识更新、优化知识结构、开阔眼界视野，并加快理论到实践的转化落地，持续创新工作方法与手段，才能担负起时代重任。否则，自身的知识水平就会不断打折，跟不上时代的发展，跟不上形势的变化，遇到新问题新情况只能挠头哀叹，坐失改革发展的良机、贻误事业的进步。

3. 成为敢于斗争、善于斗争的模范。党的二十大报告指出：“我国发展进入战略机遇和风险挑战并存、不确定难预料因素增多的时期，各种‘黑天鹅’‘灰犀牛’事件随时可能发生。我们必须增强忧患意识，坚持底线思维，做到居安思危、未雨绸缪，准备经受风高浪急甚至惊涛骇浪的重大考验。”“全党同志务必不忘初心、牢记使命，务必谦虚谨慎、艰苦奋斗，务必敢于斗争、善于斗争。”党员干部作为党的事业开路先锋，身处斗争第一线，更要增强斗争意识、发扬斗争精神、提高斗争本领，不信邪、不怕鬼、不怕压，知难而进、迎难而上，依靠斗争打开事业发展新天地。

4. 成为艰苦奋斗、无私奉献的模范。习近平总书记指出：“不论我们国家发展到什么水平，不论人民生活改善到什么地步，艰苦奋斗、勤俭节约的思想永远不能丢。艰苦奋斗、勤俭节约，不仅是我们一路走来、发展壮大的重要保证，也是我们继往开来、再创辉煌的重要保证。”“忠于党、忠于人民、无私奉献，是共产党人的优秀品质。党的事业，人民的事业，是靠千千万万党员的忠诚奉献而不断铸就的。”中华民族伟大复兴，绝不是轻轻松松、敲锣打鼓就能实现的，需要几代人、几十代人持续奋斗，党员干部义不容辞接过先辈艰苦奋斗的接力棒，用心尽力奉献出自己的光与热。

5. 成为崇德向善、严守纪律的模范。法安天下，德润人心。实现中华民族伟大复兴，把我国建成富强民主文明和谐美丽的社会主义现代化强国，离不开依法治国和以德治国相结合，离不开人民的高素质、社会的好风气。人们是否崇德向善、严守纪律不仅关乎自己人生道路能否走得正、走得远，也关乎整个社会的社会文明程度。为国家民族计，党员干部当然要带头践行社会主义核心价值观，坚持践行社会主义荣辱观，努力提高社会公德、职业道德、家庭美德和个人品德，树立规则意识、纪律意识、法治意识，时时刻刻讲党性、重品行、作表率，以实际行动带动全社会崇德向善、遵纪守法。

六

拆词提纲摘选

1. 主题教育要抓住“奋、发、进、取”做文章

（1）“奋”代表“振奋”

①让党员干部“跑起来”

②让党员干部“跳起来”

（2）“发”代表“发现”

①发现“机遇与隐患”

②发现“典型标杆与精英人才”

（3）“进”代表“进攻”

①向“歪风邪气”进攻

②向“跑冒滴漏”进攻

（4）“取”代表“取信”

①取信于民

②取信于市

2. 主题教育要在“出、神、入、化”上做文章

（1）抓住“出”字做文章

①出敢打必胜的自信

②出开拓创新的思路

③出奋发有为的干劲

④出勠力同心的氛围

（2）抓住“神”字做文章

①激发务实求精的工匠精神

②激发雷厉风行的实干精神

③激发舍我其谁的奉献精神

④激发敢为人先的创新精神

（3）抓住“入”字做文章

①全力融入时代

②全力融入大局

③全力融入群众
④全力融入市场
（4）抓住“化”字做文章
①做好资源转化
②做好机制优化
③做好作风强化
④做好环境美化

3. 主题教育应凸显“高、歌、猛、进”

（1）在“高”字上下功夫
①高站位抓好理论学习
②高标准抓好调查研究
③高质量抓好检视整改
④高成效抓好推动发展
（2）在“歌”字上下功夫
①讴歌伟大的党，激发爱党之情
②讴歌伟大的祖国，激发爱国之情
③讴歌伟大的人民，激发爱民之情
④讴歌伟大的时代，激发有为之情
（3）在“猛”字上下功夫
①猛抓安全生产
②猛抓人才队伍
③猛抓制度完善
④猛抓作风建设
（4）在“进”字上下功夫
①着力推进改革
②着力改进管理
③着力精进能力

④着力促进团结

4. 主题教育要抓住“扣、人、心、弦”下功夫

扣人心弦才能拨动心弦！主题教育只有走心，才能走深走实。“扣人心弦”既是我们开展主题教育的标准，每个字背后的寓意更为我们做好这项工作指明了路径。

（1）抓住“扣”字下功夫

①扣正“态度”之扣（不走过场、少搞花样、不打折扣）

②扣严“部署”之扣（实事求是、因地制宜、问题导向）

③扣实“执行”之扣（明确时间节点、责任具体到人、督查督导到位）

（2）抓住“人”字下功夫

①突出“关键少数”带头示范学（学深）

②要求“绝大多数”结合实际学（学懂）

③吸引“绝对广数”主动自觉学（理解）

（3）抓住“心”字下功夫

①深懂党心（认同）

②赢得民心（为民办实事）

③增强信心（鼓劲加油）

（4）抓住“弦”字下功夫

①绷紧“纪律意识”之弦

②绷紧“忧患意识”之弦

③绷紧“发展意识”之弦

5. 主题教育要抓住“别、具、一、格”下功夫

①要求　别　一样粗

②措施　具　体可行

③内容　一　以贯之

④效果　格　外显著

6. 主题教育要抓住“融、会、贯、通”下功夫

（1）在“融”字上下功夫

①将自己融入国之大者中

②将自己融入先进思想中

③将自己融入时代大潮中

④将自己融入人民群众中

⑤将自己融入具体业务中

（2）在“会”字上下功夫

①会调查研究

②会宣传发动

③会沟通协调

④会谋篇布局

⑤会选贤任能

（3）在“贯”字上下功夫

①把自我革命贯穿始终

②把问题导向贯穿始终

③把敢于斗争贯穿始终

④把完善制度贯穿始终

⑤把以文化人贯穿始终

（4）在“通”字上下功夫

①打通理论到实践的隔墙

②打通守正到创新的隔墙

③打通内部到外部的隔墙

④打通机关到基层的隔墙

⑤打通一线到后勤的隔墙

7. 抓住“秉、要、执、本”修炼领导力

“秉要执本”，意思是指抓住要害和根本。修炼领导力当然要“秉要执本”。

“秉要执本”四个字展开来，蕴含的意义正好为领导干部修炼领导力提供了指引。

（1）抓住“秉”字下功夫

①秉持红线意识

②秉持底线思维

③秉持系统观念

（2）抓住“要”字下功夫

①厘清工作要点

②直击工作要害

③妥处工作要紧

（3）抓住“执”字下功夫

①执着于求真求是

②执着于脚踏实地

③执着于开拓创新

（4）抓住“本”字下功夫

①坚持以人为本

②坚持以质为本

③坚持以效为本

8. 干部应该能“出、口、成、章”

“说”是干部一项重要的能力。无疑，“出口成章”的干部，令人羡慕。我们如何做到“出口成章”呢？“出、口、成、章”四个字，每个字都在提醒我们怎么做。

（1）“出”字提示我们：要打好表达的基础

①要能看得出问题

②要能想得出办法

③要能讲得出道理

（2）“口”字提示我们：要用好表达的方式

①学会表扬，多些赞不绝口
②有同理心，少碰别人伤口
③想好结尾，预先留好收口
（3）“成”字提示我们：要设好表达的目标
①通过沟通交流，努力成为朋友
②通过沟通交流，努力成全合作
③通过沟通交流，努力成就他人
（4）“章”字提示我们：要做好表达的内容
①厚积累，让自己满腹文章
②讲逻辑，让表达顺理成章
③重文采，让语言斐然成章

9. 党建与生产经营融合关键要抓住“同、频、共、振”

①在同心合意抓发展上下功夫
②在频繁互动多沟通上下功夫
③在共抓共管解难题上下功夫
④在振奋精神出士气上下功夫

10. 调查研究要抓住“人、间、烟、火、气”

①要去那些“人”声鼎沸的地方调研，捧上“意见簿”
②要去问题“间”见层出的地方调研，提供“诊疗仪”
③要去那些“烟”雾缭绕的地方调研，开启“导航仪”
④要去那些“火”烧火燎的地方调研，用起“芭蕉扇”
⑤要去那些寒“气”逼人的地方调研，点燃“加热炉”

11. 抓住“时时放心不下”六个字做好调查研究

①要有“时”移世易的清醒
②要有“时”不我待的迫切

③要有“放”下架子的自觉

④要有“心”细如发的认真

⑤要有“不”负众望的发现

⑥要有“下”情上达的胆气

12. 抓住“一、以、贯、之”学贯党的二十大精神

大政方针已定，要让蓝图变为现实，党员干部必须一锤接着一锤敲，一年接着一年干，把科学的理念、正确的部署、奋发的状态、争先创优的干劲一以贯之地保持下去。“一以贯之”四个字既是党对我们提出的工作要求，也是我们应该秉持的做人做事原则。“一以贯之”四个字字字珠玑，每个字都在提示我们如何担当作为。

（1）抓住“一”字下功夫

①一心向党讲政治

②一如既往勤学习

③一心为民办实事

④一身正气守底线

⑤一心一意干事业

（2）抓住“以”字下功夫

①坚持以党的政治建设为统领

②坚持以人才发展为支撑

③坚持以铁规矩管人管事

④坚持以改革创新为动力

⑤坚持以问题解决为抓手

（3）抓住“贯”字下功夫

①把新的发展理念贯彻到位

②把从严管理要求贯彻到位

③把安全第一思想贯彻到位

④把质量立企观念贯彻到位

⑤把敢于斗争精神贯彻到位

（4）抓住“之”字下功夫

①寻找他山之石

②吸取前车之鉴

③不做井底之蛙

④多讲肺腑之言

⑤点燃创新之火

13. 抓住“真、抓、实、干”学贯党的二十大精神

空谈误国，实干兴邦。中华民族伟大复兴，绝不是轻轻松松、敲锣打鼓就能实现的。全党必须付出更为艰巨、更为艰苦的努力。作为党员干部绝对不能做高谈阔论的清谈客，而要做起而行之的实干者。“真抓实干”是落实会议精神最好的体现，这四个字每个字都值得我们去琢磨、去实践、去作出一篇大文章。

（1）在“真”字上做文章

①始终抱诚守真

②用心去伪存真

③能够返璞归真

④坚持较真求真

（2）在“抓”字上做文章

①抓工作思路谋划

②抓前行方向把控

③抓资源统筹利用

④抓以身作则垂范

（3）在“实”字上做文章

①把安全生产做得扎扎实实

②把精细管理做得扎扎实实

③把考核兑现做得扎扎实实

④把人才强企做得扎扎实实

（4）在“干”字上做文章

①干出众志成城的氛围

②干出热火朝天的局面

③干出快马加鞭的速度

④干出振奋人心的业绩

14. 知“什刹海” 行“武当山”

①抓住一个“什”字，理解什么是“真、善、美”

②抓住一个“刹”字，知道怎么刹住“歪风邪气、跑冒滴漏”

③抓住一个“海”字，想好如何培育“海纳百川”的胸怀

④抓住一个“武”字，努力“练就超群武艺、备足攻坚武器、找到用武之处”

⑤抓住一个“当”字，努力做到“一马当先冲锋、以一当十作为”

⑥抓住一个“山”字，坚持发扬“愚公移山”精神

15. 春天正是党员干部“金榜题名时”

一年春来到，也是好干部脱颖而出，“金榜题名时”。看我们是否具有：

①点石成“金”的信心

②揭“榜”挂帅的胆气

③破解难“题”的招法

④不计“名”利的洒脱

⑤与“时”俱进的精神

16. “五体投地”抓好融媒体建设

融媒体建设如火如荼，这是时代大势。大势面前，我们唯有“五体投地”地敬畏，“五体投地”地去适应顺应响应，去理解它发展它壮大它！

①全体参战，投入精力抓动员，无人置身事外，揭开融媒体发展新天地

②整体备战，投入精力抓创作，坚持内容为王，扩开融媒体发展新天地

③集体出战，投入精力抓共建，融通共享资源，拓开融媒体发展新天地

④合体应战，投入精力抓联手，放大主流声音，劈开融媒体发展新天地

⑤立体作战，投入精力抓效能，全媒互动协作，掀开融媒体发展新天地

17. 干部可以“丢三”，但不能“落四”

可以丢下：

①钱财

②名利

③地位

但不能落下：

①组织原则

②群众利益

③阶级感情

④个人快乐

18. 干事不要“四平”要“八稳”

不要想：

①仕途平步青云

②事业平波缓进

③工作平地起家

④能力平空而来

但在奋发进取中，要“稳”字当头：

①力求性格开朗稳重

②力求处事周全稳妥

③力求整体大局稳操

④力求办事决策稳慎

⑤力求行为举止稳当

⑥力求说话应景稳贴

⑦力求为人诚信稳靠

⑧力求能力提升稳步

19. 领导干部要“真、有、体、面”

①真想干事，有激情，能成为驱动发展的永磁体，持续开创改革发展新局面

②真懂政治，有觉悟，能成为链接上下的超导体，持续提升同心同德水平面

③真会团结，有办法，能成为群众智慧的结晶体，持续强化群策群力响应面

④真善学习，有本领，能成为攻坚克难的支撑体，持续扩展担当作为主攻面

⑤真严自律，有恒心，能成为不良风气的绝缘体，持续净化为人处世接触面

20. 抓住“拨、云、见、日”提升领导力

领导干部是单位发展的“舵手”，必须善于“拨云见日”，要能在纷繁复杂的情况中，找准问题、找出方向、找对措施，才能带领队伍行稳致远。“拨云见日”四个字是领导干部必须具备的能力，这四个字更蕴含着领导力塑造的路径与方法。

①抓住“拨”字，努力“拨”响奋发进取的心弦

②抓住“云”字，努力洞穿“云”遮雾罩的迷局

③抓住“见”字，努力提出制胜未来的远“见”

④抓住“日”字，努力造就蒸蒸“日”上的局面

21. 党委书记必须“干、人、事”

（1）抓住“干”字做文章，着力提升境界、放大格局

①必须仰望星空干
②必须脚踏实地干
③必须满腔热情干
（2）抓住“人”字下功夫，着力带好队伍、造优环境
①正人品
②暖人心
③旺人气
（3）抓住“事”字求实效，着力把好关口、提升绩效
①做好事前的策划与提醒
②做好事中的协调与监督
③做好事后的复盘与改进

22. 抓住“起心动念”修炼领导力

一念天堂，一念地狱。一切行为均由一念起，领导力修炼也是如此，成效的源头就是“起心动念”。“起心动念”四个字更是内涵深刻，提示领导干部应该树起大目标、心怀愚公志、动用全身力、念好安全经！

①树起大目标
②心怀愚公志
③动用全身力
④念好安全经

23. 在挂职干部座谈会上的发言提纲

回望挂职以来的一年，我主要做了这么四件事：

第一件事：迅速蹲下来，放低姿态，告诉大家“我是个子最矮的小学生，请您教教我”。

第二件事：主动站出来，告诉领导“我想多干点，不怕苦不嫌烦更不会掉链子”。

第三件事：热情把手伸出来，告诉大家“需要帮忙说一声，也请大家帮

帮我”。

第四件事：努力跳起来，告诉自己“多摘几个理论研究高处的果子”。

通过挂职，我的转变集中体现在“大小多少”这四个字上：

“大”，就是境界格局变大了，工作的站位明显高了一个台阶，尤其对怎么做好宣传思想工作的认识和理解焕然一新；

“小”，就是犯错风险变小了，工作更加严谨严实严格，养成了事事反复琢磨、推敲、核对的好习惯；

“多”，就是思路方法变多了，看问题的角度更加全面立体系统，更加懂得如何集思广益、群策群力；

“少”，就是焦虑烦躁变少了，与一群高手在一起，见贤思齐悄然改变心性，自己心更静了、性格变得温和了。

作为一名长期在企业工作的干部，能来总部机关挂职锻炼，我倍加感觉机会难得、时间值得、大有心得，也的确开阔了视野、拓展了思维、提高了站位，经历了一场成长的蜕变。这段经历是我人生一笔巨大的财富，更为今后干事创业装上了大马力的发动机。衷心感谢领导和组织的关心厚爱。谢谢大家！